新时代教师专业发展路径

XINSHIDAI JIAOSHI ZHUANYE FAZHAN LUJING

雷中怀◎著

華中師範大學出版社

新出图证（鄂）字 10 号

图书在版编目（CIP）数据

新时代教师专业发展路径 / 雷中怀著. -- 武汉 ：华中师范大学出版社，2024.10. -- ISBN 978-7-5769-0627-1

Ⅰ. G635.12

中国国家版本馆 CIP 数据核字第 2024YY0086 号

新时代教师专业发展路径

©雷中怀　著

责任编辑：卢格蕙　曾　艳　　**责任校对：**肖　霞　　**封面设计：**胡　灿

编辑室：教育服务部　　**电话：**027-67867317

出版发行：华中师范大学出版社有限责任公司

社址：湖北省武汉市洪山区珞喻路 152 号　　**邮编：**430079

电话：027-67863426（发行部）

网址：http://press.ccnu.edu.cn　　**电子信箱：**press@mail.ccnu.edu.cn

印刷：黄冈市新华印刷股份有限公司　　**督印：**刘　敏

字数：238 千字

开本：710mm×1000mm　1/16　　**印张：**14.5

版次：2025 年 2 月第 1 版　　**印次：**2025 年 2 月第 1 次印刷

定价：49.80 元

欢迎上网查询、购书

序

进入新时代，中小学教师怎样积极主动地投身于建设教育强国的新征程，建功立业，有所作为？

建设教育强国，办好人民满意的教育，关键在于教师；发展教育新质生产力的核心力量也在教师。只有教师发展，才有学生发展。进入新时代，教师应当紧跟时代步伐，不断超越自我，以高尚的师德师风、扎实的知识功底、过硬的教学能力、勤勉的教学态度、科学的教学方法践行教育家精神，促进自身专业发展；通过自身的发展，提升教育教学质量，推进学生全面发展。

恰逢教育教学革新的年代，黄冈市政府教育督学雷中怀同志撰写了这本《新时代教师专业发展路径》。该书的出版正当其时。

雷中怀同志是我回母校黄冈中学时认识的朋友。他热爱教育事业，勤于学习，善于思考，深耕基础教育领域三十余年，曾任学校班主任、黄冈市教育局教师管理干部。他坚持深入中小学一线，与校长、教师交流，长期从事教师专业发展研究，潜心探索。

这本《新时代教师专业发展路径》立足学校实际，审视黄冈市内外中小学教师成长经历，不仅发掘出从新教师到名师发展所共有的精神特质，凝练出新时代教师专业发展新路径，如厚植教育情怀、规划专业发展、坚持实践与反思等，而且为广大教师在专业成长“最后一公里”指明了具体路径。作者期盼该书能够激励教师积极上进，满腔热情地拓宽知识结构、磨砺师能、提升素养，不断实现个人专业成长，主动投入教育教学改革之中，履行新时代教师的神圣使命。我非常赞同作者从实践中总结出来教师专业发展的成长路径。

这本书是教师专业发展“活的成长学习法”。全书精心遴选来自一线教师成长的47个典型案例，这些案例是教师成长过程中经实践检验的成功样板，凝聚着教育智慧，闪烁着树人光芒，顺应了时代发展方向，充分体现了教师发展的内涵特质。

《新时代教师专业发展路径》向广大教师、准教师展示出作为一名光荣的人民教师积极进取的成长样态，展示出新时代教师追求卓越、勤学笃行、求实创新的精神世界，反映了新时代倡导不断自我革命、拔节成长、提升自我的价值取向，为教师构建出一条具有新时代特征的成长路径。

我相信这本书会对广大教育工作者有所启示。

舒德干

2024年5月

（作者系中国科学院院士）

目　录

第一章 绪 论

百年大计，教育为本；教育大计，教师为本。教师队伍建设是教育事业发展的关键因素，是建设教育强国的基础。有高质量的教师，才会有高质量的教育。进入新时代，教师既要“立德”，又要“树人”；既要“育人”，又要“育己”；既要促进“学生的发展”，又要促进教师“自己的发展”。只有通过“育己”“自己的发展”，才能实现专业发展；只有通过自己的专业发展，才能实现以更强的理想信念、更浓的教育情怀、更深的专业素养、更精的教育技能、更多的育人智慧，作用于课堂教学及管理、作用于学生身上，促进学生的全面发展。作为新时代教师，我们应当怎样认识教师专业发展、树立发展愿景，并实现专业发展？

第一节 教师专业发展的内涵

一、教师专业发展的内涵

教师专业发展源于教师地位的确立。1966 年 10 月 5 日，国际劳工组织和联合国教科文组织审议发布《关于教师地位的建议》，指出“应把教育工作视为专门的职业，这种职业要求教师经过严格的、持续的学习，获得并保持专门的知识和特别的技术”。1986 年，我国在《国家标准职业分类与代码》中，正式将教师列入“专业技术人员”。自此，教师作为专业人员，教师职业的专业地位得到有效确立和巩固，与教师专业发展相关的研究不断深入。

霍伊尔认为：“教师专业发展是指在教学职业生涯的每一个阶段，教师掌握良好专业实践所必备的知识与技能的过程。”①

佩利认为：“就其中性意义来讲，教师专业发展意味着教师个人在专业生活中的成长，包括信心的增强、技能的提高、对所教学科知识的不断更新、拓宽和深化以及对自己在课堂上为什么这样做的原因意识的强化。就其最积极意义来讲，教师专业发展包含着更多的内容，它意味着教师已经成长为一个超出技能范围而有艺术化的表现的人；成为一个把工作提升为专业的人；把专业知识与能力转化为权威的人。”②

韦德认为教师专业发展具有五层含义：协助教师改进教学技巧的训练；学校改革整体活动以促进个人成长最大化，并营造良好氛围以提高学习效果；一种成人教育，不仅提高教学效果，而且增进教师对其工作和活动的了解；利用最新的教学研究成果，以改进学校教育的一种手段；教师专业发展本身就是目的，在尊重、支持和积极的氛围中帮助教师个人专业成长③。

哈格瑞夫斯和富兰认为教师专业发展可理解为：教师专业发展即知识和技能的发展；教师发展即自我理解；教师专业发展即生态变革④。

美国学者伊劳特将教师专业发展取向分为四类：（1）“补短”取向。即针对教师“过时的”知识或实践中的“无效”部分予以改进。（2）成长取向。即认为教学过程是一个复杂的互动过程，教师是反思的、进取的，并能从工作中获得学习和长进。（3）变革取向。教育系统需要随着社会中文化、经济、技术的变革而不断地重新定向，而当教育系统发生这样的变革时，需要对教师进行再教育，以便使其理解和接受变革。再教育的过程就是促进教师专业发展的过程。（4）问题解决取向。教学被认为发生于复

---

① 苏红：《教师专业发展中的关键事件研究》，北京师范大学出版社 2014 年版，第 49 页。

② 苏红：《教师专业发展中的关键事件研究》，北京师范大学出版社 2014 年版，第 49 页。

③ 苏红：《教师专业发展中的关键事件研究》，北京师范大学出版社 2014 年版，第 50 页。

④ 胡惠闵、王建军：《教师专业发展》，华东师范大学出版社 2014 年版，第 12 页。

杂而具体的情况中，教师在解决问题的过程中（有时需要外界人员的介入）获得专业发展①。

国内不同学者对教师专业发展有不同的看法。苏红认为，教师专业发展主要包括六层含义：教师是成人学习者和反思实践者，他们具有成人学习者和反思实践者的特征；教师专业发展的内容包括专业知识、专业技能和专业精神；教师专业成长既需要个人努力，也需要他人——主要是同事和专家的帮助；教师专业发展受环境的影响和制约；教师专业发展的最终目的是促进教育教学实践；教师专业发展是一个持续的过程②。

韩宏莉认为，教师的专业发展，是指教师作为专业人员，在职业道德、专业思想、专业知识、专业能力、专业品质等方面由不成熟到成熟的发展过程，即由一名专业新手发展成为专家型教师或教育家型教师的发展过程③。

叶澜教授认为，教师不仅仅要专业发展，更要全人发展。她不赞成简单地提“教师专业发展”，而应是“教师发展”，教师在学生面前是以全部的人格由一言一行呈现出来，教师仅仅有专业知识是不够的，更重要的是做到整体发展。

综上所述，教师专业发展是教师在个人职业生涯历程中，通过持续的实践、学习、反思、改进等方式，不断涵养师德，提升专业理念、专业知识、专业技能，不断地实现专业成长，以促进教育教学质量提升，促进学生全面发展的过程。其含义包括：（1）教师专业发展是教师个体专业成长的过程；（2）教师专业发展需要通过持续的实践、学习、反思、改进，包括职业规划、教育研究、教育写作、教师融合等；（3）教师专业发展需要不断涵养师德，提升专业理念、专业知识及专业技能，对个人教育教学理念、教学行为等有实质性地改变；（4）教师专业发展意味着教师能达到或超越教师专业标准要求；（5）教师专业发展意味着教师从一名“普通教育者”成长为“优秀教育者”；（6）教师专业发展的终极目标是促进学生全

① 胡惠闵、王建军：《教师专业发展》，华东师范大学出版社 2014 年版，第 12 页。

② 苏红：《教师专业发展中的关键事件研究》，北京师范大学出版社 2014 年版，第 51 页。

③ 何兰芝、韩宏莉：《教师专业发展与成长规划》，北京师范大学出版社 2017 年版，第 11 页。

面发展。

二、新时代教师专业发展的内容

（一）师德

师德、知识、能力应是教师专业发展的三大支柱。师以德为先，师德师风是评价教师队伍素质的第一标准。2014 年，习近平总书记考察北京师范大学时勉励广大教师做有理想信念、有道德情操、有扎实学识、有仁爱之心的“四有”好老师。2016 年，习近平总书记在北京市八一学校考察时寄语广大教师要做学生锤炼品格的引路人，做学生学习知识的引路人，做学生创新思维的引路人，做学生奉献祖国的引路人。2021 年，习近平总书记在清华大学考察时强调“教师要成为大先生，做学生为学、为事、为人的示范，促进学生成长为全面发展的人”。2023 年 9 月 9 日，习近平总书记致信全国优秀教师代表，勉励广大教师以教育家为榜样，大力弘扬教育家精神。从“四有”好老师、“四个引路人”到新时代的“大先生”、弘扬教育家精神，从不同层面呈现出新时代教师师德及素养的内核要求，即广大教师应当以“四有”好老师为目标，以“四个引路人”为具体路径，践行教育家精神。这是对教师师德的总要求。

日常工作中，新时代教师要守住基本底线，即应当认真遵守《新时代中小学教师职业行为十项准则》，自觉做到坚定政治方向、自觉爱国守法、传播优秀文化、潜心教书育人、关心爱护学生、加强安全防范、坚持言行雅正、秉持公平诚信、坚守廉洁自律、规范从教行为；应以《中学（小学、幼儿园）教师专业标准（试行）》基本内容对标对表要求自己，热爱教育事业，热爱职业，热爱学生，热爱学校，富有爱心、责任心、耐心和细心，为人师表，教书育人，立德树人；在日常教育管理中，应当主动开展家访活动，走进学生家庭，了解学生生活中的困难、学习中的困惑、交往中的难题，摸清家庭是否存在不合适的教育方式，摸清家长对学科教师的意见建议，针对家访情况提出学生个性化帮扶办法及个人教育教学改进措施，促进学生身心健康发展，在快乐中学习成长。

同时，从教师专业伦理角度来看，国外对教师提出的相关要求值得借鉴。例如，美国制定《教育伦理守则》及《核心教学示范标准》，要求教育工作者培养学生好问精神，鼓励学生对知识的追求与理解；将每个学生的优势作为其成长的基础，将他们的错误想法视为其学习的机会；支持学生参与决策、从事研究和发明，以及开展合作学习与独立学习；应不断探索如何利用本学科知识，去解决本地和全球的问题；重视合作学习模式，具备开放的价值观和创设灵活的学习环境，鼓励学生探索、发现、表达和协作；教师的教学计划必须有开放性和灵活性，以方便根据学生需要和不断变化的情况做出调整及修订；重视学生批判性思维发展，培养独立解决问题、研究和动手能力等。英国在 2007 年颁布的《英国教师专业标准框架》中，提出教师专业品质要求，如要保持知识不断更新；与家长和监护人进行有效交流，及时告诉有关学生学习成绩、目标设定、学习进度和学习健康方面的相关信息；反思、提高教育实践，认识、促进专业发展；在加强创新方面，支持同事在自己或者其他工作场所用不同的方法教学并起引领作用；对官方制定的义务与责任，理解并始终贯彻执行等等。

（二）知识结构

从 2012 年教育部颁布的《中学（小学、幼儿园）教师专业标准（试行）》来看，教师专业知识主要分为四类：教育知识（教育基本原理和主要方法方面的知识）、学科知识（所教学科知识内容、知识体系、基本思想和方法及与其他学科联系的知识）、学科教学知识（把一般教育知识与学科知识有机结合，对具体学科内容进行教学的方法和策略的知识）、通识性知识（有利于开展有效教育教学工作的普通文化知识）。

在美英等国家，一位合格的教师在专业知识上还要求：（1）创造性地运用。通过不同方式来理解所教的科目，了解与其他学科学习的异同，了解各个学科解决问题的方法，探究问题方法和学科本身的优点及局限性；知道跨学科研究的进展，把各种议题组织成有意义的学习经验；使用数字和社会媒体有效实现具体学习目标；了解批判性思维过程，通过帮助学生提高提问技巧来促进学生自主学习；引导学生合作学习。（2）反思和持续成长。使用多种自我评估和问题解决策略来反映在教学实践中遇到的问题及其对学生成长和学习的影响；分析基于学生数据的教学实践，并通过反思来改进和鉴别教学。（3）善于合作。与其他人合作，支持学习者发展；结合家庭、学校、社区、团体各方面力量帮助学生学习。（4）成就和多样性。为所教的对象作出有效的个性化安排等。以上这几点均值得我们借鉴。

随着时间的推移、社会的发展，学生获取知识的途径越来越多，作为教师，只掌握上大学时和继续教育培训时所接受的那些知识，已远远不够。作为新时代教师，在知识方面，应当“水涨船高”。一方面，要转变思想，做到与时俱进，按照“缺什么补什么”的要求，围绕教育教学需要，不断拓宽知识结构面，加强全方位地学习，一个短板一个短板地补齐；另一方面，要牢固树立终身学习理念，做到持续性学习、实时学习、处处学习。

（三）能力

2012年，教育部颁布的《中学（小学、幼儿园）教师专业标准（试行）》对中小学、幼儿园教师专业能力作出明晰描述，要求把学科知识、教育理论与教育实践有机结合，突出教书育人实践能力；研究学生，遵循学生成长规律，提升教育教学专业化水平；坚持实践、反思、再实践、再反思，不断提高专业能力。教师专业能力可具体分为教学设计、教学实施、班级管理与教育活动及评价、激励与改进、沟通与合作、反思与发展六个方面的能力。

林崇德等人将教师的专业能力分为教学能力、教学技巧和应用现代化教学技术能力。

王光明等人将教学核心能力归纳为四大类十二小类，分别是：（1）教育教学能力。包括教学设计能力、教学实施能力、课堂管理能力、教学评价能力、课程开发能力。（2）教研和创新能力。包括教研能力、创新能力。（3）学习和反思能力。包括自我认知能力、反思能力、持续学习能力。（4）沟通和合作能力。包括沟通交流能力、协同合作能力[①]。

周乐乐等人认为，新时代教师应当成为情绪管理者、思维唤醒者、课堂领导者、教育研究者、积极合作者和终身学习者[②]。

案例 1-1

“双减”背景下教师专业角色的重构

“双减”背景下，教师必须重新审视知识、课程、学习等关键要素，

① 王光明、黄蔚、吴立宝：《核心素养和能力促教师专业发展》，《中国教育报》2019年4月25日第7版。

② 周乐乐、程岭：《角色转型：新时代教师专业发展的重要选择》，《中国教师》2022年第2期，第92—93页。

实现教师专业角色的重构。

1. **教师之于知识——从知识传授到学科育人。**学生过重的学业负担很大程度上来源于教师在教学过程中秉持的知识观。长期以来，受传统教学观的影响，学科的育人价值被局限在知识掌握上。课堂教学容易陷入过于注重知识传授的误区，授课方式局限于我讲你听、我教你学、我说你做。在“双减”的背景下，我们在日常教学中倡导教师打破德育与智育分离的二元论，挖掘每一个知识点背后的育人价值，实现知识教学与学科育人的和谐统一。

2. **教师之于课程——从课堂执行者到课程设计者。**高质量育人体系的核心是高质量的课程体系。学科教师往往将自己的视野局限在课堂教学这一环节，而对于课程设置的意图和育人方向有所忽略，难以对课程有总体把握，这种视野上的局限限制了教师的专业发展。我们倡导教师从课堂执行者转变为课程设计者，引导教师积极参与各项课程改革项目，让教师能够站在整个课程架构与课程价值的高度，对教学工作有全新的认知和定位。

“双减”落地过程中，教师秉持史家集团“无边界”课程理念，依据学生身心健康、全面发展的需求，为学生研发了菜单式的课后服务课程，如自主空间、悦读空间、律动空间、艺术空间、创意空间等。随着教师课程意识的觉醒，史家集团构建了符合学生成长需求的课内与课后课程体系，全面、系统构建育人生态。

3. **教师之于学习——从教的专家到学的专家。**在课堂教学中，教师探索“学思知行”课堂模型，聚焦学生思维习惯和思维品质的培养，让学生站在课堂的中央，在课堂教学中做到四个强化，即强化学生提问质疑的能力、强化学生解决问题的能力、强化学生学习持久专注力、强化生生互动创意表达能力，并将“专注”与“绽放”的学习表情作为衡量学生思维发展的重要标志①。

在实际工作中，中小学教师最希望提升的能力还有教材解读能力、作业设计与命题能力、课题研究及论文撰写能力、信息技术应用能力、专业

① 金少良：《“双减”背景下教师的身份认同、角色重构与深度流动》，《中国教师》2023 年第 11 期，第 87—88 页，有改动。

发展规划能力、自我心理调节能力、突发事件处理能力、终身学习能力、安全知识及相应防护能力、疏导学生心理健康能力以及“三字一话”（钢笔字、毛笔字、粉笔字和普通话）基本功等。

综上，新时代教师专业发展能力提升的方向，应当是能够紧跟时代发展步伐，不断满足学生个性化需求，创设学生喜爱的学习环境，具备多项专业技能，包括：(1) 教学设计能力；(2) 教学实施能力；(3) 教学管理能力；(4) 班级管理及突发事件处理能力；(5) 教育教学评价能力；(6) 沟通合作能力；(7) 教育教学反思能力；(8) 教育科研能力；(9) 创新创造能力；(10) 教育数字化应用能力；(11) 论文撰写能力；(12) 课题研究能力；(13) 疏导学生心理健康及自我心理调节能力；(14) 终身学习能力；(15)“三字一话”基本功。

(四) 教师素养

2018 年 1 月，《中共中央 国务院关于全面深化新时代教师队伍建设改革的意见》提出“造就党和人民满意的高素质专业化创新型教师队伍，落实立德树人根本任务，培养德智体美全面发展的社会主义建设者和接班人”的目标任务。随后，国内专家学者提出教师素养和能力概念，并进行深入研究。

饶从满等学者提出新时代教师素养模型，由学科素养、通识素养、学习支持、全人教育、沟通合作、发展改进和师德情怀七大素养构成。其中学科素养包含学科知识、课程知识、学科教学知识三个素养领域；通识素养包含科学与人文素养、信息技术素养、多元视角三个素养领域；学习支持包含了解学生、有效教学、课堂管理、评价反馈四个素养领域；全人教育是指教师关注并促进所有学生全面发展所需的素养，包含学科育人、管理育人两个素养领域；沟通合作包含同事合作、家长合作两个素养领域；发展改进是指教师持续反思并不断改进教育教学实践的素养，包含反思发展、研究改进、自我调节三个素养领域；师德情怀是指教师有为人师表的道德自觉和追求卓越的专业情怀，包括职业道德、教育情怀两个素养领域①。

有学者提出教师核心素养概念，其中具有代表性观点的教师核心素养

---

① 饶从满、吴琼、李晓：《新时代中国教师素养模型的理论建构》，《教师教育研究》2024 年第 1 期，第 8—15 页。

结构要素是：(1) 政治素养。包括政治方向、政治意识、政治信仰；表征教师专业发展的政治向度，是教师专业发展中的政治品性和政治方向，要求教师树立正确的政治方向、政治意识，坚定政治信仰。(2) 道德素养。包括职业道德、心理健康，要求教师深刻认识职业道德及心理健康意义。(3) 文化素养。包括人文素养、科学素养、专业素养、信息素养，这是作为教师专业发展的本体。(4) 教育精神。它包括教育理念、教育信念、教育情感，旨在通过引导树立远大的教育理想、坚定理想信念，具备较强的教育精神，以推动教师不断超越现有水平，为教师专业发展的动力所在①。

2024 年 8 月，《中共中央 国务院关于弘扬教育家精神加强新时代高素质专业化教师队伍建设的意见》指出"提高教师学科能力和学科素养。将学科能力和学科素养作为教师教书育人的基础，贯穿教师发展全过程""在中小学教师培训中强化学科素养提升，推动教师更新学科知识，紧跟学科发展""推进中小学教师科学素质提升"等。特别要求教师在新时代背景下，要坚持弘扬践行教育家精神，贯彻新理念，不断更新教育观念，对专业知识持续追求和精进，改进教学方法和技能，不断提升学科能力和素养。

以上观点，基本涵盖新时代对教师的素养要求，其中全人教育、反思发展受到广泛关注，学科素养、科学素养、信息素养、课程素养和创新素养受到国家的广泛重视，广大教师均应与时俱进，积极增强自身素养。

就学科素养而言，作为教师专业素养的重要组成部分，需要教师具备扎实学科知识，对学科课程的本质、发展、改革及与其他学科的关联等具有深刻理解和把握，持续关注学科发展前沿，注重拓宽学科的认识视角和认识思路，并且能够将新理念、新方法、新技术应用到学科教学之中，在基于学科本质理解的基础上，注重实际问题解决，实现学生学科素养及学科思维能力的提升。

就科学素养而言，基础教育阶段，教师既要夯实学生的知识基础，还要注重激发学生崇尚科学、探索未知的兴趣，强化在"做中学""用中学""创中学"，培养其探索性、创造性思维品质，重视拔尖创新人才培养。特

① 王光明、黄蔚、吴立宝：《核心素养和能力促教师专业发展》，《中国教育报》2019 年 4 月 25 日第 7 版。

别是要加强实践性教学，注重通过构建真实或拟真科学实践情境，积极探索开发模型建构与使用、数学和计算思维运用、基于证据的论证等多种科学实践类型的课程群，具备开展跨学科、大概念、项目式的科学教育能力等。落实到学校还要着力做好演示实验、上好实验课、开出必做实验。

就信息素养而言，2022 年 11 月教育部制定行业标准《教师数字素养》，要求教师具备一定的数字化意识，掌握一定的数字技术知识和应用能力，具有一定的数字素养，能够适当利用数字技术获取、加工、使用、管理和评价数字信息资源，发现、分析和解决教育教学问题，特别是能够应用数字化，利用数字技术改进教学方式，构建个性化教学模式，深化因材施教。例如进行数字化教学设计、数字化教学实施、数字化学业评价、数字化协同育人等。

同时，还要提升课程素养。有学者认为，教师应当在教学实践中具有较强的课程意识、课程知识、课程情意、课程能力和课程经验等要素所形成的素养。这把教师发展从教学层面拉高到课程层面，如引导教师关注课程方案、课程标准、核心素养、课程目标、课程内容、评价方式、课程资源及课程管理等方面，并可从以上方面出发，帮助教师补齐短板，形成新的课程能力结构，改进自己的教学。

最后，还要提升创新素养。进入新时代，呼唤创新人才培养，创新人才的核心素质就是创新素养。要将学生培养成具有一定创新素养的时代新人，首先需要教师具有创新素养。作为学校，就是要在日常的教育教学中，注重培养学生的创新精神、批判性思维及实践能力，不断增强学生创新素养。作为教师，要改革课堂教学，可以实验教学为突破口，将创新素养有机融入实验教学之中，持续培养学生创新意识、创新设计、创新实践等。例如，可总结凝练实验教学数字化进程中取得较好效果的典型成果；在“低成本实验”“生活小实验”“家庭实验”等方面开发更易操作的实验资源，鼓励自制教具、研究符合新课标理念的教学策略；加强探究性实验，引导学生开展主题式、项目式实验学习，激发学生的探究兴趣和创新思维，促进知识建构与迁移，培养实践创新意识①。

① 唐芊尔：《创新人才培养，从上好一堂实验课开始》，《光明日报》2024 年 1 月 2 日。

第二节 教师专业发展的愿景

教师专业发展是一个多维度发展的过程，它受到个人知识与能力、社会发展、心理发展、职业周期、工作环境等多个维度影响。国内外专家学者把教师专业发展划分为多个阶段。例如，莱西把实习教师划分为“蜜月”阶段、“寻找教学资料和教学方法”阶段、“危机”阶段、“设法应付过去或失败”阶段；台湾王秋绒将教师发展分为三个阶段，即师范生阶段，实习教师阶段，合格教师阶段，每一个阶段又分三期，其中，合格教师阶段划分为新生期、平淡期、厌倦期；殷国芳、仝日艺把专任教师划分为适应期、稳定期、创新期；张向东把教师划分为角色适应期、主动发展期、最佳创造期、缓慢下降期、后期衰退期①。

时至今日，一般而言，教师发展大致可分为四个时期：一是主动适应期。对刚入职的新教师来说，前三年对教育教学工作充满热情、期待，但在实际的学校生活中，不会与家长沟通，不会课堂管理，不会做班级工作，不会分析学情，导致一次又一次的教学与管理工作“失败”，只好活学活用，采取多种措施，主动适应工作。二是模仿提升期。学校通过“青蓝工程”、师徒结队、“教师专业发展营”、“成长共同体”等方式，以及个人主动拜师学习，从模仿某一位、几位名师（教育前辈）开始，实现个人教育理念、专业技能的大幅提升。三是稳定发展期。经过十余年的探索，教师在教学上基本完成教学大循环，能够吃透课程标准，依照教学目标，依据学情，灵活运用多种教学方法，教学质量得到学校师生认可。四是突破成熟期。此时期，教师能够摆脱常规的束缚，结合实际开展有效的研究与创新，并取得较好效果；课堂教学、班级管理、教研工作都有一定突破，形成了自己独特的教学风格。

上述无论哪个阶段、哪个时期，在教师专业发展过程中仅是一个相对的发展过程，每个阶段因人而异，发展路径不尽相同。同时，这个发展过程是多变的。在这个过程中，既可实现专业知识与能力的拓展提升，进一步涵养师德，也可实现个人专业发展一次又一次的突破。

仔细审视这个发展过程，其中有艰辛、有挑战，但应当心中有理想，

① 胡惠闵、王建军：《教师专业发展》，华东师范大学出版社2014年版，第62页。

对未来发展充满信心，主动描绘心中专业发展的愿景，这样成长才会有“质”，达到一定的高度；才会有“量”，收获荣誉、职称等“副产品”。

对未来专业发展的愿景，可定位为五个发展梯度，相当于给自己的成长搭建一个个阶梯，使自己朝着正确的方向、科学的目标前行。

一、新教师（1.0 版本）

这是教师生涯的起点，教龄为 1—3 年。这些新教师的显著特点是满腔热血，积极上进，能够主观努力，全身心地投入教育教学之中。学校会根据本校实际建立教师发展共同体，搭建青年教师专业发展成长平台，促进新教师成长。但在这个过程中，有的教师在本校名师带领下、在名师工作室引领下，进步很快，脱颖而出；而有的教师则完全体现出“成人化”的一面，固执、难以改变，导致个人成长缓慢。此阶段教师是否成长，其标志有：一是主动学习。平时注重向校内名师、教育前辈、同行等学习，不断积累知识和提升技能。二是敬业爱岗。工作积极上进，具有坚定的职业理想信念，高质量完成学校交办的各项工作任务，个人教学、班级管理能力精进。三是克难奋进。面对教育教学中的种种困难，能够主动化解，积极前行。

二、合格教师（2.0 版本）

新教师经过 3—10 年的摸爬滚打，基本能够站稳讲台，对课程标准、课程教学、班级管理、学生心理、信息技术应用及科学的教育观、学生观、教学观有了清晰认识；能够在学校讲过关课、亮相课、公开课，成为校级骨干教师，还有可能进入优秀教师行列。优秀教师的标志：一是在校级教学比赛中获得一等奖，或在县（市、区）级教学比赛中获奖；二是学科教学及班级管理业绩突出，在年度考核中等次较高，综合成绩名列前茅。作为优秀教师，学校应当加强培养，加强专业成长指导，搭建展示平台，促进学养储备，拓宽教育视野，巩固提升教学教研能力，为向高一层迈进奠定基础。

三、骨干教师（3.0 版本）

学校优秀教师再经过 5 年左右的时间淬炼，即从教 10—15 年，就能够独当一面开展工作，能够指导刚入职的教师，个人教育教学理念先进，教学质量较高，专业知识和技能扎实，跟随名师开展教学研究或送教等活动，积累了一定经验，基本认同进入骨干教师行列。这个阶段可分为两层：一是县（市、区）级骨干（3.1 版本）。其标志是能够代表学校参加县（市、区）级教学比赛；获得教学竞赛县（市、区）级一等奖，被评为县（市、区）级骨干教师、学科带头人。二是市级骨干（3.2 版本）。其标志是能够代表县（市、区）级参加市级教学比赛，获得市级一、二等奖；或班级管理工作突出，评为市级优秀班集体或优秀德育工作者、班主任、教坛新秀等，且教学成绩突出、综合素养较强。作为骨干教师，标志着教师进入教育生涯的重要时期，从职称上讲，基本具备晋升高级教师条件；从荣誉上来看，还具备晋升地方名师、教学名师的条件。这个阶段，是个人专业发展的重要“分水岭”，需要继续加强学习，进一步夯实理论功底，积极参加各种教学教研活动，尝试开展以“小切口”解决实际教学问题的研究，并尝试创新课堂教学和班级管理模式，摸索新路径、新方法，以提升教学质量及班级管理水平，引领学生全面发展。

四、市级名师（4.0 版本）

市级名师是在市级骨干教师基础上，再淬炼 5 年左右，教龄约 16—20 年。此阶段，应当是教师教育理念先进、情怀饱满、知识全面、技能精湛、能力卓越的阶段，既有理想信念，又敢于不懈追求；既保持良好的教育教学效果，又能教、评、导、辅、写等方面样样出彩，是骨干教师中的佼佼者，从一定意义上讲即已进入地方名师（市级名师）行列。此阶段，其标志是：评为市级名师（教学名师），担任市级名师工作室主持人或市级学科带头人；教学形成风格，被业内认可；坚守一线，合作互助意识强，辐射引领能力强，学科理论钻研深且理解透。评为名师后，高级职称岗位基本顶格，通常出现个人选择的第二个“分水岭”：一部分教师继续努力，力争取得新业绩，向高一级职称（正高级）或荣誉攀升；一部分教师可能认为要“歇一歇”了，保持好业绩直至退休。殊不知，无论是前者还是后者，都应继续努力，取得新业绩是工作分内之责，向高一级职称或荣誉晋升是积极之举，但应量力而行，始终保持良好的工作状态。特别是教师评为名师后，应继续立足课堂作表率，积极凝练个人教学主张，辐射引领青年教师前行。

五、省级（国家级）名师（5.0 版本）

这一阶段，即进入了“教育家型教师”行列，人生境界更加宽广，是真正意义上的“四有”好老师、“四个引路人”、“大先生”。其标志是被评为省特级教师、省级名师（省级名师工作室主持人）、正高级教师、国家级名师；教学风格鲜明，形成教研品牌。这个层级教师数量少，需要教育主管部门及学校重视，发挥好引领作用。教师个人应当继续战斗在一线，做到课时量不减、热情不减，继续帮助年轻教师成长，发挥出更强的辐射引领作用。

以上五个梯度是循序渐进的，作为教师，大多数难以达到第四级和第五级，但教师“是学校与教学革新的心脏，他能最大限度地重振和振兴一个国家的教育希望”①，愿景还是要有的。

第三节 教师专业发展的路径

我们知道了教师专业发展的内涵（是什么），明白了发展愿景的五个层次（要去哪里），还应该明白努力方向（怎样去）。以下从宏观视角重点从个人和学校两个层面探讨教师专业发展的路径。

一、个人层面

教师专业发展从本质上看，是伴其教育生涯的个体专业发展的过程，是教师不断接受新知识、新挑战，增长新技能，不断总结、提升、创新、成熟以至达到完全胜任教师角色的过程。分析名师的成长轨迹，从个人层面来看，促进其专业发展的关键词有以下十一个。

情怀。自古以来，从“学而不厌，诲人不倦”“教学相长”，到“传道授业解惑”“因材施教”，到“为天地立心，为生民立命，为往圣继绝学，为万世开太平”，再到“天下兴亡，匹夫有责”，博大精深的中华文化孕育了宝贵的教育思想，这为教育情怀打上了亮丽的底色。随后，有马相伯、陈鹤琴、陈寅恪、晏阳初、陶行知、梁漱溟等一大批教育大家传承着教育大志向、大情怀，挺起民族教育的脊梁。时至当今，有斯霞、李吉林、黄大年、钟扬，还有于漪、朱永新、顾明远、李镇西、张桂梅等一大批“大

① 胡惠闵、王建军：《教师专业发展》，华东师范大学出版社 2014 年版，第 73 页。

先生”，以教师之强奠基教育之强，以教育之强奠基国家之强；躬耕教坛，与国家命运血肉相连，他们用情怀奠定师德底色，撑起教育大厦。虽然我们广大教师不是人人都能成为教育家，但人人都可以拥有教育家精神，在“躬耕教坛、强国有我”的奋斗征程中，成就一番作为，抒写属于时代的教育荣光。作为教师，首要的是需在心底厚植教育情怀，这是高于职业的可贵精神品质，是个人发展的动力之源。

规划。“把课上好”是教师第一要务。教师是专业技术人员，应当做好职业生涯规划，制定适合自己的行动方案，促进专业发展。广大教师不仅要重视专业发展规划，还要科学合理地规划，确立规划内容，找准实施路径，构建自我成长模型，往大格局、大视野方向行进。只有促进专业发展，才能实现“把课上好”这一最根本的教育目标和理想；只有“把课上好”，才能促进学生的发展。

学习。教师是应该保持持续学习的人。作为新时代教师，既要牢固树立终身学习理念，又要掌握学习的内容、方法和途径，做到不间断的学习、全方位的学习，做到学以致用、养成学习习惯并具有一定的学习品质；通过学习补齐自己的短板，为学生树立榜样，为高质量教育教学赋能，真正成为一名有扎实学识的教师。

阅读。阅读是教师专业发展的重要基石。虽然阅读也是学习的一部分，对于教师至关重要，但没有引起诸多教师足够的重视。每位教师应当建立自己的“阅读学”，知道阅读为什么、读什么、怎么读、读了怎么转化、养成阅读习惯等，还需要解决个人不爱阅读、不坚持阅读问题。

实践。教师每天的教育教学活动都是实践。教师离开了实践，犹如鱼离开了水。而教师的实践场所就是课堂，教师的成长也是基于课堂、扎根于教学。备课、上课、说课、观课、评课等教学实践是教师专业发展的沃土。教师开展学习、阅读、写作、反思、研究等都是围绕提升实践水平展开的，也是为涵养师德、提升专业知识和技能服务的。

反思。反思与实践是“孪生姐妹”，没有实践，也不会有反思。广大教师应当认识到反思在提升教育教学质量中的重要性和紧迫感，熟练使用反思工具，在实践中进行充分反思，反思后重构知识框架、教学行为，实现教和学的相互促进、共同提高，不断优化教育教学行为。作为教师，重点要明白反思什么、怎样去反思，真正做到在实践中反思、在反思后再实践。

研究。开展教育研究是促进教师专业发展的必经之路。教师应当有正确的认识，要有研究问题的意识、方法和精神，特别是要有解决教学问题的愿望，及时把典型、普通的教学问题转化为研究课题，并在研究中解决问题、提升专业技能。研究不一定要非常高深，而更多应当关注“小切口”，直面真实具体的问题，从做小课题开始，将阅读、积累、反思、写作、实践等多个环节结合起来同向发力，综合应用，循序渐进，直到解决复杂问题，实现从职业理解到专业理解、专业表达、专业实践及自我专业发展的转变。

案例 1-2

青年语文教师的成长之路

讲公开课、参加讲课比赛是一种很好的成长途径，但这种途径有时候像是被人推着前进的。其实，一个人要想成长得更快，平时教学中的自觉行为尤为重要。给自己制订一个成长计划：在每个单元中选一篇课文作为主攻对象，多设计几套教学方案，在不同的班级尝试不同的教法，用录音笔录下自己的课堂，然后回放，自我评价、自我修正；每一种体裁的课文打磨出一节经典的课型；每学期打磨一节精品课。这样几年下来，你一定可以成为一个不错的语文教师。

年轻教师在入职之初要做这几件事：一要选定一位名师进行学习研究，分析他的教学案例，阅读他的教学论文，体会他的教学思想，确立自己的职业目标。比如于漪的《语文教学谈艺录》既有厚实稳健的理论内涵，又有行之有效的实践指导，是语文教师的案头必备书。有人评价说她的教学录像是活的教学法、真的教学法。二要选一位本校的优秀教师做师傅，经常互相听课交流，解决一些实际工作中随时发生的难题，有时他们的一句话就是他们摸索几十年得出的宝贵经验，很值得借鉴。三要长期坚持阅读一种语文学科的核心期刊，那里有丰富的语文教育教学资源，涉及语文教学的方方面面，只要坚持阅读大有裨益。四要通读语文教材和语文课程标准，形成对教学内容和教学目标完整系统的认识。①

---

① 查琮：《专业讲座：青年语文教师的成长之路——从教三十年的一点感悟》节选，《鄂东语文名师讲演录》，华中师范大学出版社 2019 年版，第 145、152 页。

写作。写作对于教师而言基本是令人头痛的事，许多教师不知道写作会给他带来多少好处。写作至少有三个方面的好处：积累工作经验、总结提升自我及构建新知识、形成新能力。一个坚持写作的人，从本质上讲，也就是他阅读、学习、理解教育文献的过程，形成个人教育史的过程，更新教育观念的过程，也是自我调适、走向教育幸福的过程。教师可“以我手写我心”，掌握基本的文体写法，坚定写作意愿，坚持记录教育生活中有趣的片段，给自己打开一扇窗，引领自己走向远方。

融合。李希贵说，教育学首先是关系学。从新时代教师发展角度来看，教师应当积极主动融入学校、教师、学生、家长之中，打破单打独斗、互不往来的藩篱，充分相信团队的力量，一起走得更远、更坚定。教师之间应建立起学习共同体，乃至学术共同体，合作共学、共研共进；教师对学生应当始终拥有爱的初心，当好学生人生成长的导师，做“四有”好老师，当好“四个引路人”，让学生深深地感受到教师无时无处不在的爱。教师与家长应建立育人共同体，教师应充分发挥家访、家委会、网络平台沟通作用，让家长更加了解学校、学生，并参与到学校班级管理中来，做到家校共同育人。

执着。功崇惟志，业广惟勤。教师职业生涯也是终身学习成长的生涯。成长之路，道阻且长，唯有保持终身成长，始终保持成长定力，不断地吸收、内化知识，不断地突破自己、挑战自己，才能实现创造价值和个人生长。教育家李镇西被誉为“中国的苏霍姆林斯基式的教师”，他提出“四个不停”（不停地实践、不停地思考、不停地阅读、不停地写作）、“五个一工程”（每天上好一堂课、至少找一个学生谈心或书面交流、思考研究一个教育或社会问题、读书不少于一万字、写一篇教育日记），用亲身经历为广大教师执着学习探出一条新路。在他的身上可以看出一个人持续性努力与间歇式努力的结果。教师进行专业发展也是同理，需要沉得住气、坐得住冷板凳，脚踏实地、步履不息，方能抵达成功彼岸。

锻炼。古希腊哲学家赫拉克利特曾说：“如果没有健康，智慧就不能表现，文化无从施展，力量不能战斗，财富变成废物，知识也无法利用。”可见，健康是一切价值的源泉。而教师职业是一项较为特殊的职业，受人尊重，但却承受巨大压力在三尺讲台上，长年累月地讲、站、坐、看，以致自己被疾病所袭而不知。一旦被疾病所困扰，一切美好即将离之而去。因此，锻炼虽与教师专业发展没有直接关系，但没有了健康，还谈什么教书育人、专业发展呢？每位教师都要有自我保健意识，做好自我健康管理。例如学会自我心理诊断、学会情绪控制等。

二、学校层面

没有教师的发展，就没有学校的发展。学校通过促进教师专业发展，提高教师知识和技能，从而作用于教育教学水平提升，这已成为学校办学治校的重要方略。

学校应千方百计调动教师的工作积极性、主动性，促进其专业成长。这股推动力量对广大教师个人成长不可或缺，原因是个人内生发展动力很难长时间保持，需要其他力量激活、“加油”、“加压”。常用的办法是将学校文化认同、价值引领作为教师内生机制的第一原动力，采取校长引领、名师指引、师傅指导、同伴互助等方式促进教师专业发展。

在具体执行上，一般采取分层、分类、分阶段方式培养，将校本教研作为重要抓手，将培养培训作为重要渠道，将激励保障机制建设作为重要途径。例如清华大学附属小学用“过程性数据＋关键事件＋榜样引领”为教师发展搭梯子、建平台；杭州市丁兰实验中学用“创新说课、同课异构、摇号晒课”方式开展教学竞技；武汉光谷第一小学实施“双五工程”，即学校每周一次集体备课、每月一个教研主题、每学期展示一次课堂教学、每学期研讨一个课题、每年举行一次优质课竞赛；教师每周至少听一节课、每周一次家访、每月上传一篇教学反思、每学期上交一篇论文或案例、每学期阅读一本教育专著等。

教师专业发展之路是艰辛的，教师只有保持旺盛的内生动力，其未来才会充满生机，而学校力量的支持相当关键。

第二章　厚植教育情怀

从教师专业发展角度来看，教育情怀是教师专业发展的动力之源。教育情怀是基于教师职业的一种可贵的精神品质。它是源于对教育事业发自内心持续的、深沉的爱，有着难以割舍的情感，并将这种爱和情感转化为行为和行动。其包含三层意思：一是教师对所从事职业的高度认可和挚爱，无论是教育对象，还是教育过程。二是这种爱应是持久的，不为物欲所惑，不为名利所累，不为风气所乱。三是转化为行为和行动。行为是外在的表现，如一言一行、一举一动、日常的言传身教等；行动体现在立德树人、教育教学及终身学习上。教育情怀与师德、个人教育理想紧密相连，需要通过多种途径、长期培养习得。作为一名教师要厚植教育情怀。

第一节　审视师德要义

一、师德的核心要义

教育情怀是师德的底色。师德离不开教育情怀。

何谓师德？师德是教师的职业道德，是教师和一切教育工作者在从事教育活动中必须遵守的道德规范和行为准则，以及与之相适应的道德观念、情操和品质。

师德的内涵在实际工作中表现得较为丰富。林崇德先生把它归纳为“爱岗敬业、关爱学生、严谨治学、为人师表”① 16个字，这也是师德四大核心要素。林崇德先生进而在《中小学教师培训课程标准（师德修养）》框架内容中将这16个字细化为48个字，以“四有”好老师为目标导向，提出：有理想信念，包括爱党爱国、爱岗敬业、乐于奉献；有道德情操，包括为人师表、团结协作、廉洁自律；有扎实学识，包括严谨治学、科学施教、与时俱进；有仁爱之心，包括以人为本、关爱学生、公平公正②。林崇德先生认为，师德问题是一个事关灵魂和信仰的问题，如果没有对党的教育事业的忠诚，没有教育理想和教书育人的信仰是干不好的。

朱永新先生认为，新时代教师必须加强精神品质的培育和建构，担当起培育堪当民族复兴重任的时代新人的历史使命。新时代教师精神是以大爱情怀为基础、以大德风范为中坚、以大智风采为核心的文化系统。大爱情怀包括热爱祖国的崇高情怀、热爱教育的炽热情怀和关爱学生的慈爱情感；大德风范包括个人品德、职业道德和生命大德；大智风采包含渊博的知识积淀、终身学习和合作学习习惯等③。这从更高层面对师德内涵进行了升华。

《中学教师专业标准（试行）》要求教师需具有良好的职业道德，要求师德为先，“热爱中学教育事业，具有职业理想，践行社会主义核心价值体系，履行教师职业道德规范，依法执教。关爱中学生，尊重中学生人格，富有爱心、责任心、耐心和细心；为人师表，教书育人，自尊自律，以人格魅力和学识魅力教育感染中学生，做中学生健康成长的指导者和引路人”④。同时强调，师德是教师最重要的素质，是教师之魂。

2023年9月9日，习近平总书记致信全国优秀教师代表，指出：“教

---

① 齐林泉、张曦丹：《推进新时代师德建设——对话北京师范大学资深教授林崇德》，《中国教育报》2019年9月11日第6版。

② 林崇德、黄四林：《以培养“四有”好老师为目标 涵养高尚师德修养——〈中小学教师培训课程指导标准（师德修养）〉有效实施的关键问题》，《人民教育》2022年第1期，第46页。

③ 朱永新、郝晓东：《大力弘扬新时代教师精神》，《中国教育报》2021年9月16日第7版。

④ 燕学敏：《教师专业标准解读·中学教师》，天津教育出版社2012年版，第182页。

师群体中涌现出一批教育家和优秀教师，他们具有心有大我、至诚报国的理想信念，言为士则、行为世范的道德情操，启智润心、因材施教的育人智慧，勤学笃行、求是创新的躬耕态度，乐教爱生、甘于奉献的仁爱之心，胸怀天下、以文化人的弘道追求，展现了中国特有的教育家精神。”习近平总书记全面深刻阐释了教育家精神的核心内涵，对广大教师提出新的要求，树立了新的师德高标。

从以上可以看出，教师为师之道的第一要务，即是要锤炼师德，努力做“四有”好老师，当好学生“四个引路人”，大力弘扬教育家精神，做到以德立身、以德立学、以德施教。

在情感上，要以德育德，以情化情，始终饱含深情，爱着手上这一份“人师”“经师”的职业；慎终如始，将志为人师、学为人师、乐为人师作为矢志不渝的事业追求；带着智慧和发自内心的爱投入工作中去。

在行动上，把为学、为事、为人融合起来，知行合一，这是师德的另一种转化为实践的表达。

在责任上，牢记立德树人这一根本任务，把课堂育德融入教育教学全过程；与时俱进，跟随学生的发展而不断学习提升，与学生共成长，教书育人，默默耕耘，培养学生受用终生的好品质、好习惯、好能力。

同时，在持久上，始终不为外界环境所动，不断自觉提升道德修养和道德智慧，做一名长期坚守教育一线、爱岗敬业、数年如一日执着于教书育人的光荣人民教师。捧着一颗心来，不带半根草去，正如鲁迅先生言：我们自古以来，就有埋头苦干的人，有拼命硬干的人，有为民请命的人，有舍身求法的人……这就是中国的脊梁。

二、师德、师能与业绩

当下，师德已不是一个独立的概念，也不再是指传统意义上的师德，而是赋予了时代的印记。

当衡量或考核一位教师时，师德、师能、业绩是不可割裂开来的。一位教师仅有好的师德，教育教学效果并不理想，这位教师并不能称为好教师；仅有好的师能，课堂上只盯住学生分数，忽视学生终身成长，忽视对学生未来有影响的因素，也不能称为好老师。

实际工作中，师德、师能、业绩三者正常样态应该是：

以德促能。师德上不去，情怀日减，天天怨天尤人，做一天和尚撞一天钟，这样个人教学能力会削弱，育人效果也会大打折扣。相反，每天以饱满的工作热情投入工作当中，时刻坚守为师底线，遵循学生成长规律及教育规律，创造性地解决日常教育教学中的问题，保持谦虚谨慎、严谨治学、与时俱进的学习与工作态势，育人效果也会随之提升。一旦心理强大了，师德强大了，自然会想尽办法提升师能，工作积极性也会高涨起来。

以能润德。自觉不断砥砺师能，注重学习及专业能力提升，为学生所爱戴；学生“亲其师，信其道”，有所成长，教师也会更受到尊重，二者相互促进。

德能绩合一。当教师德艺双馨时，一般教学业绩都不会太差。在学校综合考评上或是教学业绩评价上，无论是学生发展、班级管理，还是诸如运动会、竞赛等综合评价也会靠前，这便是一位成功教师最为美丽的样态。

顾明远先生说，师德是一种专业责任，教师的道德体现在专业能力上。班建武先生认为：师德，第一靠情怀，解决的是教师职业的目的性问题；第二靠专业，教师需要不断提升自己的能力①。

可见，师德、师能及业绩三者是内在统一的。

三、师德的底线

教育大计，教师为本；教师大计，师德为本。当下，教师队伍的整体素质是不错的，多数教师能够态度端正、严谨治学、廉洁自律、为人师表、精心育人，但也存在极少数教师执教热度减退，不再积极上进，不去认真备课，应付工作，甚至出现违背师德的现象，严重者还触犯刑法。对此，我们应牢记：不触碰法律的底线，是守住师德的底线，教师应自觉做到守准则、抵制不良风气，自觉保持高尚情操、高尚师德。

2018 年 11 月，教育部颁布《新时代中小学教师职业行为十项准则》《新时代幼儿园教师职业行为十项准则》，即是有针对性地根据师德问题划出教师基本底线，这既是广大教师职业行为的基本准则，也是对广大教师提出的警示。

---

① 黄浩：《师爱与师能成就新时代“新师德”》，《中国教师报》2018 年 12 月 5 日第 2 版。

现实工作中，师德考核是各级各类学校每年必须开展的一项活动，对考核办法和细则都有具体要求，这是广大学校加强师德建设采取的一项有效措施。其核心：从宏观局面来说，即是用习近平中国特色社会主义思想武装教师头脑，自觉用“四个意识”导航，用“四个自信”强基，用“两个维护”铸魂；从微观层面来说，即是守好讲台主阵地，爱岗位、爱学生、爱同事、爱学校，用爱培养爱、激发爱、传播爱，以心育心、以德育德、以人格育人格，自一言一行做起，从备好每一节课、上好每一堂课做起，从公平对待每一位学生做起。具体可参考《黄冈市中小学教师师德考核参照标准》（见表2-1）。

表2-1 黄冈市中小学教师师德考核参照标准①

考核项目	基本要求
爱国守法	1. 拥护中国共产党的领导，拥护社会主义，与党的路线、方针、政策保持一致
	2. 全面贯彻党的教育方针，自觉遵守教育法律法规，促进学生健康成长
	3. 遵守学校管理规章制度，关心和支持学校发展，合理合法表达诉求
	4. 依法履行教师职责，尊重学生受教育权利
爱岗敬业	5. 坚定职业理想信念，忠诚于人民教育事业
	6. 切实履行岗位职责，敬业爱岗，认真工作
	7. 对工作高度负责，认真备课上课，认真批改作业，认真辅导学生，不敷衍塞责
	8. 严格执行教学计划，落实教育教学目标，高质量完成教学任务
关爱学生	9. 关心爱护全体学生，尊重学生人格，平等公正对待学生
	10. 尊重学生成长规律，重视心理健康教育，促进学生快乐成长
	11. 重视学生安全教育，维护学生合法权益，保护学生人身安全
	12. 加强与家长的联系沟通，促进家校互动育人
	13. 不体罚或变相体罚学生，不讽刺、挖苦、歧视学生

① 摘自《市教育局关于印发〈黄冈市中小学教师师德师风考核暂行办法〉的通知》（黄教办〔2020〕46号）。

续表

考核项目	基 本 要 求
教书育人	14. 遵循教育规律，实施素质教育，促进学生健康全面发展
	15. 坚持因材施教，耐心教育学生，为学生终身发展夯实基础
	16. 加强学生德育，积极在学科教学中渗透德育，塑造学生健全人格
	17. 激发学生创新精神，引导学生培养健康的兴趣爱好
	18. 改进教育教学方法，努力提高教学质量，切实减轻学生课业负担
	19. 综合评价学生素质，客观评定学生操行，不以分数作为评价学生的唯一标准
为人师表	20. 坚守高尚情操，知荣明耻，严于律己，以身作则，淡泊名利
	21. 文明执教，举止端庄，衣着得体，语言规范
	22. 廉洁从教，自觉抵制有偿家教，不以职务之便谋取私利，不收受学生和家长财物
	23. 团结协作，维护集体荣誉，尊重同事和家长
	24. 诚信友善，作风正派，模范遵守社会公德
	25. 公平竞争，不为职务和职称晋升请托说情
终身学习	26. 树立终身学习理念，积极参加岗位培训，拓宽知识视野，更新知识结构
	27. 学习和掌握现代信息技术，促进现代信息技术与教育教学工作的融合
	28. 崇尚科学精神，潜心钻研业务，不断提高专业素养和教育教学水平
	29. 勇于探索创新，积极参加教科研活动，努力推进教育教学改革

总之，教师，需要始终保持着师德高尚的精神高地，始终保持着高涨的教育情怀。

第二节 持续精神生长

我们常常只关注教师专业成长，这是不够的，还应关注教师专业成长的另一面——教师精神生长。教师精神生长，即是教师精神世界中基于教师专业成长而应具备的精神品质。这种精神品质是人生境界的提升，是紧跟时代脚步内化的新动力，是厚植教育情怀的“新鲜血液”，也是人生精神之“钙”。

这种精神品质主要体现在以下几方面。

一、大爱精神

没有爱就没有教育。有一种爱，是心有大我、至诚报国，心中始终装着国家和民族，为国家发展、民族复兴培养一批又一批人才。这种爱，是一种大爱。

教师为党育人、为国育才，有着炽热的爱国主义情怀，理想信念坚定，道德情操高尚，爱国奉献，无怨无悔立志教育事业，用远大的志向、纯粹的心灵、坚韧的品质去引导学生前行，推动教育事业发展，甚至将生命置之度外，默默耕耘，作出自己的贡献。

半个世纪以前，陶行知先生即是其中代表，他将毕生精力致力于教育事业，创立了完整的教育理论体系，并进行大量教育实践，革除不适应时代发展需要的“旧”，创立与社会、历史进步相符的“新”，创办多所学校，为我国教育现代化作出开创性的贡献。“四颗糖”的故事家喻户晓，“捧着一颗心来，不带半根草去”的赤子之忱，激励着一代代教育人。

新时代，以黄大年、钟扬为代表的教师，与时间赛跑，胸怀科技报国之志，填补多项国内技术空白，为国家人才培养、学科建设、科学研究作出重要贡献。

案例 2-1

我有一个梦想

我曾经有过许多梦想，那些梦想都在遥远的地方。

我独自远航，为了那些梦想。我坚信，一个基因可以为一个国家带来希望，一粒种子可以造福万千苍生。初到西藏这片土地，只为盘点世界屋脊的生物家底，寻找生物进化的轨迹。在漫长的科考道路上，我慢慢地意识到，这片神奇的土地需要的不仅仅是一位生物学家，更需要一位教育工作者。将科学研究的种子播撒在藏族学生的心中，也许会对未来产生更为深远的影响。生物多样性的排名，西藏在全国一直是前三，西藏还有很多没有被探索的地方。高原植物学人才的培养，不仅仅在课堂，也在雪山脚下、荆棘丛中。这一路总是充满艰辛，而我的学生，未来的植物学家，必须学会克服困难、迎接挑战。

采种子路上经常会发生各种各样的状况。高原反应，差不多有17种，在过去的13年间，每一次我都会经历那么一两种。不能因为高原反应，我们就怕了。科学研究，本身就是对人类的挑战。海拔越高的地方，植物的生长越艰难，但是越艰难的地方，植物的生命力越顽强。我希望我的学生，就如这生长在世界屋脊的植物一样，坚持梦想、无畏艰险。我相信，终有一天，梦想之花会在他们的脚下开放。

这里有一片难得的香柏林，这种生活在海拔4 000米以上的植物很有用处，被复旦大学药学院提取出抗癌成分，并得到国际权威认证。

梦想，无论多么遥远，总驻守在我们心底。创新的心永远无法平静。只要心在不断飞翔，路就不断向前延伸。我这13年在西藏干了三件事：为国家和上海的种质库收集了上千种植物的4 000万颗种子，它们可以储存上百年；培养了一批藏族科研人才，我培养的第一个藏族植物学博士已经成为教授；为西藏大学申请到第一个生态学博士点，第一个国家自然科学基金项目。我希望打造一种高端人才培养的援藏新模式。

任何生命都有其结束的一天，但我毫不畏惧，因为我的学生会将科学探索之路延续，而我们采集的种子，也许会在几百年后的某一天生根、发芽。到那时不知会完成多少人的梦想。

不是杰出者才做梦，而是善梦者才杰出。我是钟扬，一名工作在青藏高原的生物学家，一名来自上海的援藏教师。①

还有位女教师张桂梅，扎根云南山区40多年，创办了中国第一所免费女子高中，帮助1 600多位女孩圆梦大学校园。张桂梅常年坚持家访，行程11万多千米，为学校留住了学生，为学生留住了用知识改变命运的机会。她坚持用红色文化引领教育，培养学生不畏艰辛、吃苦耐劳的品质，引导学生铭记党恩、回报社会。张桂梅以坚忍执着的拼搏和无私奉献的大爱，诠释初心使命。

在他们身上，都流动着爱国情、强国志、报国行的大爱精神血脉。

在价值取向日趋多元的今天，作为一名教师，依然要以这种大爱精神为指引，强教育理想信念之基，始终同党和人民站在一起，肩负培养担当

① 文字内容源自微电影《播种未来》。

民族复兴大任的时代新人重任，不辱使命。

二、执着精神

人是要有一点精神的。尤其是作为教师，更需要对教育事业的执着追求。

举一个例子：有一位先生，一生践行着她“一辈子做教师，一辈子学做教师”的誓言。

她执着于事业的热爱。她说：“如果说我这一生有一点值得骄傲，那就是我钟情于太阳底下永恒的事业——教育事业，钟情于与全民族素质提高血肉相连的母语教育，我激情燃烧，愿为之倾注全部心血，奉献青春与生命。”① 在近 70 年的教育生涯中，顺境不自傲，受挫更坚强，浑身有使不出的劲。她一生坚信一个信念，“我一个肩膀挑着学生的现在，一个肩膀挑着祖国的未来”，终身奋斗着，做一名合格的教师。

她执着于能力修炼。教育是为未来培养人才，只有跟着时代前进，孜孜不倦地追求，才能在教育天地上有所成就。对此，她把任教的语文学科所需要的专业知识进行“海量”地学习及无数次地实践。她以文学史为经线，以各个时代的代表作品为纬线，阅读几百万字的古今中外文学作品；晚上 9 点以前工作，9 点以后学习，天天明灯伴半夜；每次课后，坚持写“教后”，记下教学中的不足，记下学生学习过程中的闪光点，思考下一步怎么改；走上教师岗位 68 载，撰写论文专著 600 余万字，主讲省市级以上公开课 2 000 余节，足见其专业修炼的程度之深。

她执着于对真理的探求。面对外国教育理念盛行的情形，提出创建中国特色的教育高地的宏大愿景，建立具有中国特色的教育学，树立民族自信、国家自尊，“绝不让自己的教育实践甘心沦为外国理念的论据”。1995 年，她提出工具性和人文性相统一是语文课程的基本特点理论，被纳入 2001 年出版的《义务教育语文课程标准》。她以亲身的实践告诫年轻教师，教师的崇高职责就是在学生心灵深处滴灌生命之魂。生命之魂，第一是德性。德性就是以天下为己任。第二是滴灌智性，希望学生才华横溢。

她就是人民教育家于漪。

① 余慧娟、赖配根、李帆、施久铭、任国平：《人民教育家于漪》，《人民教育》2019 年第 20 期，第 17 页。

案例 2-2

两把尺子伴人生

一天，教研组组长突然来听课，课后我向他请教。他说："人物形象有你这样分析的吗？这是贴标签。"我当时教的是王愿坚的小说《普通劳动者》。我问教研组组长："那怎么分析呢？"他未回答，只说了一句："语文教学的大门在哪儿你都还不知道呢！"这句话犹如五雷轰顶，我蒙了。怎么办呢？那时无带教青年教师的事，我一直期盼有高人指点，多次要求听组长的课，他业务强，但均未能实现。一名不入门的教师怎么可能把课上得风生水起，让学生学得有兴趣，对得起学生？也就在彼时彼刻，我痛下决心，"路漫漫其修远兮，吾将上下而求索"，不仅要找到大门，而且要登堂入室，我要一辈子勤奋、刻苦，为专业精湛而努力。为了可爱的学生，要教得好，自己虚心学是第一要素。于是，我给自己立了个规矩：拜众人为师，以两把尺子伴随自己的人生。一把尺子量别人的长处。比如教研组开会，我总用心听，认真记，把别人思考问题的方式学过来。无处不是学习的机会，要学会借脑袋，博采众长，包括向自己教的学生学习。另一把尺子量自己的不足。每一次课上下来我都写"教后"，记两点，一是记学生的闪光点，二是记自己的不足。学生全神贯注学习时会超水平发挥，往往超过自己备课时的所思所想，这是学生创造性的火花，我不仅要在全班点燃，让大家分享，而且会记下来做点研究。不管备课多么认真，学生学习主动性发挥出来后，就会发现自己教学中的不足、缺陷，乃至差错，这些我都会记下来备考，警惕。每堂课反思后简略地记几点，长期坚持逐步掌握了教与学的规律。①

在于漪身上，我们能够感受到一位教育家孜孜不倦的人生教育追求，满腔热血对事业的爱。执着出真知，执着出精彩。相对一些浮躁、急功近利的教师，这种执着精神才是其疗愈的良药。

---

① 于漪：《爱国是渗入血液的情怀》，《人民教育》2019 年第 9 期，第 20 页，有改动。

三、探究精神

教学与管理本来就有较强的学术性，作为一名教师，天天面对并实践着这一领域，殊不知，越深入越会感觉到自己的无知。当翻阅经典著作时，不难发现，所熟悉的人物并不多；教育的诸多理论，提出者、代表人物国外的有杜威、苏霍姆林斯基、佐藤学、弗莱雷……国内的教育家我们也能数出不少，但会发现教育的天地，需要探究的东西太多，而我们天天面对的事业，对其进行深入持久的探究还太少。

进入新时代，我们耳熟能详的，比如情景教育创始人、著名儿童教育家李吉林，首创并主持“新基础教育”研究与“生命·实践”教育学派的著名教育家叶澜，新教育实验发起者朱永新，成功推进基础教育课程改革的李希贵……他们在教育领域不断探索，均是我国基础教育改革的功臣、先行者、引领者。

案例 2-3

李吉林：一生耕耘为儿童

有段时间，语文课堂“单调、呆板、低效”，限制着儿童的发展。怎么让课堂丰富、生动起来？我苦苦求索，从外语教学中的情境联想到中国古代文论的意境，从《文心雕龙》“情以物迁，辞以情发”等论述中得到启发，抓住儿童语言发展的关键期，把儿童带出封闭的课堂，让他们投入大自然的怀抱，走进五彩缤纷的社会生活画卷。

从此，小河旁、田埂上、树丛里处处留下我和孩子们的身影。孩子们像小鸟飞出笼子，呼吸着广阔天地里清新的空气，睁大眼睛看着这美妙无穷的世界。日月星辰、春夏秋冬、冰雾雷电，还有美丽如画的山川田野、千姿百态的花草树木、光怪陆离的鸟兽虫鱼，都成了最生动的教材。开放的教学给语文课堂带来了无限生机。热烈的学习情境常常让课堂进入沸腾状态，让孩子们走向忘我。打铃了，孩子们不肯下课；写作文，孩子们不肯搁笔……这些变化给了我开风气之先的胆量和自信：我自己也没有想到，语文课还可以上得这样精彩，我和孩子们共同沉浸在美的教学情境中。

经过长时间的实践，1987 年我提出“把儿童的情感活动和认知活动巧妙地结合起来”。我认识到，优化的情境能促进儿童情感和潜在智慧。为了儿童的发展，我将情境教学拓展为“情境教育”。

又经过 20 年的实践与总结，2017 年，我终于完整构建起中国式儿童情境学习范式：择美构境、境美生情、以情启智，把情感活动与认知活动结合起来，引导儿童学、思、行、冶。

我不断践行自己的初心。把一生献给儿童教育，忠实地守护着自己的园地。“一切为了儿童”，这是我教育理念的核心，也是我理论研究的基石。绵延半个多世纪，在与儿童教育相伴的一生里，儿童在我的心中始终有着特殊的意义——不仅仅是教育对象、研究对象，更是智慧的源泉、心灵的寄托。①

从当下来看，我们大部分教师虽不能与上述大家相提并论，但应看到在我们每天的工作中也会遇到这样或那样的问题，需要一一去解决，或者说，学校的教学教研活动需要我们脚踏实地去做，这需要我们沉下身子，静下心来研究、探索。

值得我们深入探索的方面太多太多，如课堂改革、课程改革、课堂教学质量提升、教学能力提升、学生创造性思维培养等，还有其他理论性研究方面。

四、仁爱精神

仁爱，即能同情、爱护和帮助人。

夏丏尊先生说，教育没有热情、没有爱，如同池塘没有水，没有水就不能称其为池塘。教书育人本是良心活，没有爱，何来“仁而爱人”的事业。正如习近平总书记指出的那样，好老师应该是仁师，没有爱心的人不可能成为好老师。

仁爱，应是教师的精神底色。仁爱精神，是每位教师应具备的精神品质。它在实际工作中主要体现在以下方面。

第一，充满慈爱。就像父母对待自己的孩子一样对待学生，甚至在有

① 摘自李吉林：《一生耕耘为儿童》，《中国教育报》2020 年 4 月 4 日第 3 版，有改动。

的时候超过父母给予孩子的爱。这种爱，是真情、真心、真诚的传递，不带任何杂质，是理性的。特别是在学生最需要理解、帮助、渴望亲情的时候，常常是教师把温暖和情感倾注在孩子身上，给予及时的关心、帮助和鼓励，像父母般“补位”，让学生树立信心、找到自尊，分享喜悦。正如蕲春四中语文教师汪金权在其日记中写道：

> 也许我的肉体只能蜗居大别山的一隅，但我的灵魂会跟随我的学生走向四方；也许我是荒原上的一根电线杆，只能永远矗立那儿，但我能把希望和光明送向远方；也许我永远是一座桥，但能让学生踏着我的身躯走向希望的彼岸。倘能如此，我就心满意足了①。

第二，有责任心。对工作尽职尽责，不敷衍，并把工作的责任贯穿在教书育人、立德树人的日常教学与管理之中；时常关注孩子课堂内外的变化，关注孩子情绪的波动，与孩子共成长，成为孩子的好朋友和贴心人。特别是在教学上，备好每堂课，用心上好每堂课；在孩子成长的关键时刻，能够正确引导、指导和帮助。

案例 2-4

大别山师魂

您对教育的执着，并非一朝一夕。1987 年作为华中师范大学唯一一名黄冈籍的“优秀毕业生”，您选择了教书。在黄冈中学工作一年后，您在一片挽留和惋惜声中，毅然决然地奔赴地处穷乡僻壤、留不住老师的蕲春四中。当晚，您在日记中动情地写道：“大别山下有我的故园、父母和亲人，还有纯朴的孩子们。”从此，您在这穷山沟里一干就是 28 年，直至红烛燃尽，而您却至死不悔。

汪老师，想起您，就不禁想起您那克己助人的师德风范。

我们四中的同事都知道，在您简陋的教师宿舍里，年年都有一些特困生和您住在一起、学在一起，最多的时候达到 8 人。这些学生中有一对兄妹叫程万里、程月梅，因为父母久病，家里供不起学费。您骑着破自行车

---

① 高永祥、吴远目：《大别山师魂》，华中科技大学出版社 2011 年版，第 23 页。摘自汪金权日记。汪金权，全国教书育人楷模。

赶到程家，看到一贫如洗的家境，忍着泪水对程万里的父母说："老人家，无论多么艰难，还是要让孩子上学，学费和生活费我来想办法。"2000年兄妹二人金榜题名。2003年程万里通过了专升本考试，可费用差了一大截。您得知这一情况后，当即寄去了仅有的1 500元，然后又打电话向自己的大学老师借了3 000元才凑齐。4 500元，这可是您当年三个月的工资啊！

2002年，您出差到海南，顺道去看曾资助过的贫困学生汪红奎。当看到还穿着读高中时的T恤、从兼职的地方赶回来又黑又瘦的汪红奎，您一下子就明白了一切。等汪红奎进教室后，您把自己出差换洗的衬衣和一块半新的手表压在他的被子底下，给他留了张字条，嘱咐他安心学习，不要分心。从海南回来后，您不仅帮他凑齐了拖欠的学费，还每月给他寄生活费，甚至瞒着汪红奎，带他的父母两次去武汉看病。就这样，您一直全额资助汪红奎到研究生毕业。从高中到研究生毕业的10年间，您仅凭微薄的工资累计资助他6万余元。在他眼里，您不仅是恩师，更是慈父。2010年当他拿到辽宁师范大学研究生毕业证后，毫不犹豫地回到蕲春四中任教，以报答恩师您对他的大恩大德。

汪老师，28年来，您资助过数百名贫困学生，很多事情恐怕您自己都忘了，但是被您帮助过的人却永远感念不尽，永远不会忘记！

汪老师，用"毫不利己，专门利人"这八个字来评价您最是恰如其分。我们都清楚，除了荣誉称号和满腹学问，您真正是一无所有。十多年前为上台领奖买的一套西服，您一穿就是十几年；您的家，依然是风雨飘摇的土坯房，唯一的家用电器，是几只小小的电灯泡；全部家当，也就是结婚时置办的油漆木箱和老式的炊具、餐具。一走进您家门的湖北省教育厅厅长陈安丽同志，当时就流泪了。到过您家的人，没有一个不为之动容啊！

汪老师，想起您，就不禁想起您那心怀公益的无疆大爱。

很多好心人听说您的事迹和不幸变故后，纷纷向您伸出援助之手，要帮您改善一下家庭条件，解决孩子就业和医药费问题……但都被您一一婉言谢绝。

您生病后，先后收到十几万慰问金。可您没有用来治病还债，而是拿出6万元设立助学基金，还拿出一部分给了偏远的山村小学和偏僻的乡村修路，剩余部分买了图书填充学校图书馆。县领导听说这事后，又给您送来了慰问金。可您又一分不剩地送给了贫困学生。

汪老师，您曾在《深入骨髓的痛》这篇文章中写道："幸福的家庭都是相似的，不幸的家庭各有各的不幸。如果自己有一点能力，恰好身边又有不幸的人们，那么伸出自己的手拉一把，帮一把吧；一个人的力量也许微不足道，但众人划桨开大船，爱的力量就会慢慢扩大和传承下去。"

是啊，心灵健康才是真正的健康，心灵幸福才是真正的幸福！

病重期间，您一再叮嘱您的大儿子，这个家就靠你了，不要怕困难，不要麻烦别人……[①]

第三，尊重、平等对待每一位学生。每位学生都是这个世界上独一无二的，作为教师，不能像腌制泡菜的大妈一样，把所有要腌制的菜用同一种方法制作，最后变成一个味道，而应是有教无类、因材施教，针对不同个体，既有同样的方法，又有不同的方式，慢工出细活，有针对性地去教育、影响和熏陶他们。每个班级都会有不听话的学生，也有所谓的"后进生"，但在教师眼中和心里对他们要一视同仁，都是自己的学生，尊重学生的个性，包容学生的缺点，善于发现学生的闪光点，并抓住施教有利时机，促学生健康成长、成人成才。

案例 2-5

爱，在瞬间定格成永恒

徐美容老师是英山县温泉镇长冲中学八（1）班语文教师、班主任，参加工作 27 年来，一直辛勤耕耘在农村教育一线。该老师热爱教育事业，执着追求，默默奉献，业绩突出，多次被县教育局、乡镇、学校评为模范班主任、优秀学科带头人。

2015 年 12 月 16 日下午，徐美容老师带领班上四名学生到学校对面卖废品筹措班费过马路时，一辆酒驾摩托车冲撞过来，两名学生快速跑开，另两名尚未反应过来。在这千钧一发之际，徐美容老师迅速推开后两位学生。学生脱险了，而她瞬间被摩托车撞到四五米之外，后脑着地，造

① 2015 年大别山师魂先进事迹报告会《魂归大别山》，有改动。

成颅内血肿，生命垂危。经武汉大学中南医院全力抢救，后度过危险期。她醒来时第一句话就问孩子有没有问题。徐美容老师在危急时刻挺身而出，用实际行动诠释了“四有”好老师的丰富内涵。[①]

五、坚守精神

作为教师要有坚守职业操守的精神。我国中小学校的主体在农村，基础教育的主体也在农村。广大乡村教师分布广、人数多，是他们默默无闻地坚守在一线。

教师要有坚守精神，即是要秉持初心理想。无论身处山区、库区，还是边区、交通闭塞的地方，又或是处于条件艰苦的地方都要安于职业操守、不失理想信念、不失追求。在工作中，或许生活清贫，或许物质条件匮乏，但仍要内心坚定，心在课堂，不为外界金钱、物欲、名利所影响。

案例 2-6

大别山峭一枝梅

方荣，1990 年 6 月生，2011 年加入中国共产党，全国模范教师、“中国青年五四奖章”获得者，现任罗田县希望小学校长。罗田县希望小学是全国第四所、湖北省第一所希望小学，位于鄂皖交界的大别山主峰脚下，距离县城 70 千米，这里山高路陡，交通不便，是国家级贫困县。方荣 2009 年师范毕业后回到母校希望小学任教，主动挑起多个班的教学重担，并骑行 2 800 多千米为另外两所山区教学点送教；每天除教学外，还负责给学生打饭、送路队、照顾寄宿学生就寝，成为留守儿童的“爱心妈妈”；12 年来，寒暑假期间，遍访学校周边 12 个行政村 78 个自然塆，每次都要走 2 万多步，跋山涉水一家一家地进行家访；洪水期间，背着学生安全过河；先后有 155 名困难家庭学生、243 名留守儿童在她的班级顺利完成学业。2020 年疫情防控期间，方荣发挥 5 名党员教师先锋模范带头作用，

---

① 摘自《市教育局关于开展向徐美容老师学习的决定》。徐美容，湖北省十佳师德标兵。

带领全校教师投入社区志愿服务，探究学生感兴趣的网课教学模式，到学生家中免费开展心理疏导和课业辅导，联系通信公司，帮学生解决山区网络信号不强等困难；积极探索山区学校素质教育新路，创编“古诗操”，活跃学生大课间；联系湖北 23 所高校 200 多名大学生志愿者来校支教、开展艺术教育；联系社会爱心人士帮扶 1 100 多名贫困学生；坚守山区学校 12 年不动摇，带领教师团队，给山区孩子播撒希望。12 年间，在校师生从 200 多名发展到 600 余名。从学校走出的毕业生中，先后有 30 多名考取清华大学等 985、211 高校。她所任教的《道德与法治》是学生最喜爱的课程，曾作为湖北省教师代表参加全国学校思想政治理论课教师座谈会，受到习近平总书记亲切接见。其先进事迹先后登上中央电视台《开学第一课》、央视 17 套《遍地英雄》栏目，被誉为“90 后最美山村女教师”。①

陶行知先生曾说：“你的教鞭下有瓦特，你的冷眼里有牛顿，你的讥笑中有爱迪生。”换言之，在乡村教师的世界里，也许你的学生中有瓦特，你未来的学生中有牛顿，你将来的学生中有爱迪生。

坚守教育事业、坚守乡村都是教师的美德。

案例 2-7

甘作园丁永不悔　培桃育李满园春

我是黄冈中学的一名数学教师，1984 年大学毕业后，一直在黄冈中学任教。从教 30 多年，担任班主任 20 余年，我一直潜心教育事业，坚守三尺讲台，忠诚履职正师德，爱生乐教铸师魂，用爱的和弦，奏出美的乐章，送走一批又一批优秀学生。

作为一名教师，应该处理好与自身职业的关系，这就是敬业精神；处理好与学生的关系，这就是爱心意识；处理好与自身行为的关系，这就是人格魅力。这三种关系也就是师德的核心和主要内容。这 30 多年来，我

① 摘自 2024 年 8 月 5 日“黄冈党旗红”公众号《罗田县 90 后教师方荣：骑行千里，播种知识与爱》，有改动。

把处理好这三种关系、提升师德内涵作为我奋斗的目标。

无私忘我，率先垂范

在班级工作中，我要求学生做到的，都要自己先做到。

冬天早上跑操，是令班主任头痛的事情之一。我总是最先到达集合地点，开始学生还有怨言，拖拖拉拉，我也很少批评。慢慢学生自己不好意思，也都提前到达。我所带的班是全年级到得最早、到得最齐的班级。

寝室、教室的卫生打扫容易，但保持很难。见到地上的纸屑，我一般不责备值日生、让他们补扫，而是默默地弯身捡起来，送到垃圾桶里。渐渐学生被我的举动所感动，很少乱丢垃圾。我所带的班级月月都是卫生班级。

当然，班主任的魅力是以教学魅力为基础的。为了搞好教学工作，我经常辗转反侧，夜不成寐；有时半夜醒来，干脆穿衣起床，开始第二天的工作。由于长期伏案工作，我患上了严重的腰椎疾病，发作起来，有时直不起腰来，但我从未耽误一节课。

倾注爱心，视生如子

教育是爱心哺育事业。虽然教师不是学生的父母，但应该像严父慈母一样关爱他们。30 多年来，我始终坚持爱生如子，用爱心滋润每一个学生的心田。我经常勉励自己：多些行动，少些清谈；多关注过程，少关注结果。为了让每一名学生的潜能得到充分发挥，我注意掌握他们各自的特点甚至每天的细微变化。为此，我坚持勤跟班、勤观察、勤思考。学生未醒我先起，学生入睡我方归，天天与学生摸爬滚打在一起。我对学生思想上启迪、学习上引导、生活上照顾、心灵上慰藉，几十年如一日，乐此不疲，永不厌倦。

2009 年 5 月的一天，晚上 12 点多钟，我刚刚睡下，突然手机响了。原来是一名班干部打过来的，告诉我班上一名叫张志的学生突然肚子痛得很厉害。我的家离学校近 10 千米，我开车来到学校，把该同学送到离学校 10 多千米远的医院。本来我可以带一个学生前去照顾，但怕影响学生的休息，耽搁第二天的学习；我也可以打电话给家长，又怕农村的家长担心害怕，于是我便自己在医院走廊坐了一晚。

2003 年，我辅导的一名学生入选国家集训队。后来发现，这名学生时常因潜心训练而错过了吃饭时间。为了照顾他的生活、方便他学习，我将该生接到家里住了近三个月。在我和爱人无微不至地关怀和悉心教导下，这名学生最终取得优异成绩。

北京十一学校的校长李希贵说："教育学首先是关系学。"多年的班主任工作，让我深深体会到，拥有一颗关爱每位学生的心，是管理好班级的关键。因此，我与学生一起劳动，一起进行体育锻炼，生活在学生中间，了解他们的心声，叮嘱他们减衣添衣，化解他们的烦恼和忧愁；当他们的知心朋友，让他们在世界观、人生观的形成过程中深深感受到博爱的力量，并能在今后的成长过程中也把爱的力量传递给他人、传遍全社会。

协同作战，形成合力

尽管我也是一位老班主任，但我仍然虚心学习优秀班主任的工作经验，结合自己的实践，不断归纳、总结，摸索出了一套行之有效的治班方案：

一是配好班干部，争取学生的帮助。我创造条件让每个学生都有机会上岗"施政"，有服务同学、锻炼自己、表现自己、提高自己的机会。我构建了一个在班主任指导下的学生自我管理体制，为学生设置适合班级特点的岗位。

二是建立日常家访制度，争取家长的配合。我每月与每个学生进行一次谈心，了解学生学习、生活及心理方面的第一手资料；定期召开家长座谈会，了解学生在家里的表现，与家长交流教育的方法和措施。

三是经常与任课教师联系，争取科任教师的支持。班级教育和管理活动要有科任教师的团结协作，我时常与科任教师交流各自所掌握到的学生的思想情况和学习情况，并向他们征询对班级管理的意见和建议，然后对学生进行教育引导。教师之间、师生之间互相配合，感情融洽了，教学也就相长了，班级管理就有科学性。

教书很苦，班主任很累。但我深知，振兴教育是国家富强、民族复兴的根本大计。作为一名教师，我感到无比光荣和自豪！虽然，金钱上我不富有，但我要做精神上的富翁，学生的进步和成功，就是我最宝贵的财富！①

持续精神生长，就是逼自己与时俱进，在职业的长河中，开启正向的、充满正能量的思想成长之旅，让自己的人生境界提升，人生价值充分体现，心灵创伤快速愈合。

---

① 2018年湖北省黄冈市师德报告会上的发言节选。

第三节　树立教育理想

每位教师都有着对教育的美好憧憬，这种憧憬是对构成教育各要素间基本认识的逐步累积，累积到了一定量，便形成了个人教育理想。树立个人教育理想，关键需要从树立正确的教学观、课程观、学生观、实践观等基本教育观开始。

一、树立正确的教学观

课堂是教学的主阵地，是学生成长的地方，是学生自主发展的舞台。同时，它也是学生的课堂，不是教师个人表演的场地，更不是扼杀学生探索欲望的地方。对此，应如何正确把握课堂教学观?

第一，课堂应该重学生的“学”，而不是重教师的“教”，变“以教为主”为“以学为主”，学生要从“观众”变成“演员”。作为教师既要吃透课程标准，又要熟知学情，这样在教的过程中，才可以有效把握课堂；并且在方法上，要重在点拨、引导、启发，善于发现学生的闪光点、成长点，能够让学生主动学、探究学、自主学。

第二，课堂教学重在转化，让学生真正学有所得。教学过程即是教育力转化的过程，这种转化就是教师要寻找最佳的方法，根据教育对象自身的变化，找到适合此时、此地、此人的最佳教育方式。在“教师和学生间、学生和书本间、学生和学生间实现生命个体间的生命能量转化”。

第三，要树立课堂改革的意识。课堂改革是提升教学质效的有效途径。尤其是在“双减”背景下，向课堂要质量，教师必须提升课堂教学质量。如何要质量？如何改？对此，北京十一学校生物特级教师王春易有精辟见解：“不是学生不爱听的课要改，不是成绩不好的老师要改，任何一个以自我为中心的老师都要改，越是爱讲、会讲的老师越要改；教师讲得越多，学生自主学习得就越少，教师讲得越清楚明白，学生自主钻研、思考、探索的意识就越弱。”① 要多形式的通过师生观察、推理、测量、调查、建模等方法开展教学活动，激发学生探究热情。课堂学科教学不只是

① 李希贵等：《学校转型：北京十一学校创新育人模式的探索》，教育科学出版社 2014 年版，第 128 页。

在知识的传授上，从学科教学走向学科教育，才是最终的归宿。当学生走出教室时，不仅有满意的成绩，还是一个热爱生活的人，一个爱护环境的人，一个珍爱生命的人。

第四，注重提高课堂效率。优化教学方式，课前指导学生做好预习，课堂要讲清重点难点、知识体系，注重启发式、互动式、探究式教学，引导学生主动思考、积极提问、自主探究，充分发挥教师主导、学生主体作用，要让学生活动贯穿课堂教学始终。坚持素养导向，确定符合素养要求的教学目标、教学内容，积极改革教学过程，有效组织教学活动。突出情境性、实践性，引导学生参与学科探究活动，经历发现问题、解决问题、建构知识、运用知识的完整过程，体会学科思想方法。注重真实情境的创设，根据需要将生活、生产、科技等真实情境引入课堂教学的导入、展开和课堂训练的全过程。

二、树立正确的课程观

国家课程、地方课程、校本课程三级课程构成了学校主要课程体系。只有课程改变，学校才能从根本上改变。学校层面的课程改革，往往是这三级课程上教与学层面的探索，而忽视了从以学生为本的基本教育理念出发，没有进行深入的整合，没有形成一套科学的课程体系。做到整合各级课程校本化，让其符合国家层面的要求，符合校情、学情，满足学生个性化发展需求，满足未来发展需要，才是课程改革的“牛鼻子”。

北京十一学校做法是：改革过去“国家课程＋校本选修课程”的做法，完全实现国家课程校本化，即建成分层、分类、综合、特需四大课程体系。如数、物、化、生课程实行分层设计，按照“发展方向＋学制＋课程难度＋学习方式”原则，各分五个层次，供学生选择。语言与文学类课程实行分类设计，按照“基础必修课程＋补弱类自选课程＋提升类自选课程”设置，其中必修课程执行国家课程标准，自选每周 2 课时。艺术领域实行综合设计，综合实践课程实行“全面＋个性”的方式设计等。同时，学校将分层与分类结合，专项与综合结合，满足学生需要。同一门课程，给不同基础的学生提供多种选择的学习方式，既可以满足学生自己的需要选择适合自己的课程，又可以选择合适的时间去学习，使每名学生的学习方式、内容、方向及时间达到最优化。可见，只有当课程体系多样、科学，方能适合不同基础、不同类别学生的“胃口”。

这为普通高中实行分层教学、选课走班提供了良好范式，其他基础教育学校同样可以借鉴。

同时，在校本课程、地方课程编写上，应树立源于生活及活动的原则。以学生为本，面向学生发展需求实现课程校本化、活动化、生活化。换言之，一方面，要遵循教学大纲要求，形成国家课程校本化体系；另一方面，要与实际生活紧密相连，尤其是校本课程、地方课程应主要以活动的形式实施开展。如开设学校成长课程、实践课程、学生生涯课程等。例如德育课程，应该活动化，而不仅是课堂说教式。要在活动中培养学生的道德品质，让学生在活动中触动情感，受到鼓励，从而提升品质，达到立德树人的目的。

三、树立正确的学生观

“每个人都是宇宙间的独一无二”①，华东师范大学李政涛博士这样说道，“人的独一无二，既是教育的起点，也是教育的终点”②。这告诉我们，教育活动应尊重每个孩子个体的独一无二性，适应孩子个体的发展，满足个体的需求，唤醒每一个个体的潜能，启动每一个个体的内动力，让其未来发展成为真正的自我。这应是面向学生教育的根本出发点。这是其一。

其二，“创造适合每一位学生发展的教育”是教育核心价值追求，是最基本的学生观。我们不难看到这样的现象：课堂上，教师面对数十余名学生神采飞扬，而不顾及台下学生的感受；平时盯住学生的多是练习的对错、分数的高低、学习时间的长短，而忽视学生个体的真正内心。如北京十一学校李希贵校长所描述的那样：“当我们走出森林，让我们描述其中每一棵树的样子，却常常语焉不详，因为我们心不在树木，满目不过一个壮阔的林子罢了。”“不见树木，只见森林”，学生是“在笼子里飞翔”。而学生则认为自己是“戴着镣铐在跳舞”。学生在老师眼前似乎“消失”，老师关注更多的是群体，而忽视每一个不同的个体，此时学生内心或许想的是：“老师，您再讲十遍，我还是不懂”“您是在塑造适合教育的学生，而不是在塑造适合学生的教育”……殊不知，每一位学生都是有情感的、有

① 李政涛：《教育常识》，华东师范大学出版社2012年版，第6页。

② 李政涛：《教育常识》，华东师范大学出版社2012年版，第6页。

潜能的、有差异的。

李希贵校长在专著《学生第一》一书中告诉我们，学校的校长、教师是为学生服务的，学校的一切应落实学生为中心的地位，学生第一。学校在各个层面应树立“学生第一”的学生观。当学校将“学生第一”作为重要育人观念，并贯穿到各项工作之中时，“创造适合学生发展的教育”的思想就会真正落地。有了这样的思想，学校管理生态将会发生变化。从管理层面上讲，学校资源会全天候向学生开放，图书馆、运动馆、实验室等多种资源场所的大门不应上锁，班级人数不会高达六七十人；从课堂上讲，教师不会再只是自己“表演”，学生“奇怪”而鲜活的回答将会越来越多；从课程设置上讲，“吃不饱的”与“撑得要命的”使用的教材将会呈现多样化。

其三，公平而平等对待每一位学生。从教师角度来看，学生在你心目中的地位有多高，那么你在学校中的价值就有多大。任何一位教师都可以有自己的个性甚至缺憾，但都不可以轻慢学生、忽视教学；教师存在的一些不足，是可以被原谅的，但不能被原谅的是教师对学生和教学的轻慢态度。在教师的心目中，不应该有坏学生，有的只是心智发展不成熟的学生；学生成长道路上的错误，就像学习走路的幼儿跌跟头，绝大部分跟道德品质没有多大关系。教师不要埋怨学生，当教育教学效果不如意时，要先检视自己。教师要关注每一位学生，学生对公平的期待远远超出我们的想象。每一位学生都是一个世界，教师要十分小心地呵护每一位学生的世界，即使是不完整的。

其四，树立整体学生观。教师应努力让学生全面发展，学有特长。在追求全面发展、学业好成绩的同时，还要关注学生社会与情感能力的培养；每一位学生都应掌握至少一项娴熟的体育技能和艺术技能，并形成习惯。我们要知道，当今65%的小学生将来从事的工作都是现在无法知道的。要重视学生职业与人生规划，鼓励学生通过各种方式了解社会、认识自我，明确自己的职业与人生目标，激发学生内在成长的动力。学校是道德修炼的地方，是智慧生成的地方，是个性历练的地方。教师应坚持学生立场，让学生成为个性化的优秀公民。正如于漪先生所言：“培养一个学生，对他的思想素质、道德情操、知识的深度广度、能力的强弱、智力的高低、体质的情况要有总体的设想，要有完整的概念。思想素质是指确立服务祖国、服务人民的志向，是人生的方向；智能素质是基础，是生存、发展的内部依据；人文素质是催化剂，是人生前进的推动力，三者是不可分割的整体。”①

尊重学生个性化发展需求，创造适合学生发展的教育，是我们坚持学生立场开展教育教学活动的根本之所在。

四、树立正确的实践观

“生活教育”是陶行知教育思想的核心。“生活即教育”，生活具有教育的作用，“受过某种教育的生活与没有受过某种教育的生活，摩擦起来，便发出生活的火花，即教育的火花；发出生活的变化，即教育的变化”，“是康健的生活，就是康健的教育”。生活是教育的中心，要通过生活来教育。生活决定教育，教育改造生活。教育以生活为中心，不是脱离生活以书本为中心。由此审视我们的课堂、学生的课外生活，有多少与生活密切相关呢？学生成天从书本到书本，他们的动手能力、创造能力、创新能力能增长多少？

对此，一方面，要大力实施启发式、探究式教学。创设现实生活、社会生产、科技发展中的真实情境，引导学生在真实情境中发现问题、提出问题，用科学的方法分析问题、解决问题，促进学生科学思维发展，实现深层次科学学习。打破“坐着不动的课堂”，将“做中学”作为主线，倡导“做中学、用中学、创中学”。聚焦解决传统学科教学中知识与实践割裂的问题，将概念化的陈述性知识转化为操作化的策略性知识，将学习活动转化为具身参与的体验活动，将已习得的知识应用到问题解决的过程中，完成从知识向素养的转变，在情境性沉浸和具身性体验的过程中，使学生对学科知识的感受与理解过程，变为在实践中获得解决问题的关键能力和经验的过程②。

另一方面，我们还要重视实验教学。不少学校实验室主要是实验员负责管理，但实验员多数不负责教学，学科教学与实验分离。一些学校将理化生等实验做在黑板上，一边实验器材闲置在实验室，另一边学生疯狂地

① 余慧娟、赖配根、李帆等：《人民教育家于漪》，《人民教育》2019 年第 20 期，第 21 页。

② 吕晓娟：《教学方式变革重在实现教学重点难点突破》，《人民教育》2023 年第 18 期，第 44、45 页。

期待在实验室做实验。二者是否能统一起来？如果把学科需要的图书、实验设备、仪器材料等与学科相关的资料、物品搬到教室，让教室集上课、阅览、实验、讨论、探究等功能于一体，让学生时常浸染在实验之中，相信他们的学习热情一定会被激发。这样，传统教室建成了学科教室，学习资源优势更大化，势必助推课堂改革的发展。

同时，还应重视学生研究性学习。研究性学习是国家课程方案中的必修课程，旨在引导学生关注生活、科技及社会中的问题，在教师指导下，通过自主探究、亲身实践，综合运用已有的知识和经验解决问题，学会学习。随着时间的推移，研究性学习越来越受到各级学校的重视，受到学生的喜爱。作为教师要帮助学生精准选题，做好正确指导，带领学生解决问题。学生在活动开展中，通过实地调查、获取资料、跨学科探讨、撰写文本等方式，其分析问题、解决问题能力及创新精神自然会得到提升。

五、树立正确的教师观

习近平总书记提出教师要做“四有”好老师、“四个引路人”、“大先生”，以教育家为榜样，躬耕教坛。在新时代，除了上述要求外，在微观层面，还应进一步明确时代教师的角色定位。

要做教育研究者。围绕努力成为教学专家的目标，从日常实践中发现教育教学问题，并通过理论学习，将理论与实践相结合，创新教学模式、优化教学设计、开启课题研究等，实现教学及育人效果的不断提升，努力做一名研究型教师。

要做教学、家校合作者。一方面，打开教室的大门，建立学校教师之间的“合作性共事关系”。开放自己的教室，与同事之间建立起公开授课的教研体制，破除师师交流中教室的篱壁、学科的壁垒，接受每位教师作为教育专家而共同构建一种相互促进学习的关系。另一方面，打开教室的大门（在学校统一安排下），向社会、社区、家长开放，让家长参与到学校教学与管理中来，建立“教师和家长合作”的新型关系，教师不满意家长、家长不信任教师状况将会得到根本改变。在育人问题上，教师、家长将会形成良好的团结合作关系，教师改变课堂教学将成为“自觉”。

要做终身学习者。抓住一切学习的机会，平常养成自觉阅读学习、网络学习的习惯，每天坚持自学一小时或一段时间。通过学习，不断提升理论功底，锤炼技能，补齐“短板”。

要做情绪管理者。教师每天面对数十个个体，每个个体难免出现一些让教师不开心的事，比如学生之间发生矛盾、与教师发生冲突，又比如是学校管理、服务中产生的问题，还有学校的一些规章制度对教师的约束，等等。负面情绪产生后，一方面，教师要依据产生的原因去分析，寻找解决途径；另一方面，教师需要管控好情绪，学习自我疏导情绪的正确方法。我们要知道，教师在学生心目中具有重要位置，教师无意间的一句话，可能造就一个天才，也可能毁灭一个天才。因教师的批评而导致学生不喜欢一门学科的现象屡见不鲜。同时，不良情绪的产生会严重影响自身身心健康。

教师的工作极具创造性，除了当一名好教师，还要充当更多的角色，需要与时俱进。例如：

> 一名好教师，需要像一名农民，埋首于三尺讲台，苦苦耕耘；需要像一名工人，既熟悉流水线上的每个环节，又能切实负责自己的教学；需要像一名哲学家，对人生的价值意义有着高屋建瓴的通盘思考；需要像一名设计师，能够把所有思考绘制为精确的蓝图；需要像一名工程师，能够把蓝图中描绘的一切美好，化作不断得到落实的细致行动；需要像一名发明家，面对行动中出现的各种新问题，随时随地以新的方法及时解决；需要像一名艺术家，敏锐地发现美好，热情地鼓舞和讴歌……①

六、树立正确的好课观

基于儿童立场，扎实备好每一堂课，认真上好每一堂课，并持之以恒，即是一位教师最大的师德，也是教师深厚教育情怀的体现。

什么样的课才是一堂真正的好课？每个人都有自己的看法，但在其核心点的认识上是一致的。

好课必然是真实的课，是实实在在的课，没有虚假的成分。有缺憾、不成功并不是坏事，这样才有发展的空间，才可以持续追问，直至趋于完美。

① 教育部课题组：《深入学习习近平关于教育的重要论述》，人民出版社2019年版，第132页。

好课一定是扎实的。课堂清晰，细节、停顿、写练运用恰到好处；教学细节处理合理并落实，课堂有停顿，解决学生困难、扫除障碍，唤起知识沉积并加以运用；把课堂变成课型，把教法变成学法，最后达到"'教'其实不是目的，'不教'才是教育的目的"。

好课应是学的课堂，而不是教的课堂。学生学习真实地发生，促进了学生发展高阶思维及能力提升，如学生问题求解能力、批判性思维能力、创造性思维能力、新知识建构能力、评价反思能力、逻辑思维能力、推理能力等。在课堂上，真正把提问权、质疑权、评价权、总结权等权利还给学生。

好课是真正的教育，它是教师用自己的心灵，在学生的心灵上写出心灵的诗篇。教师发现并扶正学生心灵土壤中的每一株幼苗，让其不断壮大，最后排挤掉自己的缺点——杂草。

好课应实现从改课向课改的转变。真正使课堂教学从文本中心与知识中心的窠臼中剥离，实现能力为重、生活为本和深度学习的回归，从而实现提升学生核心素养、育人为本的根本宗旨。

叶澜教授提出课堂教学"五实"：扎实（有意义，学生学到新知识）、充实（有效率，学生都有事情做）、丰实（有生成性，不完全是预设）、平实（常态性，是平平常常、实实在在的课）和真实（有待完善，有缺憾）；李政涛教授提出新时代的好课标准是实、放（教学组织形式多样、把权利还给学生）、清（清晰学生、目标、方法、环节、指令）、细（对教学细节进行揣摩、设计、实施、反思与重建）、深（学生进入深度学习）、融（跨学科融合、跨时空融合、跨五育融合），这些都是很好的检验标准。

以上是我们应该树立的最为朴素的教育理想。

第四节 厚植教育情怀的路径

当我们对师德有正确的认识，对一名教师应具备的精神信念和基本的教育理想有正确的判断后，教育情怀便会从内心升起。当师德认知、精神信念、教育理想合为一体后，师魂便铸就，师能作为支撑才会强大起来，作为一名教师，也就合格了一大半。

然而，在新时代，这种情怀常常受到挑战，如受市场经济考验，教师思想的独立性、多样性、差异性日益增强，重师能、轻育人现象存在，师德失范行为情形时有发生，需要广大教师知标准、明底线、有体验，在坚守使命、砥砺师能、终身学习及师生共进与成长分享中，涵养情怀，从而做一名优秀的教师。

一、在坚守初心使命中不断提升人生境界

教师是立教之本、兴教之源，承担着让每个孩子健康成长、办好让人民满意教育的责任。初心使命，即是立德树人，培养担当民族复兴大任的时代新人，实施“五育并举”，促进学生全面发展。而青少年所经阅历少，心智尚不成熟，处于长身体、求知识阶段，科学思维方法和思维能力培养处于关键时期，需要教师积极耐心引导，用高洁的操行和朴素的情感，抓住有利的时机，于课堂内外，于一言一行、一举一动，在学生心灵上种下真善美的种子，培养学生不仅要有一个好的成绩，更要有一副好的身体，并学会用正确的观点、立场去分析、解决问题，培养学生创新思维、辩证思维及系统思维，养成爱学、善学、乐学的好习惯。

在这个过程中，教师用自己的青春和热血及高尚智慧人格，展示出一名人民教师的良好形象，“纵有高楼大厦，我只睡六尺床；纵有山珍海味，我吃青菜豆腐一样香”。虽然待遇不一定比其他人高，虽然身居陋室，但仍无怨无悔，在各种诱惑面前依然不为所动，坚守岗位，兢兢业业，以务实求真的态度严谨治学，诲人不倦，这就是教师崇高的人生境界。

这种人生境界是平凡的，但平凡中孕育着伟大，这种伟大才是师德的核心要义之所在。随着新时代教师队伍建设的步伐加快，教师的经济待遇、社会地位不断提高，这种伟大，正是对坚守初心使命最好的诠释，也是时代的强音。

二、在砥砺师能中保持教育定力

师德是教师的灵魂，师能是教师的支撑。

习近平总书记强调，教师应是学问之师，扎实的知识功底、过硬的教学能力、勤勉的教学态度、科学的教学方法是教师的基本素质，其中知识是根本基础①。

一位教师无论如何努力，师德如何高尚，倘若师能不突出，教育效

① 本书编写组:《习近平总书记教育重要论述讲义》,高等教育出版社2020年版,第212页。

果不好，是难以赢得学生、家长及社会的尊重。当一位教师学识渊博，视野开阔，幽默风趣，掌握较深的教育学、心理学、班级管理学及新时代学科前沿知识，在课堂上能够体现深厚的学术功底，信手拈来各种知识的链接，用智慧与学识让学生折服，相信学生自然会“亲其师，信其道”。

砥砺师能的途径很多，广大教师常常在提升师能上穷其一生，默默追求，用数十倍、数百倍甚至更多于学生的知识夯实自己，在备课、上课、反思教学、优化设计、个别性辅导等环节精益求精，在日益的打磨、反思、提升、再实践、再反思、再提升上追求卓越。当技能提升了，教学质量自然“水涨船高”，立足于教育事业的“定海神针”便矗立起来了。

三、在终身学习中丰富教育生活

在学校课堂常常可以看到教师被学生问得哑口无言的窘态，如何不让这种情况发生?

教师应牢固树立终身学习理念，不知新知、不知未知，仅传授已知或旧知，不是一位称职的教师。作为教师，勤奋工作与学习是不可或缺的，用勤奋探索新知、未知，自己有源源不断的“活水”注入，学生才能一瓢瓢解渴地“饮”。

终身学习对教师的要求如下：一是要保持谦虚的学习态度。始终站在知识前沿，严谨笃学，一个主题一个主题的阅读、学习、实践，甚至研究。根据自身知识结构需要，确立学习的主题，不断汲取新知识，不断扩大自身知识的底盘、总量、结构和深度。二是要养成自学习惯。1.01 的 365 次方约等于 37.78，每天多学习一点点、多努力一点点，将会换来巨大的成功，将会从量变到质变。0.99 的 365 次方约等于 0.025 5，这告诉我们每天放松或懈怠一点点，会带来难以估量的损失。学习最怕一曝十寒。试想，一位教师，不爱学习、不爱阅读、不爱钻研，因循守旧，能够教出爱学习、爱阅读、能创新、善质疑的学生吗?读书、写作、观看课堂视频、写反思……自学方式很多，关键是要养成学习的习惯，若每天坚持学习、阅读一小时，或撰写一小时，养成了习惯，将受益终身。反观诸多名师、名家成长的过程，便是学习能力超强、坚持自学的结果。三是要持之以恒。正如《礼记·中庸》言：博学之，审问之，慎思之，明辨之，笃行之。有弗学，学之弗能，弗措也；有弗问，问之弗知，弗措也；有弗思，思之弗得，弗措也；有弗辨，辨之弗明，弗措也；有弗行，行之弗笃，弗措也。人一能之，己百之；人十能之，己千之。果能此道矣，虽愚必明，虽柔必强。

四、在师生共进中收获教育自信

一方面，教师要对自己严格要求，精心备好课，注重提高教学技能，注重教学反思，心无旁骛地教学，毫无保留地把知识教给学生，并在教的过程中潜移默化地教会学生成长、做人的道理及学习的方法，让学生真实地感受到教师是学问之师、人格之师、敬业之师、严谨治学之师，学生学习的劲头自然就会很足，教师也在教学之中收获到教育自信和成就感。

另一方面，教师要经常用慈祥的目光抚慰学生，坚持学生立场，倾听他们想表达的声音，理解学生、关心学生；在学法上指导，在心灵上呵护，在疑难上及时点拨，让学生感觉到不是他一人在战斗，还有老师的陪伴，还有老师与之并肩作战，师生之间形成了学习共同体，学生也收获了自信。

师生相互砥砺，在友好融洽的关系中相互进步、相互提升，彼此成就，共进、共生长的力量不可估量。

五、在分享学生成长喜悦中涵养教育情怀

不可否认，教师是相对清贫而又需要奉献的职业。但面对清贫和需要奉献的时候，我们应该正确看待自己的“成绩”。

“做老师，最好的回报是学生成人成才，桃李满天下。想想无数孩子在自己的教育下学到知识、学会做人、事业有成、生活幸福，那是何等让人舒心、让人骄傲的成就。”①

每当教师看到了自己的“成绩”，日常辛勤的备课、孜孜的教诲、面对“问题学生”的烦恼就都烟消云散了。

“仓廪实而知礼节，衣食足而知荣辱。”随着教育投入的有力保障，教

---

① 习近平：《做党和人民满意的好老师——同北京师范大学师生代表座谈时的讲话》，《人民日报》2014 年 9 月 10 日第 2 版。

师还会有更多的喜悦。

本章小结

作为一名光荣的人民教师，首先应该从热爱这份职业开始。只有热爱、会爱，才会传递爱、倾注爱。本章重点，从审视师德的含义入手，从宏观、微观层面来看当一名教师应该具备的最重要的品质，掌握最基础的教育理论，从而更加坚定做一名教师的决心和信心，在教育实践中厚植教育情怀。

第三章　规划专业发展

教师作为专业技术人员，有别于非专业技术人员，促进专业发展是其内在基本要求，进行专业发展规划是实现专业发展的重要策略。何为教师专业发展规划？即教师在遵从教育部门制定的职业规范时，通过对自身特点和未来需要等方面进行分析，确定自己职业发展目标，以期达到提升自我、服务学生的目的，从而结合个人实际制订的专业计划或行动方案。新时代教师专业发展规划对于教师职业生涯极为重要，需要掌握正确的方法，综合考虑多种要素，并采取有效措施保障目标实现。

第一节　教师专业发展规划的意义

一、教师专业发展规划是时代发展的需要

规划，即是比较全面的长远发展计划，还含有做规划的意思。对于教师而言，规划自己的教育生涯，就是保持与时俱进，积极应对教育挑战的最为有效的方法。

当下知识飞速增长，无时无刻不在变化是社会的正常样态。一方面，社会对教育的期望值越来越高，要求“以人民为中心”发展教育，其落到教育实处，就是要大力提升教育质量，坚持促进人的全面发展，实现人民对美好生活的追求，特别是对公平而有质量、安全而又规范的教育的渴望。这对广大

教育工作者，尤其是广大教师提出了新要求。另一方面，立足教师自身，“双减”、新课标的颁布以及促进义务教育优质均衡发展等要求的提出，需要教育做到“提质、增效、减负”。教师若按部就班，学习仅仅是浅尝辄止，不深入、不系统，是难以适应社会发展需要的。正如习近平总书记2014年9月9日在北京师范大学所说的：“学生往往可以原谅老师严厉刻板，但不能原谅老师学识浅薄。要给学生一碗水……教师要有一桶水，现在看，这个要求已经不够了，应该是要有一潭水。”

《礼记·中庸》中曰：“凡事预则立，不预则废。”进入新时代，加强学习是教师必需的，加强专业发展规划是提升学习质效的前提。无论是新入职，还是已取得一定成绩的教师，专业成长规划都至关重要，需要树立规划意识、成长意识，这是时代发展的需要。

二、教师专业发展规划是自身成长的需要

教师专业发展是伴其职业生涯的事，难以速成。一名教师要想在几年内成长为一名优秀教师或是名师，一般情形下是不大可能的。纵观诸多教师成长过程，在成为当地名师，甚至评为特级教师后，其业绩、能力反响平平，让人大跌眼镜；一些有潜质的教师由于自身积累不够，最后随波逐流，在专业上没有任何建树。究其原因，是他们对教育教学缺乏持续性地研究和学习，缺乏问题意识、规划意识、成长意识，缺乏专业发展规划。特别是一些名师、有潜质的教师的发展得不到延续，与规划不足都直接相关联。

教师专业发展在不同时期会有不同期望，这个期望也会受到环境的影响。同时，专业发展有时可能是“主动的”，来自内心驱动，选择适合自身发展领域向前迈进；有时可能是“被动的”，受到学校或外出学习、培训、研修的影响，自身作为“发展对象”，依赖组织者“推”着学习。无论哪一种方式，都是在促进自我成长、自我完善。

《2021中国基础教育研究前沿与热点》中指出：教师专业发展是永恒的主题。“教师专业发展的理念和实践范式发生重大转型，已经从外控式转变为内驱式。教师要不断破解自身之各种困惑，不断提升专业水平、职业技能、事业追求，将专业发展作为永恒追求。针对教师发展的具体内容，研究者给出建议：持续保持对学科知识的深刻认识，持续保持对学科

教学形式的创新，持续保持对学生成长过程的关爱。”①

教师提升能力水平、保持学科创新、追求事业发展的实质就是自我完善、自我成长的过程，教师专业发展规划就是助推教师实现自我完善、自我成长的有效方式。

三、教师专业发展规划是促进学生发展的需要

教师是履行教育教学工作职责的专业人员，根本任务是立德树人。可见，教师专业发展终极目标不是促进自己的发展，而应是通过自身的发展，最终促进学生的发展。只有教师自己发展了，具有良好的职业道德，知识、能力达到较高水准，才能做到更好地教书育人、立德树人，促进学生成人成才。

倘若一名教师只把成为名师，早日晋升高级、正高级职务作为目标，这种“小我”一定不会有很好的教育生活；而当得到这些荣誉或职称后，躺在“功劳簿”上不带课或少带课，学生自然不能享受到优质教育资源。可见，这种情形和思想于教师专业发展是没有意义的。

教师专业发展规划必须站在促进学生发展的立场。例如，课堂是否是学生喜欢的课堂，学情是否吃透，课堂设计是否优化，所采取的教学方法是否有效。若在专业发展过程中不断改进，适应学生、环境、社会的变化和需求，让工作对象——学生都能受益，这种发展规划既促进了学生发展，又发展了自己，同时也与学校发展一致，无疑是科学合理的。

第二节　教师专业发展规划的内容

教师专业发展规划重点是确立个人专业发展目标，围绕确定的目标采取有效策略，确保目标得以实现。发展目标，即是规划内容的核心，应从专业标准出发，从现实能力需求弱项着手，充分考虑影响个人专业发展的种种因素，合理安排时间，从而确定规划内容。

① 陈志伟、周飞、余慧娟等：《2021 中国基础教育研究前沿与热点》，《人民教育》2022 年第 3—4 期，第 38 页。

一、规划的依据

（一）从教师专业标准要求来规划

目前教育部已颁布了中小学教师专业试行标准，这是国家对合格中小学教师专业素质提出的基本要求，是实施教育教学行为的基本规范，是引领教师专业发展的基本准则。教育部明确提出，小学（中学、幼儿园）教师要将《小学（中学、幼儿园）教师专业标准（试行）》作为自身发展的基本依据。基于标准，不仅有助于教师更加准确规范地组织教学活动，而且有助于教师明确专业发展的方向和目标。其中小学教师专业标准（试行）基本内容见表 3-1。

表 3-1　小学教师专业标准（试行）基本内容

<table>
<tr><th>维度</th><th>领域</th><th>基本要求</th></tr>
<tr><td rowspan="3">专业理念与师德</td><td>（一）职业理解与认识</td><td>1. 贯彻党和国家教育方针政策，遵守教育法律法规。
2. 理解小学教育工作的意义，热爱小学教育事业，具有职业理想和敬业精神。
3. 认同小学教师的专业性和独特性，注重自身专业发展。
4. 具有良好职业道德修养，为人师表。
5. 具有团队合作精神，积极开展协作与交流。</td></tr>
<tr><td>（二）对小学生的态度与行为</td><td>6. 关爱小学生，重视小学生身心健康，将保护小学生生命安全放在首位。
7. 尊重小学生独立人格，维护小学生合法权益，平等对待每一位小学生。不讽刺、挖苦、歧视小学生，不体罚或变相体罚小学生。
8. 信任小学生，尊重个体差异，主动了解和满足有益于小学生身心发展的不同需求。
9. 积极创造条件，让小学生拥有快乐的学校生活。</td></tr>
<tr><td>（三）教育教学的态度与行为</td><td>10. 树立育人为本、德育为先的理念，将小学生的知识学习、能力发展与品德养成相结合，重视小学生全面发展。
11. 尊重教育规律和小学生身心发展规律，为每一个小学生提供适合的教育。
12. 引导小学生体验学习乐趣，保护小学生的求知欲和好奇心，培养小学生的广泛兴趣、动手能力和探究精神。
13. 引导小学生学会学习，养成良好学习习惯。
14. 尊重和发挥好少先队组织的教育引导作用。</td></tr>
</table>

续表

维度	领域	基本要求
	（四）个人修养与行为	15. 富有爱心、责任心、耐心和细心。 16. 乐观向上、热情开朗、有亲和力。 17. 善于自我调节情绪，保持平和心态。 18. 勤于学习，不断进取。 19. 衣着整洁得体，语言规范健康，举止文明礼貌。
专业知识	（五）小学生发展知识	20. 了解关于小学生生存、发展和保护的有关法律法规及政策规定。 21. 了解不同年龄及有特殊需要的小学生身心发展特点和规律，掌握保护和促进小学生身心健康发展的策略与方法。 22. 了解不同年龄小学生学习的特点，掌握小学生良好行为习惯养成的知识。 23. 了解幼小和小初衔接阶段小学生的心理特点，掌握帮助小学生顺利过渡的方法。 24. 了解对小学生进行青春期和性健康教育的知识和方法。 25. 了解小学生安全防护的知识，掌握针对小学生可能出现的各种侵犯与伤害行为的预防与应对方法。
	（六）学科知识	26. 适应小学综合性教学的要求，了解多学科知识。 27. 掌握所教学科知识体系、基本思想与方法。 28. 了解所教学科与社会实践、少先队活动的联系，了解与其他学科的联系。
	（七）教育教学知识	29. 掌握小学教育教学基本理论。 30. 掌握小学生品行养成的特点和规律。 31. 掌握不同年龄小学生的认知规律和教育心理学的基本原理和方法。 32. 掌握所教学科的课程标准和教学知识。
	（八）通识性知识	33. 具有相应的自然科学和人文社会科学知识。 34. 了解中国教育基本情况。 35. 具有相应的艺术欣赏与表现知识。 36. 具有适应教育内容、教学手段和方法现代化的信息技术知识。

续表

维度	领域	基本要求
专业能力	（九）教育教学设计	37. 合理制定小学生个体与集体的教育教学计划。 38. 合理利用教学资源，科学编写教学方案。 39. 合理设计主题鲜明、丰富多彩的班级和少先队活动。
	（十）组织与实施	40. 建立良好的师生关系，帮助小学生建立良好的同伴关系。 41. 创设适宜的教学情境，根据小学生的反应及时调整教学活动。 42. 调动小学生学习积极性，结合小学生已有的知识和经验激发学习兴趣。 43. 发挥小学生主体性，灵活运用启发式、探究式、讨论式、参与式等教学方式。 44. 发挥好少先队组织生活、集体活动、信息传播等教育功能。 45. 将现代教育技术手段整合应用到教学中。 46. 较好使用口头语言、肢体语言与书面语言，使用普通话教学，规范书写钢笔字、粉笔字、毛笔字。 47. 妥善应对突发事件。 48. 鉴别小学生行为和思想动向，用科学的方法防止和有效矫正不良行为。
	（十一）激励与评价	49. 对小学生日常表现进行观察与判断，发现和赏识每一位小学生的点滴进步。 50. 灵活使用多元评价方式，给予小学生恰当的评价和指导。 51. 引导小学生进行积极的自我评价。 52. 利用评价结果不断改进教育教学工作。
	（十二）沟通与合作	53. 使用符合小学生特点的语言进行教育教学工作。 54. 善于倾听，和蔼可亲，与小学生进行有效沟通。 55. 与同事合作交流，分享经验和资源，共同发展。 56. 与家长进行有效沟通合作，共同促进小学生发展。 57. 协助小学与社区建立合作互助的良好关系。
	（十三）反思与发展	58. 主动收集分析相关信息，不断进行反思，改进教育教学工作。 59. 针对教育教学工作中的现实需要与问题，进行探索和研究。 60. 制订专业发展规划，积极参加专业培训，不断提高自身专业素质。

摘自教育部官网《教育部关于印发〈幼儿园教师专业标准（试行）〉〈小学教师专业标准（试行）〉和〈中学教师专业标准（试行）〉的通知》（教师〔2012〕1号）。

《中（小）学教师专业标准（试行）》从理念、知识、能力三个维度，对广大中小学教师需要掌握、熟知并能较好运用到实际教育教学中的基本知识、技能提出了较高要求。例如，具有团队合作精神、职业理想和敬业精神，能够主动了解和满足有益于学生身心发展的不同需求，能够为每一个学生提供适合的教育，将现代教育技术手段整合应用到教学中，妥善应对突发事件，等等。对照以上基本标准，结合个人实际，首先要查找知识、能力不足的地方；其次针对弱项制定专业规划，例如如何提升教学设计水平、合理利用教学资源编写教案、合理设计主题鲜明的班级活动和团队活动等，将专业标准作为指引，规划自身急需掌握的专业知识、专业能力，并分解到具体实施项目之中。

（二）从现实能力要求来规划

教师专业发展最终取决于自身的学习。学习什么呢？需要自身寻找合适的学习点。学习点可从工作中遇到的瓶颈或是短板弱项中寻找。具体而言，可从师德、师能两个方面来着手。

1. 师德方面。师以德为先，这是我们最不能忽略的内容。以 2021 年对十余所中小学师德调研结果为例，学校教师师德表现不尽如人意的地方，主要体现在以下方面：

（1）职业情感不深厚；

（2）工作得过且过，不求上进，责任心不强；

（3）语言暴力，经常将个人不良情绪撒向孩子；

（4）对孩子、家长耐心不够；

（5）只教书不育人；

（6）言行举止不规范；

（7）工作挑三拣四、拈轻怕重；

（8）忽视学生品德培养。

我们可以通过以上方面来检视自己，是否存在这样或那样的问题，从而正确认识作为一名人民教师应当具备的职业道德品质，纠正不正确的态度、行为和思想，自觉做到敬业、爱业、乐业，具有高尚的师德水准，并通过师德涵养规划的方式来纠正自身的问题。

2. 师能方面。教师需要以能力为重，把学科知识、教育理论与教育实践有机结合，突出学科育人、学科育德、学科提能，让学习在课堂里真实地发生。但在实际工作中，常常事与愿违。例如初入职教师，遇到的常见问题有：班级管理头绪多，办法不多，能力不足，难管好学生；课堂组织、教学设计吃力，生搬硬套，自我创新效果不佳；与家长不知如何有效沟通等。骨干教师存在的问题有：持续学习动力不足，反思能力不足，新理念难以落实等。

以2021年对鄂东乡村和城镇义务教育学校问卷调查为例，中小学教师最希望提升十个方面的能力，见表3-2、表3-3。

表3-2　小学教师专业方面最希望提升的十个方面能力

序号	内　容		
	黄冈市某实验小学	黄冈市某实验小学	黄冈市某实验小学
1	教材解读能力	备课能力	建构个性化课堂能力
2	教学目标定位与课堂教学设计能力	实践反思与研究能力	解决学困生任何事都慢能力
3	课堂组织与管理能力	作业设计和命题能力	教师持续学习力
4	小组合作学习组织与评价能力	课堂教学及评价能力	提升教学设计水准能力
5	教学深度反思能力	课题研究及论文撰写能力	引导学生真正静下心来读书能力
6	信息技术在学科教学中应用能力	学科育人能力	班级管理和个性化班集体打造能力及小学生心理疏导能力
7	专业发展规划能力	突发事件处理及家校沟通能力	论文撰写能力
8	课程资源整合与开发能力	信息技术应用能力	家校共建、共商、共育能力
9	教育专著阅读选择与理解能力	课程开发与建设能力	课题研究能力
10	教学随笔与论文写作能力	学困生转化能力	现代信息技术应用能力

表 3-3　初级中学教师专业方面最希望提升的十个方面能力

序号	内　容		
	黄冈市某中学	黄冈市某中学	黄冈市某中学
1	现代教育技术能力	幸福从教能力	教学授课能力
2	班主任艺术	了解学生、走进其心灵的能力	新课标理念实施能力
3	自我心理调节能力	终身学习能力	课程理论素养和课程实践能力
4	三字一话基本功	反思能力	教师责任感
5	演讲技能及现代礼仪知识	写作能力	教师自身素养培养能力
6	安全知识及相应技能	语言表达能力	课题研究能力
7	社会交际能力	解读教材、用好教材能力	教学反思能力
8	一专多能（体、音、美等小学科教学）能力	课堂管理能力	教师专业发展能力
9	古典诗词素养及写作能力	教育科研能力	解决问题学生能力
10	课题研究能力	运用信息技术能力	自我师德约束能力

综上，我们可以根据自身的能力短板或发展需求来规划专业发展。例如，可以围绕丰富教育理念、掌握班主任工作艺术、树立创新意识、培养学生创新精神、拓宽学科专业素养、教学改革、课题研究、掌握现代教育技术、提升反思能力、提高写作能力等方面，重塑师能，从而不断提升专业能力、专业精神。

（三）从时间上规划

从时间上来看，教师专业发展规划可分为长期规划和短期规划。

长期规划，即从现在开始到伴其一生的长远规划。例如谋划从一名普通教师开始，如何逐步成长为优秀教师、校级骨干教师、县（区）级骨干教师、市级骨干教师、地方名师（名班主任）；又例如从站稳讲台开始，如何逐步成长为业务熟练、业务精湛、风格形成且师德高尚的教师。其间，一般可分为入门（3—5 年）、入格（3—10 年）、入境（10—15 年）三个前期阶段，即从初为人师（以学习模仿为主）到合格教师（独立教学）、具有一定境界教师（形成学生喜爱的风格）。后期，教学、管理能力稳定后，可往更高层次迈进，成长为德艺双馨的教学质量高、育人水平优的教师，或省级名师、国家级名师。

案例 3-1

用目标点亮前行的明灯

于是，我请教年长的教师，阅读有关教师定位的书籍，给自己定了一个成长规划，大体分为五个阶段：第一个阶段（3 年内），成为合格教师；第二阶段（8 年内），成为称职的教师；第三个阶段（15 年内），形成自己的教学风格；第四阶段（20 年内），成为一位明师（明白学生需要什么，明白教育的真谛）；第五阶段（35 年内），争做一名研究型的名师。至今年，我从教整整 20 年，回顾 20 年的历程，我很欣慰，我基本实现了我教育生涯的前四个阶段的目标，算是一个明明白白的教师。①

短期规划，即为实现长期规划，结合自身实际制定的几周、几个月或 3—5 年便可完成的规划。例如，练好粉笔字计划为六个月，学会制作短视频技术计划为三个月，学习心理学知识计划为三个月，用一年时间研读三本经典著作等。

无论是长期规划，还是短期规划，规划的主题要做到聚焦，要围绕提升师德、师能、教学质效三个方面，螺旋式上升，不要贪多求快，保障发展有方向、阶段有目标。同时，要善于从实现短期目标中，看到自己的进步，体会到成功，收获成长快乐。

案例 3-2

“每月一课”

对于年轻教师开展教学研究，我想说的是，首先要有热爱之情，要热爱心中的教育，热爱教师这份工作，这样才有兴趣去研究、揣

① 方胜兰：罗田县三里畈德和学校校长，湖北省特级教师，摘其《我专业成长的那些事》。

摩、创新。在热爱的基础上，还要有坚持之力，我给自己的警示语是“每天做一点”“走一步，再走一步”“一定要有指标要求”。有了热爱与坚持，进行教学研究就不再是什么难事。下面我再给年轻教师介绍一种能够综合地表现出既坚持教学研究又促进自己成长的妙法——“每月一课”。

所谓“每月一课”，就是无论在什么样的环境中，都坚持每个月进行一节课的详细教学设计，即备一节要求很高的课。这种备课的要求是：要通过阅读文献资料搜集关于这篇课文的5 000字到10 000字左右的参读资料；对所备课的课文写1 000字左右的赏析文；要对课文进行分解与组合，提炼出此篇课文的教学资源；要写出2 000字左右的备课详案。最后形成的教案形式可以是两层式：第一层，课文赏析文千字左右；第二层，教学设计方案2 000字左右。也可以是三层式：第一层，课文赏析文千字左右；第二层，课文语言教学卡片300字左右；第三层，教学设计方案2 000字左右。

这种方法对于每位年轻教师而言都是磨炼。其训练价值是多方面的，对于教师研读课文、收集资料、提炼教学创意、设计教学思路、安排课中活动等多方面的能力都有促进，对于教师的学习毅力与钻研精神都是极好的锻炼，对于教师教学资料的积累有莫大的好处。①

二、充分考虑影响专业发展的因素

在教师专业发展过程中，经常看到一些教师“躺平”，不思上进，更谈不上专业发展，或者一些教师急于求成，认为成长可以速成，讲好了一堂优质课、获得一项荣誉就认为成功了，其实不然。对此，我们要由表及里看清发展的影响因素，从而不断优化路径，充盈内心，坚定信心，促进自身专业发展。

国内外学者对影响教师专业发展的因素从多角度进行了分析，主要研究结果见表3-4。

① 余映潮、谢先成：《潜心笃志 四季耕耘——访全国著名语文特级教师余映潮》，《教师教育论坛》2017年普教版第8期，第7页。

表 3-4 影响教师专业发展的因素①

提出者	影响教师专业发展的因素	
费斯勒	个人环境	家庭、关键事件、生活危机、个人性格 、业余爱好、生命阶段
	组织环境	学校规章、校长的管理风格、成员间信任度、社会预期、专业组织、教师工会
格拉特霍恩	个人相关	认知发展、生涯发展、自我发展、品德发展、人际关系的发展及动机的发展等
	教师生活、工作相关	社会与社区、学校制度、学校、教学小组或院系、教室
	促进教师发展的特殊活动相关	临床指导等
刘洁	社会因素	社会地位与职业吸引力、教师管理制度
	学校因素	校长的引领、合作性教师文化的激励、民主管理制度的保障
	个人因素	家庭、专业化结构（教育信念、知识结构、能力素养、从业动机和态度、专业发展需要与意识）
赵昌木徐继存	环境因素	教育政策、学校管理、教师文化、学校氛围
	个人因素	认知能力、师德状况、人际交往、职业发展动机、自我评价
王建军	个人特质	个人生活的背景、对教育问题的已有观念和取向、在个人专业发展问题上的态度和动机水平
	社会环境特质	学校文化导向、学校组织支持性
	应对措施特质	专业发展活动
教育部师范教育司	师范教育前	学生时代的生活经历、主观经验、人格特质、关键人物、价值取向、教师社会地位与待遇的高低、个人的家庭经济情况
	师范教育	课程学习、大学教师的形象、学生的角色、知识专业化的发展、教学环境、班级气氛、同辈团体、社团生活、师范生的社会背景、人格特质、学校的教育设施、环境条件
	任教后	学校的环境、教师的社会地位、教师的生活环境、学生、教师的同辈团体

① 胡惠闵、王建军：《教师专业发展》，华东师范大学出版社 2014 年版，第 66—67 页。

由表3-4可见，影响教师专业发展的因素大致可分为三类：一是个人因素，主要包括个人性格、专业态度及成长动机等；二是外部环境，主要是指学校制度层面、校长治校能力和学校文化建设等；三是个人所处工作时段，主要分为入职初期、中期和成熟期。

具体来看，可将上述三个方面细分为以下因素：

1. 学校专业发展氛围。学校对教师专业发展缺乏顶层设计，不够重视教师发展工作；校长个人魅力不够，学校缺乏专业发展领军人物；制度建设方面，缺乏激励教师成长的工作机制。在大环境下，一般情形是大多数教师得过且过，个人专业发展的“火苗”很容易被“浇灭”。

2. 工作量。教师在学校既担任任课教师，又担任一定的其他职务，工作量较大，每天只能完成具体工作，工作上基本疲于应付，时间不够用，没有足够精力追求专业发展。

3. 个人态度。多数教师认为能够把课上好，比上不足，比下有余，教学业绩也不差就行，没有再往高层次迈进的热情。

4. 专家引领。个人成长有需求，但在心中或者身边没有“样本”，缺乏高层次的引路人。

5. 关键事件。学校为教师搭建的学习平台和展示平台不够，仅通过公开课、观摩课、青年教师讲课大赛等促进教师专业成长方面，给予教师的机会不多；提供外出培训、参加高端研讨等学习次数较少，基于教师成长方面举办的活动少、受众面低等。

虽然影响教师专业发展的影响因素较多，但真正的决定性因素还是在于教师本身，因为成长是个人的事。若内心想成长，以上因素都是可以解决的，这取决于自身的决心、意志及坚持精神。

三、规划内容设定

目标是教师发展规划中的主要内容，在不同时期，不同教师也有不同目标。目标规划的具体内容主要在以下几方面：

（一）涵养师德规划

教师作为“人师”，首先是要为人师表，以德为先，需要有锐意进取的品格、诚实正直的道德品质、勇于创新的精神，还需要具有较高的职业道德修养，需要用正能量去涵养自身的教师修为，去抵制社会上存在的一些师德不高尚、责任感低下、奉献意识淡薄，甚至拜金主义思想滋生等不良思想行为。自觉做到正确认识教师职业，自觉见贤思齐，以身边师德典型为榜样，提升道德修养，处理好与学生、家长及同事的关系，做到廉洁从教、严谨笃学。特别是在言行上能够严格要求自己，并持之以恒。“勿以善小而不为，勿以恶小而为之。”公平、公正对待每一位学生，真心实意地为每一位学生提供适合的教育。

（二）教学技能提升规划

人民教育家于漪经常说：“做了一辈子老师，一辈子在学做老师。”她告诉我们提升课堂教学能力是教师的永恒追求。一名教师从入职到退休，一般大致可分为新教师、胜任型教师、骨干型教师、专家型教师、导师型教师等发展阶段。这个过程是长期的、艰辛的，需要有引领、有追求、有目标、有良好的心理素养，并拥有良好的学习习惯、肯钻研的上进心、善于研究的定力。就其实现途径来说，主要是立足课堂，从备课、磨课、上课，到再备课、再磨课、再上课，在实践中砥砺成长，这是最为行之有效的方法。特别是磨课，形式多样，可请同事一人或多人参与，还可请他人先观后议，反复磨课，从而使自己的课从规范走向成熟，从成熟走向独特，形成风格。核心点是要不断提升解读教材和教学设计能力、教学语言表达能力、课堂组织与管理能力以及教学评价和反思能力。

教学技能提升的发展过程是：新教师，在学科备课组指导下，要能够按照科学的教学思路设计教学，应注重向有经验的老教师学习，如何把一堂课上好；要规划向谁请教、请教什么、请教后怎么做。入职三至五年后，即要谋划如何从新教师向胜任型教师跨越，从磨课、独立设计并优化教案，到能够熟练处理好教学过程中各种动态生成的问题。当能够胜任教学工作后，还要在学校教科研工作的引领下，掌握学科发展方向，关注学科发展中的问题，并作为成员参与课题研究，这样便能逐步成长为教学骨干。成为骨干教师后，要能解决立项研究学科教学中的问题，通过扎扎实实地开展研究，将积累的一定理论知识与实践相结合，形成一批具有真正价值的、能够得到推广应用的成果，这样离成为专家型教师就不远了。当教师在长期的实践中，课堂品质大为提高，达到一定水准、具有一定品质，形成了被业内认可的教学风格，凝练出教学主张时，便标志着在成长发展上登上了一个高峰。

（三）协同育人能力规划

立德树人是新时代教育的根本任务，要求教师不仅要教好书，还要育好人，把立德树人内化到教育教学各领域、各方面、各环节，做到以树人为核心，以立德为根本；要求教师不断深化教师理想信念教育，引导教师树立正确的历史观、民族观、国家观、文化观，准确理解和践行社会主义核心价值观，不断提升教师立德树人能力。同时，还要提升协同育人能力，即是在立德树人能力基础上，还要具备学科育人本领。能够围绕构建德智体美劳全面培养的教育体系，把学科育人融入思想道德教育、文化知识教育、社会实践教育各环节；充分发挥在课堂主渠道、主阵地的主体育人作用，在课堂教学中把价值引领、知识传授和能力培养有机结合起来，引导广大学生扣好人生第一粒扣子，做社会主义核心价值观的坚定信仰者、积极传播者、模范践行者。这项能力常常被教师忽略，应当引起重视。

（四）班级管理能力提升规划

教师担任班主任是大概率事件，而当不好班主任是教师遇到的普遍性问题。具有较强的班级管理能力，是一名教师必备的基本技能，需要除学科知识以外的厚实学识储备。例如，具有正确的世界观、人生观、价值观，有针对性地开展德育活动；具有心理学基础知识，能够对学生开展有益身心健康发展的教育活动，对不良心理学生进行有效心理疏导；能够指导学生思想、学业等多元发展；能够妥善处理班级突发事件等。在班级管理能力培育提升方面，作为教师（班主任）需要广泛涉猎心理学、管理学、生涯规划及与学科教学知识相关联的知识。

（五）教育科研能力提升规划

作为一名教师，总是想把书教好，然而，在教师教与学生学的过程中常常会遇到这样或那样的问题，没有想清楚，那么问题依然是问题，把教学水平提升到一定的高度就是空谈。因此，有学者提出教师的职责有三项：教书、育人、教科研，其中没有教科研作支撑、作基础，教师职业的不可替代性也许会被改写。提升教师教科研能力，一方面，我们要树立牢固的教育研究意识，善于发现问题，并且对教科研有正确的认识，不要认为那只是少数人能做的，高不可攀；另一方面，要从身边的问题着手，从小切口的课题做起，着力解决自身遇到的各种问题。可从加入课题团队全面了解课题研究流程开始，逐步体验，不断提升发现问题、分析问题、解决问题能力，不断解决教学过程中一个又一个的难题，最后走向通过科研解决教学问题、升级知识形态、服务学生及自身、享受职业成功喜悦的一种新的人生境界。

（六）学习规划

学习是伴随教师教育生涯一生的。每位教师应该对个人自学或学习有完整的规划。首先，在思想层面，要牢固树立终身学习意识。只有终身学习，才会有持续的进步。其次，要制订学习计划。学习计划，简单地说，应从阅读书籍开始，每天、每月保持一定的阅读量，围绕某个主题来读。阅读应是学习的主要形式，每名教师应结合个人实际，以阅读为基础，拓宽学习渠道，采取多种形式学习，如向同事学（教学技能与经验）、向网络学（技能与理念）、向大师学（思想与方法）、在做中学（边实践边研究）、在培训中学、在阅读中学等。具体而言，学习计划即是确定要向谁学习，要学习哪些内容，要开展哪些实践，本学期、本年度或近几年重点要读的书籍（类型），如何保障学习的内容、方式持久坚持下去等。最后，要在行动上有坚持力。让学习成为习惯，成为生活的一部分。例如，每天坚持读书一小时，每年固定订阅一份或几份专业杂志等。

（七）写作规划

教育写作的作用已被身边无数教师证明。会写作的教师一般问题思考深，书也教得好。成为专家、大家、特级、名师的，几乎没有不会写作的，有很多还出了专著。从表象上看，教育写作是提炼总结、提升优化。一名教师写作能力好常会被认为是写得多、会写而已，这是片面看法，究其本源，则是这位教师平时注重勤学习、勤积累、勤思考、勤实践的结果。写作作为输出的一种方式，其过程已经经过反复思考，对问题了如指掌，相比普通教师学习更深入一些，思考更深一些，对前沿信息也掌握更多一些。对此，教师一定要对写作有正确认识，想一下笔就千言万语，且质量上乘，这是不可能的；而应该从日常教育教学着手，从写教学反思开始，或从写教育随笔入手，从短到长，由一般到精，只要坚持一年以上，就会找到感觉。若每年写长、短篇文体不限的文章100篇左右，不到三年便会尝到写作的甜头，教师生涯必将开启新的篇章。

（八）数字化应用能力提升计划

随着教育数字化的大力推进，学校不断优化数字化教学空间建设，借力计算机技术和网络系统，为教学提供一个网络化、智能化、数字化的教育环境成为必然。作为新时代教师，要能够充分应用数字技术资源开展教育教学，具备一定的数字化应用能力。例如，利用数字技术资源开展教学设计，将课本上的文字描述转变为生动直观的形象，结合音频、视频创设虚拟的现实情境，给学生带来身临其境的体验，从而更为有效地促进学生理解、掌握知识；利用数字技术资源优化教学实施，组织管理教学活动，优化教学流程，对教学过程开展实时分析；还可进行数字化学业评价，运用评价数据采集工具、数据可视化技术将评价结果以文字、图表、雷达图等更易理解的方式呈现，帮助教师开展教学评价、分析学情、反思教学……教师要通过多种学习方式，不断提升自身数字素养和应用能力。

（九）“三字一话”基本功训练提升计划

钢笔字、粉笔字、毛笔字和普通话简称“三字一话”，是教师从业的基本功，但基本功在新形势下却被不少教师忽视。现如今年龄在40岁以下的教师中，翻开他们的备课本、批改的作业本、学生手册评语及观摩板书，少见字迹工整、美观的。以课堂板书而言，教师天天与学生打交道，对学生有极大的影响，一手漂亮的粉笔字可能给学生耳目一新的感觉，唤起学生情感上的共鸣；一手东倒西歪的潦草的粉笔字，则可能会让学生打心眼里瞧不起教师。教师普通话不标准，夹杂严重方言，让部分学生听不清晰，也是影响上课质量的原因之一。作为教师，基本功就是基本技能素养，不容忽视，必须有计划的练好。教师日常书写板书应以楷书为主，做到工整、美观，讲标准的普通话，教态自然、优雅，学生定会喜欢上你的课。

第三节　教师专业发展规划的方法

一、教师专业发展规划的一般步骤

（一）个人现状分析

专业发展规划是个人化的，因人而异。首先要立足个人岗位，从学科、学校发展视角来审视评估自我。把自己放进学校改革发展整体大势之中，摆进学科教学改革发展的浪潮中，实事求是看待自己：能力倾向是否与学校、学科发展大势相匹配，现有水平、能力、综合素养达到了哪个阶段。可通过进一步细化具体内容来评估，例如分析自己的优势主要有哪些，分析自己的劣势主要有哪些，当前突出的专业问题是哪些；也可以从教育理念、师德师风、学习积累、专业水平、职业技能、爱好特长等方面着手；还可以结合上节内容，对照专业标准及现实能力要求来分析。

其次，要评估经过努力，达到什么程度的可能性。个人能力、水平、专业“瓶颈”等，只有自己最清楚、明白自己处在哪个阶段以及要去超越达到的高度。既要树立信心，相信自己有毅力、有能力达到，又不能过高估计自己的实力。对达到的程度，评估经过努力，如通过提升教学技能、改革课堂教学、优化作业布置、使学科成绩在年级进位、在青年教师优质课大赛中拿到一等奖等，在一年内或一定时间段内是否能够实现目标。

最后，要评估实现目标采取哪些措施的有效性。试想，从现在这个水平出发，采取持续阅读、反思、实践、改进、再反思、再实践、再改进的措施，去实现目标，能坚持下去吗？能科学统筹时间、寻找到正确路径吗？……

（二）发展环境分析

每所学校都会制定阶段性学校发展规划，包括学校发展定位、文化建设、质量提升目标等，都会对教师提出明确的工作要求，如课堂教学、校本教研、教学常规等。对此，我们要从《小学（中学、幼儿园）教师专业标准（试行）》中的“专业理念与师德”“专业知识”“专业能力”这几个主要方面出发，综合考量个人在学校确定的发展规划中能够发挥什么作用，个人追求的职业生涯目标是否与学校发展方向一致，或者说个人发展目标与学校整体规划发展大势是不是同向同行、同频共振。

可以这样设想，假如想主持一项市级课题，这项课题名称是否与学校当下需要解决的问题密切相关，被大多数教师所共同期待；课题确立后，接下来是否有足够的精力、能力、领导力来完成这项课题。课题研究是个人专业发展中的重要事件，就如同一个学生经历高考一样有价值、有意义。当确定的课题研究与学校发展需求一致时，学校便会大力支持，资源也会有所倾斜。

（三）充分考量学生需求

教师发展终极目标是促进学生发展，这是教师职业所决定的，毋庸置疑。当我们把专业发展放在追求评上高级、正高级职称，把工资待遇上升到五级、四级这个目标时，我们就本末倒置了。正常的逻辑关系应该是：我们促进专业发展，是为了让自己变得更加的优秀，从而让学生享受到幸福时光，增长知识，强健体魄，为学生一生发展奠基；当教育教学效果被同行认可，这个时候，诸如职务晋升、评先评优自然都会有的。

从这个角度来看，教师专业发展要充分考虑学生的实际需求。例如，当想做一名让学生喜爱、同行尊重、学校需要的教师时，特别是希望得到学生的喜爱，就得调整自己，改变自我。如何调整、改变？这就需要教师在要求学生把字写好前，首先自己的板书工整、漂亮；要求学生把书背完，得自己先背下来；想走进学生心里，就得认真学习儿童心理学知识；要提高班级管理水平，能够快速处理班级突发事件，就得认真学习班主任工作知识；要让学生喜欢你的课堂，就要注重钻研课标、研究学情、精心备好每一节课；当课堂沉闷或者过于活泼，又或教学效果不理想时，就得反思，需要从自己身上找原因：是备课不精准、学情吃得不透、方法不符合儿童心理认知，还是其他原因，只有这样，教师专业发展才有意义。

（四）确定发展目标

目标是教师专业发展的核心内容，是精神生活、精神生长的高地。当规划的一个个小目标（阶段性目标）经过日积月累实现后，大目标也会很快得到实现。倘若没有目标，每天按部就班，“躺平”“佛系”生活，终将碌碌无为。

确定发展目标，即综合考虑自己专业发展要向“哪里去”，结合规划内容、自身评估情况及学校发展环境，作出确立阶段性目标的决定。

阶段性目标，要实事求是，做到螺旋式上升。例如，初入职教师可以这样确立目标：新教师—优秀教师—校级骨干教师—区县级骨干—市级骨干—地方名师—市级名师—省特级教师—省级名师—国家级教学名师；从实现路径上可以这样确立：阅读经典教育著作、教育写作、网络学习、观课反思、学习班主任及心理学知识，向学校年长教师、名师学习或请他们听自己的课并给予指导，参加课题研究，承担讲公开课、竞赛课任务等。刚开始，或许觉得枯燥无味，觉得短时间难以见效、难以坚持；但当静下心来，朝着一个目标迈进，坚持一阵子，将会乐在其中；当坚持1～3年后，课堂教学、能力水平一定会发生质的变化。

二、搭建自我成长阶梯

“时代楷模”陈立群校长曾说“教师要做精神生长者”。教师应是价值与信仰的引领者，文化与文明的传播者，学习与修身的示范者，爱心与责任的践行者。每位教师，在从教经历中要且行且思。个人精神生长各有不同，能否做到以上“四者”，或能够达到什么程度，与教师所处的环境、地位、个人追求密切相关。教师要真正成为精神生长者，首先要在思想深处构建自我发展模型，搭建自我成长阶梯，这也是教师专业发展规划的有效方式。

教师可以把身边的名师、特级教师或国内外知名教育家作为自己学习的榜样。阅读他们的书籍，聆听他们的讲座，观摩他们的课堂，从教育理念到教学技能，再到课堂上的一言一行，去细细体会、研究，让自己与榜样一步步靠近。也可以根据学校提出的专业成长要求，紧跟学校团队步伐，按照制定的个人发展规划一步步向前走，用心、用情、用力做下去。例如陈立群校长曾在杭州市长河高级中学对教师提出八项要求：积极参与教师专业发展培训；学习现代教育理念、教育技术、教育方法、教育手段；丰富个人书库，多读书；参与课题研究，定期总结和写作论文；45 周岁以下教师要学会一样乐器，擅长一项运动；开设一门选修课；参与“宏志大讲堂”并担任主讲；联系并帮扶一名宏志生。武汉光谷二小提出教师专业发展“3581 工程”，即 3 年内成为业务熟悉、打牢基础的合格教师，5 年内成为业务熟练、具有个人风格的优秀教师，8 年内成为业务拔尖、具有特色的骨干教师，10 年内打造风格独特、担当引领角色的教师。

案例 3-3

教师职业发展个人规划①

姓名	胡巧叶	性别	女	职务	办公室干事
教龄	6	学历	大学本科	学科	语文
现状分析	**一、优势分析** 1. 教育理念：忠于教育事业，热爱教育事业，尊重、信任、理解学生。勇于探索，敢于创新。积极进取，追求卓越。经过 6 年的工作磨砺，在教育教学理论				

① 此为黄冈市明珠学校胡巧叶老师撰写。

续表

现状分析	知识方面有很大的收获和提高，能以学生为主体，因材施教。 2. 师德师风：爱国守法，能自觉遵守教育法律法规，依法履行教师职责权利；善于和他人合作，能正确地处理与领导、同事、家长和学生的关系。“捧着一颗心来，不带半根草去。”公平对待每一名学生，关爱学生。不参与任何形式的吃请，未参加过任何校外培训和辅导学生。 3. 学习积累：日常喜欢阅读教育教学类和文学类的书籍，多次参加学校青年教师读书活动，并撰写读书心得，进行读书心得分享交流。积极参加与专业相关的论坛和培训，入职以来参加过教学、书法、通讯员、办公室类培训。 4. 专业水平：工作期间，多次获得校级讲课比赛一等奖，并获得市级同课异构展示课一等奖、湖北省“青年教学能手”荣誉称号。曾主持过校级课题，并顺利结题。 5. 职业技能：朗诵能力与写作能力尚可，善于组织学生活动。 6. 爱好特长：爱好广泛而丰富，喜欢读书、写作和运动，喜欢诗意的生活，追求精神自由。 **二、劣势分析** 1. 教育理念：学习了教育学、心理学理论知识，但偏于宏观，对问题学生研究不够深入。对严厉和温和之间的度把握不好，过于严厉，和学生的距离太远，不能走近学生、了解学生；太过温和，便无法树立教师威信，很难达到完美的平衡。一直尝试用最新的教育理念来贯穿课堂，却总是在考试之间徘徊。 2. 师德师风：在对待学生方面，有时缺乏耐心，比较急躁。 3. 学习积累：平时忙于工作而疏于阅读，非假期时间读书较少，语文教学方面的书籍涉猎不够，其他学科教学书籍涉猎也不够。除了语文学科之外的学习更是匮乏，尤其是政治、历史、地理类的知识面不广泛。 4. 专业水平： (1) 教学风格不定，对初中阶段学生的身心特点了解程度需进一步加强，对课堂的深入性把握有待提高。时而严肃，时而幽默，很难维持张弛有度的课堂状态。 (2) 粉笔字与钢笔字的书写有待加强，教师基本功需巩固。 (3) 教研方面，有探讨、研究的积极性，有想法和思路，但敏于思，懒于行。个人的理论与实践相结合能力有待加强，对教学教研的深入性不够，持久度不够。 (4) 职业技能方面，信息技术的运用手段单一，与课程结合的能力还不足，不能熟练地运用教育云与智慧课堂。缺乏班主任管理经验，对于突发事件处理起来有些慌张。 (5) 其他方面，做事计划性不强，遇事不够沉稳，需要静心锤炼。

续表

发展目标	**三、三年总目标** 1. 提高语言表达能力和课堂教学与组织能力，践行“学生在前”的教育教学理念，真正落地“以生为本”，培养学生的综合素养。力争在市级教育教学类比赛中荣获一等奖，争取去省里参加讲课比赛1次。 2. 学习微课和视频制作技能，利用信息技术进行语文教育，能够熟练制作教育微课、短视频。 3. 发表案例、论文2篇。 4. 学习新课标，贯彻课标，实现教学质量提升。 5. 提升行政工作能力，有条不紊，保质保量。 6. 平衡好生活和工作，加强自身综合素养建设。 7. 成为一名博学多才、游刃有余的语文老师。 第一年目标（2022年5月—2023年4月） 1. 完成校级课题的初步研究工作。 2. 以校级个人课题为基础，发表论文1篇。 3. 着力对行为偏差学生的辅导，做好德育工作。 4. 学习新课标，贯彻新课标，促进教学质量进一步提升。 5. 参加一次市级讲课比赛活动。 6. 制作语文或其他学科教育微课、短视频3条。 7. 办公室各项工作有成效，不拖延。 第二年目标（2023年5月—2024年4月） 1. 完成校级个人课题的后期研究工作。 2. 发表论文1篇。 3. 制作学科教育微课、短视频2条。 4. 参加一次市级讲课比赛活动。 5. 平衡好生活和工作，加强自身综合能力建设。 第三年目标（2024年5月—2025年4月） 1. 学生辅导工作有成效。 2. 课堂组织能力、文本驾驭能力明显提升。 3. 制作学科教育微课、短视频1条。 4. 参加一次省级讲课比赛活动。 5. 形成稳定的教学风格，教学成果得到提升。 6. 个人业余生活充实而丰富。 7. 坚持爱好，保持阅读的习惯，坚持写作。 8. 行政能力有明显提升，兼顾教学与行政。

续表

行动措施	1. 坚持自觉读书与学习，读书时做读书笔记、撰写心得。 2. 坚持实践与练习。在学校开展个别辅导，积累辅导经验和案例。 3. 坚持练笔。坚持写读书感悟、案例总结、教学反思，提高写作能力。 4. 每学年围绕一个主题进行研究、做课题，积累经验和方法。 5. 每学期制作教育微课、短视频 1 条。 6. 锤炼基本功，提高专业素养。 (1) 练好“三字一话”：每周坚持 2 次在小黑板上练习粉笔字，每次时间不少于 10 分钟，每周坚持练 2 页钢笔字，每月练习 2 页毛笔字，每周朗诵一篇经典美文。 (2) 利用假期时间了解信息技术，学习微课制作等技术。 (3) 每学期至少听 20 节语文教学优质课，写 5 节课堂实录。 7. 静心读书，善于感悟反思。 (1) 每学年坚持阅读 3 本教育教学著作，订购并阅读一份教育期刊。 (2) 阅读后及时撰写读书心得与反思，坚持总结个人思考与想法。 8. 积极研究，勤于笔耕。 (1) 关注教育前沿问题，提高教学研究敏锐度。 (2) 在日常教学中记录教学反思，每月整理。 (3) 利用寒暑假把教学反思整理成小论文。 9. 劳逸结合。 每天坚持锻炼身体。
同伴建议	1. 无论是教学中，还是行政工作中，都要学会控制情绪，努力做好自身的情绪管控，争取做情绪的主人。 2. 做好宏观规划、统筹规划。学会提前规划，带领更多同伴前行，当好领头羊。
领导建议	1. 多阅读教育教学相关的前沿书籍、报纸杂志。常学常新，让前沿的教育教学理念落实到自己的课堂教学中。要朝着成为名师的方向努力。 2. 抓住每次机会历练自己，成就自己，让自己变得更强大。这样自己才会有能力去帮助和指导更多的青年教师，更好地做好领头人，最大限度地实现自己的人生价值。

第四节　教师专业发展规划目标的实现

制定专业发展规划仅是个人专业成长的开端，关键是落实，应经过持续努力，将规划的目标一个一个实现。这既要个人有强烈的成长意识，又要有坚韧的毅力。同时，还要不断进行自我激励、及时调整、总结提升。

一、心中要有大格局

教育是美好的工作，教育是影响人心灵的行动，教育在成就别人的时候，同样成就着自己。当我们规划着自己要往哪个方向行走的时候，说明自己有较强的成长意识，但这远远还不够，心中必须有大格局。

大格局，就是要树立远大的志向。作为一名教师，我们不要甘于做一名在德、能、绩方面均普普通通的教师，而要把职业生涯过成有主题、有追求、有品位的专业生活。不仅仅是把一堂课上好，而且是一辈子都努力地把每一堂课上好。在教学生涯中，要不断追求、超越，以前辈教育家为标杆，作为自己努力、照亮前行的灯塔，为之奋斗；不断反思课堂教学的和种“不成功”或“不完美”，不断在实践中改进教学方法、丰富教学理念，不断吸收、学习借鉴富有时代性的先进思想和成功改革模式，从而促进个人不断完善自我，能够充分展现教学的成熟之美、理念先进之美、创新灵动之美，让课堂魅力无穷，成为孩子期待的课堂，努力使自己成为新时代高素质专业化创新型教师。

大格局，就是要敬畏教师职业。这种复合型职业，不要轻视它，不要始终认为自己都能胜任，不要生活在家长对自己的吹捧当中，而要心存敬畏，要有研究的态度。尤其是对教学本质、规律要坚持研究，不为一时所取得的点滴成绩而骄傲自满，或放慢、停滞学习的步伐，而要以研究的心态与方式，不断摸索、体悟、总结、提升，引领学生热爱学习、高效学习、深度学习。

大格局，就是要摒弃急功近利。教师专业成长是一个逐步提升的过程，无论是在追求教学质量上，还是个人成长上，都要摆正心态，不要急于求成。“千仓万箱，非一耕所得；干天之木，非旬日所长。”要有“板凳要坐十年冷”的精神，在教育园地里精耕细作，与时俱进，在团队带领下及同伴的帮助下，虚心求教，静心研讨，备好每堂课，上好每堂课，把课上成心中理想的样子、孩子喜欢的样子。不要受周围环境的影响，做内心坚定的自我，坚决拒绝“躺平”“佛系”。

二、不断自我激励与监督

成长的过程需要内心坚定与从容。实现目标，不追求一蹴而就、立竿见影，而是要小步快跑、久久为功。

比如，上好课。要突破这个目标，那就是一辈子的事情。在“我要成长”的前提下，要勇敢展示自我。如主动在学校报名讲公示课，请同伴或学科教研组听课、评课，围绕教学设计、课堂教学、教材解读等，聆听他们一次又一次地对自己的分析指正，相信会从中一次又一次地提升教材解读能力、课堂教学能力，自然而然地会形成正确的学生观、课堂观、教学观。经过几个轮回的磨炼后，定会享受到成功的快乐。这种成功的快乐就是成长的感觉，也是自我激励的“源头活水”。

再如，教育写作。坚持每天撰写教学反思或教育叙事，只要把目光投向发生在教室里真真切切的故事上，坚持写下来，写作水平必将大涨。当一篇篇公众号发布或投稿发表，文章印成铅字，那一瞬间，自豪感、成就感便油然而生，这些都是我们前进的动力。

我们制定的成长规划，只有执行落地，才有意义。我们可以在实施过程中，请同行、学生、家长、家人监督，一方面是对自己的鞭策，另一方面也需要得到他们的支持与鼓励。

三、坚持学习与反思

坚持学习和反思是个人专业成长最为有效的途径。

学习，核心是要找准方向，关键是在坚持。我们可根据规划的内容、确立的目标，一点一滴地推进。我们之所以不能坚持，多数是内心不够坚定，意志不够坚强，内心对成长或许是排斥的，这是我们思想认识不到位、对当下教育教学中所存在的问题熟视无睹造成的。殊不知，作为一名新时代的教师，要与时俱进学习的内容有很多，学习的方式也有很多，但传统的学习方式永远不过时，阅读、写作、思考、实践、向书本学、向同事学、向大师学、向样板学、向改革成功的示范校学，学习是永无止境的。只有与时代同步，深入了解了学科及知识的前沿，读懂了学生，才能真正走进学生的内心，使课堂生动鲜活起来。

反思是成长的“催化剂”。我们可建立个人成长档案，把从教以来的大事、关键事件记录下来。例如把曾经讲展示课、公开课、示范课的教案、视频留存下来，把发表的文章、交流发言的讲稿等留存下来，这都是成长的足迹。同时，要把反思作为一种习惯，尽量把反思的内容每天记录下来，如课前反思、课中反思、课后反思，还有每天发生在校园、生活当中的教育事件，特别是上课中遇到的“最开心的”“最糟糕的”“最满意的”事件。把这些记录在个人成长档案之中，当每一次回头审视时，就会发现又进步了一点。

北京第二实验小学特级教师华应龙坚持30年，用录音机录下自己的课堂，听录音反思，从中发现自己的问题，这30年也是他反思与改进的30年。教育家徐特立60岁开始学习生理解剖学，72岁还制定“20年学习规划”。他们都为我们如何学习与反思树立了榜样。

案例 3-4

多读书，多听听自己的课

我认为教师要实现更好的发展应从以下两方面做出努力：

第一，多读书。华罗庚先生曾说：“就数学本身而言，是壮丽多彩、千姿百态、引人入胜的，你觉得数学不美，那是因为你站在数学花园的外面。”站在“阅读花园”外面的人，又岂能领略阅读之美。如果我们阅读了，我们的心会静；如果我们阅读了，我们的思路会清晰；如果我们阅读了，我们的教育会更有效。现在的教师就是过去学生的延续，而在一定意义上，现在的教师也是学生将来的模样。朱永新教授在《我的阅读观》中反复告诉我们：“一流的教师应该是一流的读书人，只有一流的读书人，才有可能培养出一流的学生。”

第二，多听听自己的课。教师可以把录音机请进课堂，把自己的课录下来，然后自己听、自己分析，或请他人指教，来个“教后琢磨”，这是教师突破瓶颈、提高自己教学水平的有效途径。教育教学最大的技巧就是随机应变，教师通过听自己的课，脑中再现发生意外事件时的情景，找到自己失误和疏忽的地方，然后思考妥当的处理办法。经常这样反省，不断积累经验，就能增长随机应变的能力，增强教育机制。①

① 谢先成、刘源：《让天下没有难学的数学——访全国知名特级教师、首批“首都基础教育名家”华应龙》，《教师教育论坛》2021年普教版第10期，第6页。

四、及时总结与提升

我们规划了目标，在实验过程中，应定期进行“回头看”。

一看自己到底有没有进步。与自己比，现在是否比过去成熟稳重了，能力提升是不是较快，在观念上是不是先进了，认识上是不是真正有所提升。若没有明显提升，则要反思所采取的措施路径是不是不对，还是坚持的时间是不是不够长。

二看效果是不是很明显。如果不明显的话，应该考虑加大力度，比如加大听课量、阅读量、写作量，不断反思，不断地探索。

三看学习的深度、效度够不够。要及时总结某一个专项的学习是不是达到一定的高度，是不是真正学懂、弄通、做实。例如，课堂教学是否掌握了设计优化教案的理论支撑及标准的案例设计方法；对于不同课型，课堂教学是否做到了规范、真实、高效。另外，还需定期总结，及时提升。在总结过程中，可根据实际情况，进行适当的规划调整。

五、静待“副产品”到来

教师个人成长规划终极目标是使学生得到成长，成就学生。我们不要急功近利，在成长中，开展课题研究、讲公开课、参加名师工作室团队，就是为了那一纸“证书”，这是本末倒置；而应该对自己要求严格一些，做到真学、真做、真研、真成长。当真正的付出与坚持取得了一些成果，实现了目标，学校、同事也会看到你的进步，努力后的“副产品”自然悄然而至，届时学校评先评优、职称晋升等“好事”自然会有的。

本章小结

本章从专业发展规划的意义、内容、方法及目标的实现四个方面进行了多角度的阐述。从意义角度来看，告诉广大教师要真正重视个人专业发展规划；从不同角度、方面来规划，科学合理设定规划内容；构建自我成长模型，将规划内容具体化，确立科学路径；以及从心中树立大格局、大视野出发，坚持学习、反思，不断自我激励，将规划付诸行动，从而实现目标。

第四章　保持持续学习力

教师是立教之本、兴教之源。党的二十大报告提出“加快建设教育强国”，要求新时代要建设一支高素质专业化教师队伍。高素质专业化教师队伍如何建立？它必须依靠教师专业素质和能力的提升来实现。如何有效促进教师专业素质和能力提升？促进教师专业发展是有效途径，而这条有效途径最根本的方式就是学习。

第一节　养成终身学习习惯

一、养成终身学习习惯是教师的职业要求

学习对教师而言至关重要，是教师职业生涯永恒的主题。《中学教师专业标准（试行）》中要求教师做到终身学习，“学习先进中学教育理论，了解国内外中学教育改革与发展的经验和做法；优化知识结构，提高文化素养；具有终身学习与持续发展的意识和能力，做终身学习的典范”①。

据载，一位大学毕业生工作所需的知识只有10%左右是在校获得的，而90%左右的知识是在参加工作以后不断学习

① 燕学敏：《教师专业标准解读·中学教师》，天津教育出版社2012年版，第183页。

积累到的。试想，若仅以大学四年所获得的知识，去站立讲台讲授，而自己未有新知识“输入”，岂不误人子弟？

陶行知说：要想学生学好，必须先生好学。惟有学而不厌的先生，才能教出学而不厌的学生。要学生做的事，教职员躬亲共做；要学生学的知识，教职员躬亲共学；要学生守的规则，教职员躬亲共守。这告诉我们，学习对教师的重要性。

教师的一言一行直接影响学生的言行，教师好好学习，学生才能天天向上；无论是从专业标准来看，还是职业内在要求来看，终身学习应是伴其一生的；学习应是教师无时无刻不在进行的一种生活或工作方式。

二、养成终身学习习惯是教师自身发展的内在需要

每名教师都希望成为受人尊敬的名师，希望通过自身的努力拥有渊博的学识，富有人格魅力，让学生折服；希望拥有丰富的课堂艺术，让学生喜欢，受学生爱戴；希望拥有高尚的师德，让学生体悟到教师对他的关心关爱，师生关系亦师亦友。特别是在为师期间，学生知识得到提升，体魄得到强健，人格得到健全，师生之间共同学习、共同进步，形成真正意义上的“学习共同体”，这是教师的一种较高水准从教状态。

要想达到上述境界，教师的学习力是决定因素。教师持续学习，就会不断接受新知识，学科前沿知识理论、先进教学实践经验就会源源不断替换“旧知识”，为教学实践创新、提高技能注入“源头活水”，从而使教师不断优化教学、推进创新创造。

三、养成终身学习习惯是新时代教师发展的客观需要

《汉书·平帝纪》记载：“郡国曰学，县、道、邑、侯国曰校。校、学置经师一人。”“经师”统指传授经书的人。《礼记·学记》中曰：“君子既知教之所由兴，又知教之所由废，然后可以为人师也。”“人师”后多指德行学问都很高尚、高深的可以作表率的人。

习近平总书记指出：“一个优秀的老师，应该是‘经师’和‘人师’的统一，既要精于‘授业’、‘解惑’，更要以‘传道’为责任和使命。”

可见，教师要努力做“经师”和“人师”的统一者，这是新时代对教师提出的新要求。

做到“经师”和“人师”的统一，第一，要求教师必须有扎实的学

识。扎实的知识功底、过硬的教学能力、勤勉的教学态度、科学的教学方法是教师的基本素质，其中知识是基础。知识储备不足、视野不够，教学中必然捉襟见肘，更谈不上游刃有余。学生往往可以原谅教师严厉刻板，但不能原谅教师学识浅薄。

第二，要求教师善于学习新知识、新技术、新理论。扎实学识是基础、是根本。同时，作为教师，要做学生为学、为事、为人的“大先生”，在教书育人和科研创新上不断创造新业绩，促进学生全面发展；还需与时俱进，不断学习新知识、新技术、新理论，真正做到有扎实学识。例如广大教师要做社会主义核心价值观的坚定信仰者、积极传播者、模范践行者，就必须提高教师价值观教育能力，只有当广大教师深刻理解了社会主义核心价值观的理论内涵、行为要求、重大意义，深刻理解开展核心价值观教育的必要性、重要性和复杂性，才能对学生进行教育。这就要求教师在新时期将立德树人根本任务贯穿教育教学全过程，要求教师深刻领会新时期党的教育方针核心要义是什么，我们要立什么“德”，树什么“人”，要深刻领会“培养什么人、怎样培养人、为谁培养人”的精神实质，等等，这些本源问题没搞透彻，教师立德树人的能力便难以形成。

第三，要求教师不断涵养师德。“师者，人之模范也。”师德是深厚的知识修养和文化品位的体现。只有德行正，做一个高尚的人、纯粹的人、脱离低级趣味的人，具有“捧着一颗心来，不带半根草去”的奉献教育情怀，才能固守个人精神家园，做到干一行爱一行，执着于教书育人、润己贡人，在教师岗位干出辉煌业绩来。这些都离不开学习，尤其需要向身边师德标兵、教学能手等典型学习。

“出世便是破蒙，进棺材才算毕业。”正如陶行知先生所说，学习对于教师，不是一时一刻的事，也不是看几本书、写几篇文章就认为达到要求，而是贯穿整个教育生涯、个人生活的一种常态化的积极求知状态。

养成终身学习习惯，是每位教师的一种优秀品质。

第二节 学习的主要内容

教师学习能力有多强，其专业能力就有多硬；专业能力有多过硬，站在讲台上就有多自信。教师只有勤于学习，才能以不变应万变，从容应对未来考验。

新时代教师应加强哪些知识的储备和学习呢？美国卡耐基促进教学基金会主席舒尔曼认为："教师的知识基础应分为学科知识、一般教学知识、课程知识、学科教学知识、学生及其学习特点的知识、教育情境知识、教育目的与价值的知识等七类。"① 国内有学者将其分为三类，本体性知识（学科知识、与学科相关的知识、学科前沿知识、学科发展史、课程标准、教学论知识）、实践性知识（教育技术知识）、条件性知识（教育学知识、心理学知识）。《中（小）学教师专业标准（试行）》中将其分为"专业理念与师德""专业知识""专业能力"三大类。

综上，新时代教师应具备或应该学习的内容主要有以下方面。

一、学习模范典型

一个时代有一个时代的主题，一代人有一代人的担当。新时代，广大教师迈出的每一步都是时代印记的体现，书写的都是美好的明天。在这个大潮中，每位教师要牢记自己坚守的使命与担当，需要不断坚定教育理想信念，不断提升职业道德修养境界，这个"源头活水"，就是要见贤思齐，从身边的模范典型身上汲取精神"养料"，从而转化为从教的坚定内心。

生活中，"时代楷模"张桂梅、地球物理学家黄大年、优秀教育家于漪，还有全国教书育人楷模、当地教育部门推出的师德标兵，他们高尚的品质和先进的事迹，都值得广大教师学习。

我们通过对身边典型模范的学习，还要进一步提升职业情怀，不断提升个人修为，让自己内心更加强大，让为党育人、为国育才的使命成为自觉。在育人上，要更加富有爱心、责任心、耐心和细心；更加乐观向上、热情开朗、有亲和力；更加善于自我调节情绪，保持平和心态；更加勤于学习、不断进取，始终让自己精神世界更加充盈。

二、学习专业理念

我们正处在推进教育现代化的历史进程中，需要掌握深厚的教育理论，树立科学的教育观、教师观、学生观，全面实施素质教育，促进学生健康成长。

---

① 燕学敏：《教师专业标准解读·中学教师》，天津教育出版社2012年版，第117页。

我们要摒弃陈旧的、落后的、不符合教育现代要求的“三观”，在前面章节阐述基础上，还需在以下方面做深入了解和学习。

第一，要深刻理解党和国家教育方针的含义。《中华人民共和国教育法》明确提出：教育必须为社会主义现代化建设服务、为人民服务，必须与生产劳动和社会实践相结合，培养德智体美劳全面发展的社会主义建设者和接班人。作为教师，要坚持以习近平中国特色社会主义思想为指导，深刻领会习近平中国特色社会主义思想的精髓要义，始终牢记为党育人、为国育才使命。准确把握教育工作的政治属性、宗旨方向、目标任务，解决好“培养什么人、怎样培养人、为谁培养人”这几个根本问题。坚持党对教育工作的全面领导，坚持社会主义办学方向，努力培养担当民族复兴大任的时代新人。自觉抓住全面提高人才培养能力这个重点，将党的教育方针有效融入教育教学全过程，使教育教学更加符合教育规律和人才成长规律。广大教师只有专业知识是不够的，还必须有更广阔的视野，具有较强的教育思想理解力，才能贯彻好党的教育方针。

落实国家课程方案是全面贯彻党的教育方针的首要任务。国家课程规定了各阶段教育内容和教学基本要求，体现了国家意志，是实现教育目标的重要载体。应按照新版课程方案和课程标准开齐开足国家课程，加强课程标准研究，制定课程实施规划，改进课程评价方式，实现“教—学—评”的有机统一。有效推进课堂教学改革，创设以学生为中心的学习环境，凸显学生的学习主体地位；增强情境化教学，注重启发式、合作式、探究式课堂教学方式；充分发挥信息技术在学科教育教学中的辅助作用；推进综合学习，强化学科实践。

落实立德树人根本任务是基础。习近平总书记强调要把立德树人的成效作为检验学校一切工作的根本标准。自觉贯彻落实《新时代爱国主义教育实施纲要》《中小学德育工作指南》精神，旗帜鲜明地加强思想政治教育、品德教育、社会主义核心价值观教育。不断提高学生思想水平、政治觉悟、道德品质、文化素养，做到明大德、守公德、严私德。加强学生理想信念教育，引导学生增强中国特色社会主义道路自信、理论自信、制度自信、文化自信，坚定理想信念，厚植爱国主义情怀，引导学生“扣好人生第一粒扣子”。

坚持五育并举是基本要求。认真贯彻落实《关于全面加强和改进新时代学校体育工作的意见》《关于全面加强和改进新时代学校美育工作的意见》《关于全面加强新时代大中小学劳动教育的意见》等精神，深化五育并举，促进学生全面发展。树立健康第一的理念，开齐开足体育课，确保学生每天校内、校外各 1 个小时体育活动时间；帮助学生丰富健康知识，掌握 1 至 2 项运动技能；引导学生在体育锻炼中享受乐趣、增强体质、健全人格、锤炼意志；坚持以美育人、以文化人，帮助学生培养 1 至 2 项艺术特长，提高学生审美和人文素养；弘扬劳动精神，教育引导学生崇尚劳动、尊重劳动、热爱劳动。

第二，坚持以人民为中心发展教育。以人民满意作为重要检验标尺，始终坚持教育公益性原则，把不断促进教育发展，以教育公平促进社会公平正义作为工作的出发点，把促进孩子成长得更好、学得更好、生活得更好作为根本目标，着力提高教育质量、学校管理质量及后勤服务质量，全力维护学校安全。

第三，遵循教育规律。在学校层面，坚持立德树人导向，把学生的德育放在首位；坚持以教育教学为中心，充分体现学校一切工作是为教育教学服务；面向全体学生，坚决杜绝办“重点班”“竞赛班”“关系班”；加强家校协同，充分发挥家庭教育在学生成长中的作用。在教师层面，要按学生成长规律育人，准确把握学生在不同阶段的身心成长规律，加强学生德育工作，通过主动干预，引导学生形成积极的世界观、人生观、价值观，增强社会责任感和中华民族伟大复兴的使命感；加强学生养成教育，通过持之以恒的训导，养成良好的行为习惯、学习习惯、生活习惯；加强校内外综合实践活动，为学生搭建展示的平台，促进学生在活动中锻炼成长。

同时，还要熟练掌握学生的成长规律，以“四个引路人”为标准，不断提高自己的教育教学能力。教师要热爱学生，尊重学生，做学生锤炼品格的引路人；要面向全体学生，不让一个学生掉队，做学生学习知识的引路人；要尊重学生的个性差异，因材施教，促进学生全面而有个性地发展，做学生创新思维的引路人；要加强学科德育渗透，加强学科教育与科学、技术、社会、环境的联系，做学生奉献社会的引路人。教师还要认真研究学生认知基础，精心设计、认真组织教育教学，提高教育教学效率；认真贯彻落实国家“双减”政策，切实减轻学生作业负担和校外培训负担，促进学生全面健康成长。

三、学习专业知识

学科专业知识是指与教师任教学科相对应的专业理论知识。学科专业知识是教师学习的主体，主要分为四类：一是教育知识，包括教育基本理论、心理学基础理论、教育管理学、教育法学、伦理学、班级管理、教育科研、现代教育技术学等。同时，还要学习教育创新、教育实践、批判性思维等知识，能够全方位了解教育基本原理和主要方法及学生世界观、人生观、价值观形成过程与教育方法，读懂不同年龄段学生的内心世界，具有有效施教的基本教育知识。二是学科知识，主要指任教学科专业的理论知识，这与教材极为相关，我们既要掌握其学科基本知识、基本原理和技能，又要掌握理解所教学科的知识体系、基本思想和方法，以及本学科知识体系内在的逻辑关联。三是学科教学知识，主要是指教师在掌握所教学科课程标准基础上，结合学生认知特点，综合理解并运用教育学、心理学、学科知识集成适用于教育教学的知识，教师通过学科教学知识，把学科知识转化为可以传授给学生的知识。四是通识性知识，主要是指教师需要掌握有利于开展有效教育教学工作的普通文化知识，其内容包括哲学类知识、自然科学类知识、人文类知识、艺术类知识等。

以上四类知识，需要常学常新，特别是要始终站在学科前沿，广泛涉猎，做到融会贯通，经常用新知识、新理论、新方法去替代、更新旧知识。“不积跬步，无以至千里；不积小流，无以成江海。”当新知识常常占据思想，开展教育教学创新，正视问题、发现问题、分析问题、解决问题的能力也就会越来越强。

四、砥砺专业技能

教师的成长基于课堂、立足教学，搞好课堂教学是教师的主责主业。砥砺专业技能，是促进教师专业发展的基础，是提升育人质量的核心。教师具体应提升以下能力。

（一）教学设计能力

这是教师最为关注的能力，也是教师教育生涯一直追求的卓越能力。教学设计能力基于领会新课标、掌握所任教学科特点基础之上，将教学各要素科学安排，科学设计教学目标、教学计划，合理利用教学资源和方法设计教学过程，帮助不同学生设计个性化学习计划，从而达到教师“教”

的最优化，以及学生“学”的最优化。从中，教师还要注重探索生活化、情景化的创设方法，掌握生活化、情景化的课堂教学特点，努力形成自己的教学风格。

实际工作中，特别对刚入职的教师来说，对教学设计把握不准主要表现在：对教学设计中如何把握各元素之间的关系一知半解（各元素可以理解为如何学、怎样学、学什么、如何评价、如何促进学科核心素养发展落实等），内在逻辑关系没有理顺，从而喜欢拿来主义。不关注学情，依靠教参或网络下载进行“说明文式”的设计或应试式的教，个人原创少，教学设计质量低、不规范。

教学设计能力作为教师的一项基本功，怎样有效提升？以下以教师如何设计出高质量的教案为例，做简要探讨。

第一步：深入解读文本。教学设计是对教学目标、教学过程、学习方式、教学资源环境、教学评价等方面进行系统构想，是对教学内容、目标、方法、流程、实施、评价等方面进行优化的一个完整过程，是教师、教材、学生三者之间的交互对话与融合。这既需要对教材（文本）进行解读，又要弄清之间的关系，弄清课程标准的理念，明确教学基本原则，领会教材编写意图，了解模块教学要求等，还要结合这个“大”的方面，找准教材这个“点”的方向。此过程中我们不能被教参或网络上的设计桎梏了思想，而要突出自我，找到适合学生的设计方案。

第二步：准确把握学情。不同学校学情不同，同一学校不同班级学情也不同。教师眼中要有书，更要有学生；既见森林，更见树木。对班级学生既要全面分析整体情况，又要跟踪一个个活生生的个体，跟踪其学习兴趣、习惯、基础、个性、气质、爱好等。还要动态观察，这一学期、这一节课堂、这一阶段与上一次状态是否不一样，然后进行科学分析，哪些知识已知，哪些未知，哪些讲了也不知，这样设计教学就心中有数了。教师可以对学生已知的不讲或带过，对未知的多讲，对讲了也不知的不讲。

第三步：精准选择目标。我为什么要上这节课？这节课我要解决什么问题？换言之，即是教学要解决“教什么”和“怎么教”的问题，围绕这两大问题，结合具体学情、文本价值及个人素养，从而确定合理的教学目标，做到目标不要太大、太虚、太多、太杂、太偏。

第四步：优选教学方法。解决“怎么教”的问题，平常用得多的是讲解法和提问法。到底用什么方法，需根据教学内容和目标来确定，整合教法和学法才是关键。要让学生掌握学法，培养学生思维能力，使其能够大胆质疑。

第五步：恰当运用工具。根据课堂需求，可适当使用现代化教学技术及相关工具。可自制教学挂图、自制教具、准备相关实物及多媒体课件等，融入现代化教学技术作为辅助手段。这需要根据实际而定，一切以不能喧宾夺主、影响整个课堂教学为原则。

第六步：精心设计流程。根据学生注意力特点是否达到“堂三彩”（即一节课先后出现三次高潮）的效果为目标要求，做到导入精彩、过程精彩、收结精彩。整堂课设计目标准、方法准、线索明、板书明，过渡自然、浑然一体，便是理想的。

第七步：艺术设计板书。板书一是要书写工整、美观，二是要脉络清晰。例如思维导图式，学生好记、好理解，一举多得。实际中，不少教师板书书写不美，字迹潦草，应极力避免。

同时，还要理性运用模式。教学模式相当于“拐杖”，它是在一定教学思想或教学理论指导下建立起来的较为稳定的教学活动结构框架和活动程序，这种模式不是万能的，需要我们运用模式又能最终跳出这种模式，从而形成自己的教学风格，如《什么比猎豹的速度更快》教学设计（见附录）。

（二）教学实施能力

能够营造良好的学习环境与氛围，不断激发并保护学生的学习兴趣。在课堂上，能够运用多种教学方式，如启发式、探究式、讨论式、参与式等，有效实施教学，能够将现代教育技术手段熟练运用于教学中。同时，注重提高学生思维能力，促进学生坚持独立思考，掌握必要思维知识；注重培养学生的创新能力，不盲从权威，敢于大胆质疑；培养学生关注各种问题的能力，不断提升学生实践操作的能力，形成积极的性格特征和良好品质，鼓励学生勇于创新。

（三）课堂管理能力

课堂上，能够充分调动学生的积极性和主动性，做到有效管理。善于关注课堂，会观察学生，通过学生的表情可判断出他们是否动眼、动耳、动口、动手和动脑，是否听得懂，是否遇到困难，能够通过观察学生的表情来适时调控教学进度。善于引导课堂，在整体教学内容上，能够加强各板块、环节之间的衔接、设置与引导；在个体上，能科学引导学生学习、巩固及训练。善于课堂控制，对突发课堂事件能够快速合理处理，善于用眼神、表情、语言、课堂走动等方式控制课堂或者提醒学生，严肃课堂纪律，保障课堂教学顺利进行。

（四）班级管理能力

能够基于学生心理特点，有效管理和开展班级、共青团、少先队活动；根据学生世界观、人生观、价值观形成的特点，有针对性地开展德育活动；与学生建立良好的师生关系，能够及时指导学生理想、心理、学业等方面的发展，当好学生人生导师；结合学科教学，渗透学科思政育人功能；掌握班级突发事件处理能力与技巧。

（五）教育教学评价能力

一方面，是评价学生能力，掌握多元评价方法，多视角、全过程评价学生发展，对学生能够提出个性化发展建议；另一方面，是评价自我教育教学能力，通过测评工具、家访，对个人课堂教学、班级管理进行评价，从而能够及时调整教学方法和班级管理办法。

（六）沟通合作能力

树立现代学生观，以学生为本，深入了解学生的心理特点，能够平等地与学生进行沟通交流；充分认识到每名学生均是不同的个体，每个个体都是有个性、有差异的，每个人都有着巨大潜能，从而树立根据学生个体差异因材施教，进行有效沟通的基本教育理念。与同事之间主动建立合作共事模式，分享经验和资源，形成学习共同体、教学共同体的良好关系，做到共同发展，切忌相互设防，拒绝合作，单打独斗。注重与家长沟通合作，与家长沟通应实事求是，善于从教育规律出发，给予家长更多教育理念、育儿经验，有针对性地指导家长纠正不良的家庭教育方法，形成家校协同育人新样态。

（七）教育教学反思能力

主动收集个人课堂教学以及来自学校、学生、家长及同事关于个人教学和管理方面的信息，不断反思自我，是教学理念、方法存在不足，还是教学技能需要改进。每天抓住课堂、学校生活的某一瞬间或某一关键事件，反观自己，从理念中找偏差，从规律中找不足，从习惯中找问题。

（八）教育科研能力

开展教育科研是教师工作的现实需要，是提升教育教学质量的第一法宝。教师需要认真学习教育科学的新理念、新方法和新成果，紧密结合日常工作中发现的问题，不断从新的角度、新的层面进行探索，揭示新的规律，寻求解决问题的新方法和新模式。这种能力对新时代教师是不可或缺的，不仅要重视教育科学研究，知道研究开展的方法步骤，而且还要主动积极参与课题研究之中。从参与到最后能够独立主持，再到带动同事们共同探索，这也是一位教师从优秀走向卓越的必经之路。

（九）现代教育治理能力

2019年2月，中共中央、国务院印发《中国教育现代化2035》，这是国家层面进一步推进教育现代化，提出发展中国特色世界先进水平的优质教育，推动各级教育高水平高质量普及等十大战略任务；提出教育现代化要着眼新时代新要求，要“大力推进教育理念、体系、制度、内容、方法、治理现代化，着力提高教育质量，促进教育公平，优化教育结构”，这便是学校教育治理现代化的核心内容。作为新时代的中小学教师，“要提升教育治理能力，超越‘教书匠’，成为‘大先生’。在参与学校的民主管理时，教师应以平等、互惠、正义、共情为前提，善于沟通、乐于协作，破解教师在教书育人过程中所遇到的各种难题，发现新的增长点，形成教育的耦合效应。教师应表现出对学生的真诚接纳、尊重信任、严格要求、耳提面命……做学生的良师益友，让学生体会到关心和关怀”①。

（十）创新创造能力

教师创新创造能力是指教师运用知识理论，在教育教学中精心设计问题，培养学生创新创造的意识，以及培养学生关注问题，通过实践操作，提升分析、解决问题能力的一种教学能力。在教学过程中，教师要能够不拘一格，善于设计启发学生思维、调动学生积极性、思考具有一定深度的问题，并积极营造创新氛围，设计创新情境，提供创新条件，促进学生积极动手实验、观察、思考、分析，启迪学生创新灵感和创新思维，同时能够关联各学科知识。教师要能够做科学创新的“火种”，不断“点燃”学生的思想火花。

（十一）作业设计能力

基于落实“双减”政策的背景，教师需要具备优化作业设计能力，能够从研究学情出发，基于单元（课时）教学内容，着眼教学目标，优化作

① 王定华：《新时代中小学教师核心素养及其培育方略》，《中国基础教育》2022年9月第1期，第40页。

业设计内容，保证作业内容与教学目标相匹配；丰富作业类型，凸显作业的递进性，设计基础性作业和分层作业，强化实践性作业，探索弹性作业和跨学科作业，减少机械记背作业，促进知识巩固、能力培养。同时，还要发挥作业诊断功能，通过批改作业，发现教学漏洞和学生学习短板，及时优化教学策略，并科学处理好课本作业、教辅作业、补充作业和阶段检测等适量适度问题，统筹调控班级不同学科作业数量和作业时间。

第三节　学习的主要途径

《荀子·劝学》曰："学不可以已。"作为教师，每天教的书都是新的，每天都是在"输出"，同样要求学习是"不可以已"，以保障"输出"有"源头活水"的及时补充。当我们明白了"为什么要学""学习的主要内容"，就大致可以知道自己的短板弱项。同时，作为成人化的学习，每人的学习意志、学习动机、学习方向都不尽相同，因而需要选择合适的学习方法，并且是多种学习方法交织使用，方可收到好的学习效果。

教师学习的主要途径有：

一、自主学习

教师自主学习是指教师个体在自己强烈的学习意愿和动机支配下，有计划、有目的自学活动。自主学习是教师最主要的学习方式，学习时间主要在日常完成。自主学习的途径主要有向书本学（阅读）、向网络学（利用网络资源观摩名师课堂、学习教学设计等）、向名师学、向同行学，其中向书本学是最主要途径。

向书本学习就是阅读。事实证明，阅读是教师自学最简便、最有效的学习方式。经常读书，将阅读生活化、将生活阅读化，都是阅读的一种较高境界。在阅读书籍的选择上，既要选择权威的、高质量的书籍，又要注重选择经典教育专著；既要读出文中应有之义，又要读出文章背后的理念、思想、立场、观点和方法；既要坚持读，善于做读书笔记，又要经常"回头"读，温习笔记，将阅读收获转化为知识和能力，应用于实际教育教学工作。

向名师学、向同行学。对于入职不久的年轻教师来说，这种方式极为有效。通过阅读名师的专著，观摩他们的课堂，或请他们观摩自己的课堂，以他们为标杆，来寻找自身课堂的问题及不足，然后不断改进自己的课堂，在“实践—反思—再实践—再反思”的行动闭环中成长。实践证明，这种成长方式较个人摸索可缩短十年左右的学习时间。

案例 4-1

利用一切时间努力学习

不满足于仅仅按教学参考书组织教学，我利用一切时间努力学习，大量阅读。几年下来，我记下了 20 多万字的读书笔记、50 多万字的文摘卡片，听了校内外 1 000 多节课，写下了 10 余万字的教后记。在我看来，向书本学，靠的是“勤劲儿”；向实践学，靠的是“恒劲儿”；向名师学，靠的是“赖劲儿”①。

无论哪种自主学习方式，都需要个人有明确的学习目标，有强烈的学习意愿，对知识有强烈的渴望。现实中，不少教师常常对自己的教育教学“自我感觉良好”，是因为对自己的教学行为缺乏正确判断，生活在学校评价方式不健全的环境下，得过且过，缺乏学习环境、学习引领力、学习动力，从而使自主学习流于形式或不能长期坚持。

二、校本培训

后疫情培训时代，教师线下集中培训有所减少，同时县级、校级培训比重增大。对此，校本培训作为一种依托学校自身资源、从实际出发，提升教育教学质量和办学水平，促进教师专业技能提升及专业发展的在职培训，是提升教师理念、方法、技能的有效方式。校本培训可以较好地解决教师外出培训机会少、工学矛盾突出、培训经费不足的问题，作为教师和学校都应高度重视校本培训在教师队伍建设中的重要作用。校本培训形式多样，主要有集体备课、说课、评课、专题沙龙、专家授课及诊断、个案研究等。在校本培训中，教师要主动融入学校研究活动之中，作为自身学

① 窦桂梅：《从“三个超越”到主题教学》，《中国教育报》2019 年 9 月 10 日第 10 版。

习的一种方式，积极交流合作，扎实认真实践，充分展示自我，持续促进自身进步。

三、培训研修

培训研修是教师专业成长的主要外部推动力量。“培训＋研修”这种形式主要集中在高端及省级以上培训之中。这种形式，多数是“面授＋案例教学＋网络培训”，以“导师互动＋任务驱动”方式进行。培训人员一般具有一定研究基础，积累了一定的教学经验。在培训中，通过导师引领，带着任务学、带着课题学，中间辅以实地观摩、定期汇报课题进展情况、指定阅读教育名著名篇等项目。在一个周期内，研修式的培训一般都能够收到较好的效果。

四、在实践中学习

备课、上课、观课、评课是教师日常工作的基本内容，是基于课堂、基于教学的实践活动。教师可谓每天都在实践，一方面，教师在备课、上课活动中，即是一种学习，并且在这个过程中积极思考及反思，这便是在实践中学习；另一方面，通过各种形式观课（包括网络听课）、评课、教研以及其他方式获得新知，然后转化为个人能力、素养，进行新的教学设计，调整教学方法，采取新的教学技能，并应用于课堂，这也都是在实践，同样是在实践中学习。这种方式是促进教师专业发展的基础，是教师专业发展的重要载体和方式，也是教师个人教学技能提升的主要形式。

其中备课需要掌握的要领是要做到“三知”：知教师、知学生、知教法；做到三个结合：结合课标、结合教材、结合学情。重点是关联起教学内容、教学目标、学情分析、教学方法等元素之间的关系，体现生活化及经验，经常在课堂上再现“生活情景”，体现学习方式的转变，注重授之以“渔”。

关于观课，重要做到“六观”，即观教学目标的实施、观教材和学法、观教学方式运用、观课堂教学状态、观学生（学生的学、学习状态、互动）、观学生学科核心素养的形成。

关于评课，一方面，作为教师要学会评课，从当下教育理论的高度对课堂教学作出正确的评价；另一方面，要从他人对自己课堂的评价中理性吸收，积极反思，不断提升教学能力和教学效果。在评课中，要体现以当下先进的教育理念作为衡量的底线，重点考量教学过程是否在新课标要求的框架内，是否突出学生为本，教的过程与学生学的过程是否和谐同步，是否体现了时代学科教学的新特点、新理念、新要求，等等。

案例 4-2

始终坚守教育初心

外婆始终坚守对教育的初心。她一辈子一直坚持也引以为豪的就是做一名小学语文老师，对这份事业，她发自内心的热爱并为之奉献。为了背熟教案，她常常清晨把校园里的松树、柏树当成学生，对它们提问、与之交谈；为了方便学生理解，她常常自制投影胶片、自备教学道具；为了节省出时间备课，她经常早起烧好一天的饭菜，简单热热就是中饭，再热热就是晚饭；为了搞清楚课文中“兔子踢死了老鹰”这一描述是否正确，她到处查找资料甚至去请教大学教授；为了完成五年制教改试验任务，她晚上带着钢板、铁笔、蜡纸去医院，一边照顾、陪伴病重的外公，一边编教材、刻钢板；为了坚守在三尺讲台，她再三推辞南京市教育局副局长的任命……①

五、研究性学习

教育部 2020 年修订了《普通高中课程方案（2017 年版 2020 年修订）》，2022 年修订了《义务教育课程方案（2022 年版）》，其中强调研究性学习是综合实践活动课程的重要组成部分，是国家课程、必修课程。这一举措旨在通过学生从学习、生活、社会中获得课题，以科学的方法，自主探究，亲身实践，运用已有知识去解决问题，从而学会学习，学会提出问题、分析问题、解决问题，培养学生创新精神、实践能力及科学素养。研究性学习的概念原本便是基于此，结合新时代教师新要求，研究性学习用于教师专业发展上同样适合。作为教师，基于日常教育教学的问题可拟作研究的对象。通过把自己摆进去，自行设计研究方案、自我实践，获得研究结果，这样既解决问题，又达到自我专业素养提升的目的。

---

① 朱征：《外婆斯霞教我们做人做事》，《人民教育》2021 年第 17 期，第 20 页。

案例 4-3

让生物教学扎根在生活的土壤中

从大学毕业至今，我从事生物教育 30 年，在教育教学实践中，不断提升自己的专业素养，潜移默化地培养学生的学科核心素养。

一、坚持终身学习和研究

1. 坚持开展实验研究

生物学是一门自然科学课程，生物学知识的积累和科技成果主要都是通过观察、实验获得的。中学生物教师要不断地在学习、生活、工作中提出新问题，永远有实验研究的意识和行动，这样才能培养学生发现、提出、研究问题及勇于探究、乐于探究和实践的能力。

例如，为了更高效地组织光合色素的提取和分离的实验教学，笔者用了一个半月的业余时间进行实验研究，尝试多种实验材料，改进实验方法，将科学家的实验和学生实验方法结合起来，取得了良好的教学效果，针对这节课撰写的教学论文也获得了中国教育学会生物学分会年度优秀论文评比一等奖。笔者用于教学的很多素材都是教师亲自或师生共同实验研究获得的结果，这些研究使课堂丰富、生动，体现科学课程的特色。

2. 坚持提升自身专业素养

教师在广泛涉猎本学科各门专业课知识的同时，应该有一门自己喜爱的、愿意深入学习和研究的专业特长，对自己的学科学习越深入，对问题的理解就越深刻，就有了追踪这门学科发展动态以及和同行进一步交流的基础，进而拓展能力，开阔视野。

生物学的各分支学科知识及技术方法之间是相通的。笔者坚持深入了解一门学科，也使自己有能力关注其他相关分支学科的研究进展，进而提升自己的专业素养和专业自信，并使自己的精神世界丰富、充实。提升专业特长的途径很多，如阅读专业书籍、参加专业学术会议、研读综述性文章、开展力所能及的实验研究、进行专业进修等。

二、坚持提升自身教育教学能力

1. 坚持进行课堂教学展示

由于学科知识和技术以及教育技术手段等不断发展，学生的知识储备、学习能力以及教师的教学理念、专业素养一直在变化，教师需要用不断汲取的新知识、新手段、新资料去改进、完善和丰富课堂教学内容。一些年轻教师常惧怕开设公开课，怕在众人面前把课讲砸。事实上，之所以需要公开研讨一节课，往往是因为教师对这一节课的教学效果不满意，或者对教学设计有争议。一节研究课过后，无论是否理想或成功，教师在经历了课前的认真备课、课堂上的充分展示、课后的同行评价和认真反思之后，头脑中不成熟的想法趋于成熟，不完善的设计趋于完善，对相应教学内容的认识都会有一个质的飞跃。

于笔者而言，每一节公开课都有明确的教研目标，有精心的教学设计，有教学实践的用心体验，有课后成功与遗憾的教学反思。笔者会以撰写论文的方式认真总结、记录这些课例，在总结思考的过程中，进一步梳理自己的教学理念，提升对相关问题的认识。多年来，笔者努力做到上有特色的课，写可借鉴的论文。

2. 坚持让学习成为“再相遇”的过程

学生会经历各个年龄阶段的学习，学习内容越广泛，学科之间的交融就越密切，直至融会贯通。学习过程是不断建立联系的“再相遇”的过程：曾经只是了解的一种生物，在眼见为实中相遇；曾经一本书中记录的历史场景变成文物，在亲身游历中相遇；某一学科的知识，在解决另一个学科的问题应用中相遇……每一次相遇，都带来莫大的欣喜。对学习的渴望和喜悦就是对期待再相遇的渴望和喜悦。一个人学习的能力、学识的渊博体现在敏锐而不错过建立事件、知识间联系的再相遇的机会。因相知而相遇，因生长点的生长触及而相遇。让学生多学科的知识在生物课堂相遇，使学生上下求索，知识、经验融会贯通，进而体验学习的喜悦和幸福，这是教师所追求的教育教学目标。

3. 坚持激发学生的探究兴趣和欲望

教育家夸美纽斯曾说：“凡是想在晚上把东西指给别人看的人就必须准备好光亮，如果那东西本身不发光，他必须把它擦亮，使它熠熠生辉。一位教师想用知识去照耀一个无知的学生，就必须准备好光亮，教学艺术的光亮就是注意。”笔者希望为学生准备好光亮，不把生物教成“死物”，让学生感受并着迷于活生生的生命，而不仅仅是书本上的生物、试题中的生物。

教有方法，教无定法。可是，有一点是明确的，即无论采用怎样的教学方法，只有激发了学生的兴趣和好奇心、探究欲望才是真正的有效之法。当教师所有的学习和生活经历都可能成为课堂上的教学素材时，工作便成为教师豁达、充实、幸福生活的一部分。而那些被赋予理性的思考来源于生活、高于生活的个性化的生动素材，则赋予教师创造力和激情，让教师产生迫切地和学生交流与分享的愿望，从而享受课堂。[①]

六、向学生学习

进入新时代，一些新技术、新发明正创造着新产业、新业态，新的知识、经验、技能正在飞速运转，进入人们的视野。殊不知，当下的学生与十年前、二十年前的学生相比，知识储备提升了数十倍或数百倍，他们的天真、想象力、好奇心、求知欲、创造力已远远超过诸多教师或其他成年人。我们不能对学生们的想象力、好奇心、求知欲、创造力等视而不见，而要蹲下身来，发现他们身上的种种闪光点，虚心向学生学习，学习学生的童真、学习学生思考问题的视角、学习学生钻研问题的执着精神。我们不要低估任何一名学生的能力和潜力，正如陶行知先生所说："他能够做许多您不能做的事，也能做许多您以为他不能做的事。等到您重新生为一个小孩子，您会发现别的小孩是和从前所想的小孩子不同了。"[②]

第四节　保持持续学习力

外因是变化的条件，内因是变化的根据，外因通过内因而起作用。作为教师，是否深知学习的重要性，能否坚持持续性的学习，做到终身学习，关键是教师内因在起作用，根本动力在于教师发挥主观能动性，由内到外，保持持续学习力，能够自觉地时时学习、事事学习、处处学习。

一、提升对学习重要性的认识

《中（小）学教师专业标准（试行）》要求广大教师要"做终身学习的典范"，要做到终身学习，必须树立终身学习理念，这就要求我们认识不

---

① 节选自陈月艳：《让生物教学扎根在生活的土壤中》，《中国教师》2021 年第 2 期，第 35—37 页，有改动。

② 陶行知著，方明编：《陶行知教育名篇》，教育科学出版社 2013 年版，第 117 页。

能片刻停滞，学习通过一生进行；学习不仅是持续一生的，还是多方面的；学习的目的是建立自信和培养能力，接受社会的变化和挑战；终身学习可以发生在人类生活的所有空间；终身学习是一种生存责任、生存方式和生存质量①。

之所以部分教师不能做到坚持学习，主要是对学习的重要性认识不到位，对教师职业工作对象的复杂性、发展性及挑战性认识不足，总是自信地认为自己能够胜任工作。其实，对 90％的人而言，进入社会意味着学习的结束。但对于教师来说，一天、一年乃至两三年不认真学习，在教学上不会有较大差距，若超过三年及以上，“分水岭”就凸显出来，这也是在基层学校一些毕业于职前本科的教师在教学上屡屡不见起色、“泯然众人”的主因——毕业后不注重学习或不学习。

教师学习会受到教育行政力量、学校环境、家庭环境等多种因素的影响，然而真正受影响的还是自己的内心。作为新时代教师，不能紧跟时代步伐学习，是对社会、对学生的一种不负责任的态度，也不会教出优秀的学生。只有当他发自内心地要学习、坚持学习，具有渊博的知识及掌握足够的技能，才会担当起立德树人、教书育人的神圣使命。

二、加强学习规划

教师有了学习动机，表明有了学习目标，这个目标可能是教育教学上遇到的问题，诸如教学设计理念、课堂把控、班级管理、课题研究等。学习目标确定后，首先要做的就是制定学习规划，把目标分解，划分为一个个小目标来完成，以减少行动阻力，树立学习信心。

在制定学习规划时，教师需要结合成人学习特点。成人学习一般都有明确的学习目标，具有一定的经验，带有一定功利性，需要任务驱动、问题驱动。对此，教师学习规划要把持续发展自己、提升自己作为根本出发点，以问题为导向，围绕问题进行解决，梳理要读什么经典、要开展哪些教育实践、要分哪些步骤、在多长的时间内完成、怎样保障学习时间等问题，从而促进学习持之以恒。

---

① 欧阳明：《做一名学习型教师：教师专业发展的务实行动》，华东师范大学出版社 2010 年版，第 58 页。

三、克服学习中的困难

在学习中，每个人会遇到各种各样的困难，导致学习难以坚持。例如，缺乏强烈的学习意愿，学习动力不足；平时工作忙，要上课、备课、批改作业、处理班级事务及非教学事务，让人身心疲惫；工作压力大，个人评职晋升、岗位定级、人际关系处理不顺畅，引发职业倦怠，使学习难以坚持；还有教师认为自己工作时间长，什么问题都见过，教学经验丰富，不需要学习新知识……

在学习中遇到困难是自然的事，然而“学贵有恒”。学习并非一日之功，作为教师，对上述实际困难要想寻求解决的办法，核心在于本人是否真学、真做、真用。只要本人对学习的认识达到一定高度，在教育教学中学以致用，做到自觉自律，就没有什么困难可言了。

四、保持持续学习精神

“业精于勤荒于嬉，行成于思毁于随。”学习需要一定的精神。《礼记·中庸》中曰：“博学之，审问之，慎思之，明辨之，笃行之。”“人一能之，己百之，人十能之，己千之。”还有悬梁刺股、闻鸡起舞、凿壁偷光、囊萤映雪、程门立雪等动人的学习故事，这都告诉我们，学习要掌握正确的方法及坚持精神。间接性努力与持续性努力是决定一个人是否能够走向成功的关键，是每位学习者学习的重要启示。

除了坚持精神，还需要保持探究精神，具有学术思维，就其教学某一领域、某一方面进行持续探究，对其学习的内容进行深入研读，在实践中迭代升级，直到实现将理论与实践相结合解决实际问题，在教育教学上收获成功，不断提升自身学习品位、品质。

本章小结

教师学习本是司空见惯的话题，然而在新时代，教师的学习被赋予了新含义、新要求。作为教师，在新时代要有终身学习的紧迫感和自觉性，知晓、掌握离开大学后作为一名教师应该学习的内容、方法和途径，要保持与时俱进的持续学习力，形成学习的品位、品质，以期与时代同步，真正做一名受人尊敬的高素质、专业化教师。

第五章 建立个人阅读学

阅读是教师专业发展的基石。阅读、实践、反思、写作已成为促进教师专业发展的不二法门，其中阅读又是这四个环节中的基础。教师阅读即是将个人阅读与职业理想、实践研究、精神生长融为一体，并贯穿起来的一项专业活动。作为一名教师，我们为什么要阅读？阅读些什么？怎么阅读呢？

第一节 把阅读作为生长的第一需要

非读无以广识，非读无以成才，非读无以启智，非读无以增德。阅读，已越来越成为广大一线教师生活方式的一部分。

一、有关阅读重要性的名家名言

阅读，对于教师不可或缺，从古今中外名人学者论述便可见一斑。

苏霍姆林斯基："读书，读书，再读书——教师的教育素养正是取决于此。要把读书当作第一精神需要，当作饥饿者的食物。要有读书的兴趣，要喜欢博览群书，要能在书本面前坐下来，深入地思考。"①

① 苏霍姆林斯基：《给教师的建议（全一册）》，杜殿坤编译，教育科学出版社1984年版，第423页。

曾国藩："盖士人读书，第一要有志，第二要有识，第三要有恒。有志则断不甘为下流。有识则知学问无尽，不敢以一得自足，如河伯之观海，如井蛙之窥天，皆无识也。有恒则断无不成之事。此三者缺一不可。"①

鲁迅："不过只看一个人的著作，结果是不太好的：你就得不到多方面的优点。必须如蜜蜂一样，采过许多花，才能酿出蜜来。倘若叮在一处，所得就有限，枯燥了。"②

夏丏尊："阅读的人如不能抽出这潜藏在文字背后的真意，只就每句的文字表面支离求解，结果每句是懂了，而全文的真意所在仍是茫然。"③

李四光："读自然书是我和物的直接交涉。所以读书是间接的求学，读自然书乃是直接的求学。"④

苏步青："我念过的书都有笔记，并且注明某月某日看的。这些笔记我都保存着，有的笔记现在还常常用到。……读书不必太多，要读得精。要读到你知道这本书的优点、缺点和错误了，这才算读好、读精了。"⑤

徐复观："摘抄一遍，可以帮助记忆，并便于提挈全书的内容，汇成为几个重要的观点。这是最笨的工作，但我读一生的书，只有在这几年的笨工作中，才得到一点受用。"⑥

钟敬文："在读书的过程中，要给思考留下余地。你在求知时，学进来的东西，如果没有同你原有的知识碰头，就只能摆在那里，不发生'化学作用'，无法变成你自己的养料。"⑦

朱光潜："读书是要清算过去人类成就的总账，把几千年的人类思想经验在短促的几十年内重温一遍，把过去无数亿万人辛苦获来的知识教训集中到读者一个人身上去受用。有了这种准备，一个人总能在学问途程上作万里长征，去发见新的世界。""世间绝没有一科孤立绝缘的学问……其他学问也大抵如此，不能通就不能专，不能博就不能约。先博学而后守

① 黄德灿：《送给教师的读书指南》，华中科技大学出版社2019年版，第5—6页。
② 黄德灿：《送给教师的读书指南》，华中科技大学出版社2019年版，第45页。
③ 黄德灿：《送给教师的读书指南》，华中科技大学出版社2019年版，第64页。
④ 黄德灿：《送给教师的读书指南》，华中科技大学出版社2019年版，第100页。
⑤ 黄德灿：《送给教师的读书指南》，华中科技大学出版社2019年版，第297—298页。
⑥ 黄德灿：《送给教师的读书指南》，华中科技大学出版社2019年版，第319页。
⑦ 黄德灿：《送给教师的读书指南》，华中科技大学出版社2019年版，第326—327页。

约，这是治任何学问所必守的程序。”①

朱永新：“专业阅读——站在大师的肩膀上前行。我们认为，一个人的精神发展史就是他的阅读史，一个民族的精神境界取决于她的阅读水平，一个没有阅读的学校永远不可能有真正的教育。……通过阅读，可以借鉴别人的经验，让自己教学更顺利，成长更迅速。所以学习前人与他人的教育智慧，是教师专业成长的一个基本条件。”②

常生龙：“我选择将读书作为自己的生活方式，期望通过阅读来为自己增添智慧，厚实精神的底色。”③

徐飞：“经典是一些上了年纪的老书。这些经过时间淘洗的好书，沉淀着人类的优秀文化，散发着恒久的魅力。非经典不读，也一度成为我的读书准则。”④

段伟：“教师的发展之路就是学习之路，而阅读是最行之有效的方式。”“读书如蚕，贵在转化，读书与写作应相互促进。”⑤

窥一斑而知全豹。由上可见，需要阅读的书籍浩如烟海，阅读是教师知识和精神生长的主要来源。教师爱读书，学识才丰满，心胸才更加宽广，人格才会更加高尚，一些缺陷可以从中得到弥补，方可应对时代变迁，促进自我改变、自我成长。

二、阅读的境界

在《人间词话》中，王国维认为古今之成大事业、大学问者，都必须经历人生的三重境界：第一境界是“昨夜西风凋碧树。独上高楼，望尽天涯路”；第二境界是“衣带渐宽终不悔，为伊消得人憔悴”；第三境界是“众里寻他千百度，蓦然回首，那人却在灯火阑珊处”。在阅读上，一个人最高的阅读境界同样如此。第一境界，就是在阅读上，我们可能有些迷茫，迷茫的是我们暂时看不到阅读带来的种种好处，不能下定决心潜心阅

---

① 朱光潜：《读写指要》，上海文艺出版社2019年版，第9—11页。

② 朱永新：《致教师》，长江文艺出版社2015年版，第53—54页。

③ 史金霞：《教师，在阅读中修行》，《中国教育报》2015年11月16日第7版。

④ 徐飞：《读书何以拯救自我》，《中国教育报》2019年6月17日第9版。

⑤ 段伟：《阅读的风景在深处——一位教师的听课笔记》，《中国教育报》2019年5月13日第9版。

读。在这个时候，就应该“独上高楼，望尽天涯路”，在思想深处悄悄告诉自己要阅读，要有强烈的阅读愿望。第二境界，即是阅读之路其实极为艰辛，艰辛之处在于坚持、吸收与转化，需“为伊消得人憔悴”，坚持读书的初心不改。第三境界，就是阅读已成为生活的一部分，给人带来欢愉，使人内心清澈。特别是对某一领域穷尽阅读，并能有正确深刻的认知，对其来龙去脉，对其过去、现在、乃至将来的国内外文献涉猎较深，能够融会贯通、为己所用；站在该领域的学术顶端，精神富有，达到人生最高境界，仍然“却在灯火阑珊处”。

三、教师阅读的重要性

教师阅读是工作的需要。《中学教师专业标准（试行）》在终身学习中明确提出：“学习先进中学教育理论，了解国内外中学教育改革与发展的经验和做法；优化知识结构，提高文化素养；具有终身学习与持续发展的意识和能力，做终身学习的典范。”[①] 我们不仅要树立终身学习意识，更重要的是还要做终身学习的典范，成为学生阅读的引路人、指导者、陪伴者。这一切，都应从阅读开始，从自我做起。只有热爱阅读的教师，才能培养出热爱阅读的学生。特别是当今“知识折旧率”越来越高，面对瞬息万变的世界，新知识呈几何级增长，学生个体、周围的环境已不是读大学那个阶段的模样，用自己的“旧船票”怎能登上学生的“客船”？教师通过阅读，进行自我学习和完善，是给自己知识的海洋里不断注入源头活水。阅读学习伴终生，这是由教师职业特点所决定的。

教师阅读是个人专业发展的需要，阅读是教师成长的阶梯。教师的主业主责是教书育人，平时仅靠学校统一下发的教材、教参来进行教学，是无法应对班级里独一无二的数十个个体的。教师通过大量的、广泛地阅读，吸取课堂必备的知识，吸取学科前沿的知识，不断内化，应用于课堂教学、学生管理的实际，是教育生涯中一举多得的正常样态。刘勰在《文心雕龙》中说：“若禀经以制式，酌雅以富言，是即山而铸铜，煮海而为盐也。”教师阅读，也是煮海为盐的过程，也是教师厚积而薄发、实现鲜活灵动课堂的过程。

---

① 燕学敏：《教师专业标准解读·中学教师》，天津出版传媒集团2012年版，第183页。

教师阅读是提升教学业绩的需要。无论是哪门学科，当阅读的触角延伸到学科发展前沿的每一个角落，从中便会自然提取课堂教学所需的东西。这样，一方面，活跃了课堂，让学生自然喜欢上你的课堂；另一方面，活跃了教学，让教学方法、内容更加多元而有价值。审视诸多特级教师、名师成长历程，阅读是其获取知识最主要的途径，从获取的知识中提炼学生需要的知识，也是他们课堂高效的原因之一。

教师阅读是个人精神成长的需要。教师职业不仅是一项受人尊敬的职业，更是丰富的精神存在，也是有别于其他职业的地方。教师精神生活构建路径是多样的，但阅读是其主要途径。于教师而言，阅读，除了职业的需要外，更是个人舒缓工作压力、解决精神孤独、消解不良心情的良方，也是让教师勇敢直面重构精神世界的有效方式。

“学不可以已。”教师阅读的终极目标是寻找教育的源头活水，是为了生成更加新鲜的智慧并带进课堂，将书中有用的内容内化为个人生长的养料，让养料流淌在专业成长的血液中，从而用理论来指导实践，构建出一个新的自我及新的课堂。因而，阅读的重要性对于不同的个体，有不同的含义，但其重要而深远的意义是不变的。教师阅读是不可停止的。

四、坚持阅读机理探寻

日常生活中，很多教师并没有养成阅读习惯，仅停留在浅层阅读、快餐式阅读或应付式阅读层面，产生这种现象的原因是什么呢？

1. 没有养成阅读习惯。教师平时教学任务繁重，回到家中被琐事缠绕，加之自制力不高，天长日久，有想读书的愿望而不能坚持。

2. 读书的愿望不强烈。外界环境对阅读没有产生压力，自身对阅读需求、认识不高，工作能够对付，认为读与不读对工作影响不大，因而读书的内驱力不够，更难以做到静下心来进行研究性阅读、体会式阅读、分析性阅读。

3. 没有体验到读书带来的愉悦。不少教师平时有空就浏览手机或进行电子阅读，这种碎片式阅读固然没有什么不妥，但这种阅读行为花费大量时间，其效果不一定很好。教师对阅读的理解大多停留在浅层，不能做到深层性高效阅读，没有掌握科学的方法，因而也体验不到阅读所带来的快乐。

神经科学研究表明，我们不爱阅读，是因为大脑构建了新的神经回路。神经系统是由众多的神经元组成，神经元之间通过突触建立关联，每个神经元经过大量的突触，便构成了复杂的信息传递、加工的神经回路。比如某些教师以前或许喜爱阅读，后来却因家务、工作、娱乐等原因进行碎片化阅读，从而大脑便重新构建，在构建中废弃、改变原来产生的神经回路，于是便产生了不爱阅读的新的神经回路。

五、把阅读作为生长的第一需要

那么如何才能持续保持热爱阅读的神经回路呢？就是教师要在内心中将阅读作为生长的第一需要。作为教师，读写是最好的修行，阅读是一辈子的事情。知识不断更新迭代，教育发展日新月异，学生获取知识方式灵活多样，速度大为加快，教师用那“一桶水”去浇灌学生那一片“心田”的时代已相去甚远。只有源源不断地向里注入活水，把那“一桶水”变成一湖水或一条涓涓细流，方可站在讲台气定神闲、游刃有余。用阅读的方式，去研究学生、研究课堂、研究教材、研究效果，从中探索教学改革、提升质量的新路及规律，以个人丰富的学识、娴熟的技能、有趣的方法，去吸引学生，去点燃学生的求知欲望。

第二节　构建专业阅读体系

闭门正是开卷时，人间最乐是读书。当把阅读作为自己精神生长的第一需要时，我们还必须给自己作出“阅读规划”，建立自己阅读的版图，构建属于个人的阅读体系，这样阅读才是真正开始。

然而，不同的教师，会构建出不同的阅读体系，这是因为每位教师都是这个世界上独一无二的个体，年龄不同，所处阶段不同，因而，要结合个人实际，因人而异构建。例如，刚入职的年轻教师，在大学里学的理论知识多，见习、实习、研习中碰到的问题有限，而实际工作中却会遇到从未见过的一个又一个新问题，倘若在童年、青年时期都未养成阅读习惯，那么则只有通过“疯狂”读书学习来补齐短板，这个书单就是以补弱项为主。又如，对部分教师来说，具备一定的教学经验，但没有主动阅读的冲动，则需要养成补偿性阅读习惯，加入学校、名师工作室之类的团体阅读大军中去，不断建立完善自我发展、自我提升的阅读体系。

如何建立自己的阅读体系呢？

一、围绕需要读

当下，如果遇到了个人成长无法逾越的瓶颈，教育教学非常吃力，这时候就要围绕个人弱项来选取书籍，比如教学设计类、班级管理类、现代教育技术应用类；若开展课题研究，就要围绕校本教研、教育科学研究方法方面的来选读；等等。

二、围绕专业读

根据任教学科，选取与教材相关、学科相通的权威刊物，以学科为圆心向外扩散式地阅读。刊物文章的选取以知名、业内认可的为主。比如小学语文学科，可选读《小学语文教师》《小学语文教学》《语文建设》等。当对本学科知识掌握得越多、越深时，在课堂上产生的链接及教学设计上便有更优化的方式及更多的呈现载体，课堂自然鲜活起来。

三、围绕经典读

经典书籍就是百读不厌的思想宝库。经典之所以成为经典，是因为它道出了真谛，已经时间、空间检验过，是正确的、适用的。对这类书，初读可能不一定能读懂它，需要一定的知识储备和阅历。当认真去品读时，或反复读时，才会体验到其思考的魅力，而这正是解决教育教学中问题的钥匙，如《民主主义与教育》《学校转型：北京十一学校创新育人模式的探索》《静悄悄的革命——课堂改变，学校就会改变》《给教师的建议》等著作。

四、围绕研究读

一方面，个人主持或参与课题研究、校本教研，需要具备一定的教研能力，围绕这些课题展开发散性阅读，以促进课题高质量开展；另一方面，个人在教育教学实践过程中，也会遇到一些问题，需要通过课题研究、微课题、个人研究等方式去解决。围绕问题解决，去广泛地阅读，一来夯实理论知识基础；二来读、思、实践相结合，学科素养、综合能力也会全面提升。在乡村学校，一些教学能力突出的优秀教师，问起专业成长的话题，反馈的最大阻力是不会写作、不会总结提炼，究其原因还是阅读少，理论功底不足，难以输出，离名师、特级就差那么一把“火”。

案例 5-1

给自己列一份书单

我建议每个老师都有一份自己的书单，设定在几年内应当读哪些书。要有计划，有整体考虑，让读书有系统性。书单要考虑时间的安排，有可行性，一般来说，可以包括三部分，是可以套在一起彼此交错的三个圆圈。

最外围的那个“圈”，是通识的部分。这些书应当是最基本的，凡是上过大学、受过良好教育的人，都应当读过的，主要是中外文化经典。阅读的目的，是接触中外文化经典，感受人类智慧的结晶。最外围的这个阅读圈，量不一定很多，比如三四年能通读十来种中外经典，就很不错了。

第二个“圈”，是与自己从事专业或者职业相关的部分。比如，学物理的，可以给自己安排读点化学、数学、生物，以及信息科学等方面的书，也可以读点类似科技史、科技哲学，以及教育类等领域的书。学文科的，也要读点理科的书。语文老师读书的面应当比其他学科更宽一些。这样做的目的是打基础，拓宽专业视野，触类旁通，活跃思维。

第三个“圈”，是核心部分。这一部分主要围绕自己的专业，或者自己特别感兴趣，希望有所研究、有所发言的那些专业的书。应当有比较明确的指向。倒过来看，最核心的那个部分，是专业和职业需要，当然最好不要完全是现炒现卖的书，要有自己培养的保持兴趣的课题或者领域。

当然，除这三部分书目之外，还可以读一些消遣的、娱乐的书，但不应当是主体，也不必计划性太强，不用专门设定一个“圈”，随意读一点，调节一下就可以了。①

五、固定刊物长期读

固定刊物如《人民教育》《中国教育报》《中国教师报》《课程·教材·教法》和学科类专业杂志，以及其他中国核心期刊、遴选核心期刊

① 温儒敏：《温儒敏：老师不读书，怎么能教好书?》，《人民教育》2020 年第 20 期，第 9 页。

等，应作为长年阅读的刊物。这些刊物传递的新知识、新信息、新理论、新方法，代表了教育发展方向，值得长年订阅学习。

另外，我们还可根据个人需要把书读杂一点，除了上述五种类型外，还可就教育哲学、教育管理、课程建设、课堂改革、脑科学、心理学等方面进行阅读，扩充阅读面。

第三节　教师阅读学

当我们明白了“为什么要读”“读什么”的时候，还应知道“怎样读”的问题，即作为一名教师如何开展专业阅读、深度阅读，像潜水员一样，不断向下深潜，去吸取深藏于知识海洋深处的清流，去感受真知、体悟真道。我们把这种教师的专业阅读称为教师阅读学。

教师阅读学就是教师深度阅读的方法学，以下几种方式值得借鉴。

一、经典啃读

教育经典之所以称为经典，是其教育理论不过时，带给读者是哲学式的永恒。如杜威先生《民主主义与教育》这本书，是作者经过长期的教育实践与研究撰写出来的，提出“教育即生活，即生长、即经验改造”“教育即指导”“教育即预备”“教育即塑造”“从做中学”等教育理论，时至今日，仍常读常新，特别是与当下“五育并举”要求高度契合，对我们指导教学、推进课堂教学改革、课程改革均有较强指导价值。李希贵等所著《学校转型：北京十一学校创新育人模式的探索》，讲述的是该校以“创造适合每一位学生发展的教育”为办学宗旨，实行分层教学、选课走班育人模式，通过多年探索，并经实践检验的一条成功路径。其核心是如何改革课堂结构、变革课堂体系，成为全国高中课改的风向标。这些经典是我们掌握教育常识、推进改革、学习先进理念、丰富个人教育理想的有效途径。阅读经典，是教师阅读的捷径，是个人知识储备的核心。我们需要反复读、反复悟。

二、快慢读

朱光潜先生在谈读书中指出，凡是值得读的书至少读两遍，其方法是快慢读。第一遍须快读，着眼在醒豁全篇大旨与特色；第二遍须慢读，须以批评态度衡量书的内容，并且在读的过程中须记录纲要和精彩的地方及自己的意见。在他认为，记笔记不但可以帮助记忆，而且可以促进自己仔细思考。用今天的话来说，即是不动笔墨不看书；读书还不能盲从，认为读的时候还要注意思考；在读的过程中还要注意把自己摆进去，将理论联系实际，从中读出个人的新知来。其中，还可辅以摘抄、剪贴、专题留存等方式做一些读书笔记。

三、读书得间读

“读书得间”是一句成语，语出《官场现形记》，意指读书能心领神会。读书得间为学者读书治学的一种成功方式，见诸报端。如何得间？即在字里行间读出“间隙”来，这个“间隙”本来是没有的，当认真去读时，才会读出弦外之音来，读懂作者的言外之意。

读书得间也是培养教师创造性思维、批判性思维的一个重要方式。在读的过程中，除了自身要有一定的学识基础、敏捷的眼光及探索精神外，还要善于存疑善问，读不是为了完成任务式地去浅读，而是在读的过程中不断地去问自己“为什么”“这是对的吗”，从中发现问题，直到解决问题。正如朱熹言：“读书始读未知有疑，其次渐渐有疑，中则节节有疑；过了一番后，疑渐渐解，以至融会贯通，都无所疑，方始是学。”这便是得间。

四、主题性阅读

每个人都有自己的阅读信仰，主题性阅读即是阅读信仰的一种高级形式。主题性阅读，简而言之，即是以教育教学中遇到的问题或是自己打算研究的问题为导向，并围绕这个导向开展探索研究而形成的阅读圈。我们在实际教学和管理中总会遇到一些需要解决的问题，从大的方面来说，如教学设计、课堂改革等；从小的方面来说，如学生作文、班级突发事件处理等，这些问题是在工作中经常遇到的，但长时间没有得到很好的解决。因此我们可以围绕这个问题进行化解，展开系统性地阅读，既可以是专著、专业期刊，也可以是相关论文；既可以是理论书籍，也可以是实践操作的做法。当专注某一个方面，坚持读几种杂志或十来本书，便会豁然开朗，坚持几年，还会成为这个方面的行家里手。当完成一个主题阅读后，也就是说对这个主题的研究已经很深入了，已解决所希望解决的问题，或是写成了著作或论文，即可进入下一个主题。这种聚焦式阅读，高效、高质、快速，是个人专业成长的好方式。江苏省特级教师管建刚建立“阅读中枢”，形成了作文教学权威，推动作文教学改革，形成作文教学的新样板，是主题性阅读的典范。

案例 5-2

建立自己的“阅读中枢”

阅读信仰是一个人在阅读过程中所形成的基本的阅读判断和价值观念，影响其阅读内容与阅读方式。小学语文特级教师管建刚是一个有阅读信仰的人，他对自己的阅读有着清晰的认知与规划，他认为教师应建立自己的“阅读中枢”。前些年他的研究重心是作文教学，于是重点阅读与作文教学相关的书籍、文章。两三年研读一个专题，等自己对这个专题的认识比较深入了，再换一个专题来阅读。两三年一个“阅读中枢”，十多年就有了好几个“阅读中枢”，而这些“阅读中枢”会在某一天神奇地连接起来，形成一个大的“阅读中枢”。

管建刚老师的“阅读中枢”，帮助他过滤掉了于专业发展无用的阅读，使他在有限的时间内能多读一些于专业发展有益的书。这种阅读看似功利，但对于想专业发展快速的教师而言，却是极为有效的方式。[①]

五、四到读书法

胡适先生认为读书一要精，二要博。所谓精，就是要精深，犹如埃及金字塔的顶端，代表着最精深的专业学问，精深的标准就是唯他独尊，无人能及；以塔的最高点依次递减，则代表其他各种学问。所谓博，为精之要，犹如是金字塔的塔底，代表范围博大，只要旁搜博览，即开卷有益。具体如何去读，即要做到眼到、口到、心到、手到，并将这“四到”融为一体。

---

① 徐飞：《读书何以拯救自我》，《中国教育报》2019 年 6 月 17 日第 9 版。

案例 5-3

胡适四到读书法

我们小的时候读书，差不多每个小孩都有一个书签，上面写十个字，这十个字最普遍的就是“读书三到：眼到，口到，心到”。……不过我以为“三到”是不够的（须有“四到”，是：眼到，口到，心到，手到），我就拿它来说一说。

眼到是要个个字认得，不可随便放过。这句话起初看去似乎很容易，其实很不容易。读中国书时，每个字的一笔一划都不放过。近人费许多功夫在校勘学上，都因古人忽略一笔一划而已。读外国书要把 A、B、C、D……字母弄得清清楚楚，所以说这是很难的。如有人翻译英文，把 port 看作 pork，把 oats 看作 oaks，于是葡萄酒一变而为猪肉，小草变成了大树。说起来这种例子很多，这都是眼睛不精细的结果。书是文字做成的，不肯仔细认字，就不必读书。眼到对于读书的关系很大，一时眼不到，贻害很大，并且眼到能养成好习惯，养成不苟且的人格。

口到是一句一句要念出来。前人说口到是要念到烂熟背得出来。我们现在虽不提倡背书，但有几类的书，仍旧有熟读的必要；如心爱的诗歌，如精彩的文章，熟读多些，于自己的作品上也有良好的影响。读此外的书，虽不须念熟，也要一句一句念出来，中国书如此，外国书更要如此。念书的功用能使我们格外明了每一句的构造，句中各部分的关系。往往一遍念不通，要念两遍以上，方才能明白的。读好的小说尚且要如此，何况读关于思想学问的书呢？

心到是每章、每句、每字意义如何，何以如是，这样用心考究。但是用心不是叫人枯坐冥想，是要靠外面的设备及思想的方法的帮助。要做到这一点，需要有几个条件：

一、字典、辞典、参考书等工具要完备。

二、要做文法上的分析。

三、有时要比较参考，有时要融会贯通，方能了解。

现在要说手到。手到就是要劳动劳动你的贵手，读书单靠眼到、口到、心到，还不够的；必须还得自己动动手，才有所得。例如：

一、标点分段，是要动手的。

二、翻查字典及参考书，是要动手的。

三、做读书札记，是要动手的。札记又可分四类：（a）抄录备忘。（b）作提要，节要。（c）自己记录心得。张载说："心中苟有所开，即便札记。不则还塞之矣。"（d）参考诸书，融会贯通，作有系统的著作。

手到的功用。我常说：发表是吸收知识和思想的绝妙方法。吸收进来的知识思想，无论是看书来的，或是听讲来的，都只是模糊零碎，都算不得我们自己的东西。自己必须做一番手脚，或做提要，或做说明，或做讨论，自己重新组织过，申叙过，用自己的语言记述过，那种知识思想才可算是你自己的了。①

六、专问读

阅读，是教师专业发展的根本路径，是广大名师踏上名师之路的重要法宝。在名师阅读中，隐性的可见名师阅读指的是专业阅读范畴，即教师旨在促进个人发展、满足个人教育教学需要、促进教育科学研究而展开的精其一项的"窄阅读"。这个"窄阅读"既是个人打底色的专业阅读，也是符合个人需要和个人特点的阅读，这是第一层意思。第二层意思是专，即要专心致志地去读某一本著作，某一个人的几本著作，或是某一领域的内容。问，则是指读的一种状态，要"善问"。在读的过程中，要善于问自己，自己思考"是什么""为什么""怎么办"，把知识内在的逻辑关系理清楚，与自己在阅读前的思想相碰撞，从而真正形成自己的知识。比如朱永新先生倡导的"三专"理论（专业阅读、专业写作、专业交往）中描述的那样："专业阅读是基础、是纲，纲举才能目张。""所谓'问'，就是能够在专业阅读的过程中提出问题……善于提出问题、分析问题，自然就能够把握知识的源泉和内在的关系。"这也是创造性思维形成的一个过程。

七、八面受敌读

苏轼在《又答王庠书》中写道："书富如入海，百货皆有，人之精力，不能兼收尽取，但得其所欲求者耳。故愿学者每次作一意求之，如欲求古

① 摘自胡适：《读书》，《中国教师报》2017 年 8 月 16 日第 9 版，有改动。

今兴亡治乱、圣贤作用，但作此意求之，勿生余念。又另作一次……此虽迂钝，而他日学成，八面受敌，与涉猎者不可同日而语也。”在他认为，书籍多得像水入大海，以人的精力，不能全部都读到，希望求学的人每次按照一个意图去读书，也不要有其他的想法，下次再读这本书，再去围绕一个探求的主题去读，也像第一次读一样。这个办法在他看来，虽然迂拙迟钝，但是将来学成的时候，可以应付各种情况。这便是苏轼自造的“八面受敌”读书法。从中可以看出，读书一是要有主题地去读，二是要反复读。第一次读，从这个角度去读，可能只把这一层意思读明白；第二次从另一个角度去读，抱着另一个目标，弄明白的是另一层意思。并且，读书还要反复读，去精读同一本、同一篇或同一类的书籍，“勿生余念”，方可“八面受敌”。

八、反刍读

反刍读书法是指在读书中对知识反复理解、消化及吸收的一种读书法。如同生物学上牛进食一样，经过几种胃的运动及反复咀嚼，将草料中的营养充分吸收。我们在阅读中做读书笔记，定期翻阅体悟，或把一本书、一篇文章反复来读，就如同动物反刍一样，阅读即吞食，记笔记、体悟如咀嚼、消化，再翻阅、再读犹如再咀嚼、再消化，这样便可吸取其精华。

一位乡村教师如是说：阅读是我成长的导师。从教20年来，我始终坚持阅读，每天阅读半小时是我的必修课。一是专业好书是需要反复读，有梯度地去读。在参加工作前几年时这些书给了我教学的智慧；当我在课程改革实验中迷茫时我又去读它们，从中读出了当好教师的信心和解决问题的策略；如今每当我教学上出现瓶颈，会再次翻开这些书，能从书中找到“柳暗花明又一村”的快感。二是读书内容要广。读专业书的同时还要读国学、读经典，如《四书集注》《四书五经解读》《唐诗三百首》《宋词三百首》以及四大名著类的经典，读莎士比亚，读鲁迅，夯实自己的文化底蕴，还要读时事杂文等开阔自己的视野。一个读了很多书的教师，讲起课来，才能有“胸藏万汇凭吞吐”的气概，才能引经据典，妙语连珠，给学生以充实的知识和心灵的震撼。三是读书不仅要读文，还要读人，读出他们的精气神，读出作者精髓提升自己的精神、气质和品性。例如读窦桂梅，我知道了课堂教学需要激情；读于永正，我知道了幽默能让课堂快乐起来；读魏书生，我感受到了赏识教育的魅力；读支玉恒，我为他的融会贯通、大道自然所折服；读盛新凤，我被她诗意的语言所陶醉……①

九、院士读书方法举要

院士和平常人一样，过着平常的生活，但也有许多与平常人不一样之处，如在读书上或许更有真知灼见。以下略举几例。

于敏（核物理学家，中国科学院院士）：读书如同做学问，要厚积薄发，初读的时候越读越厚，但是养成习惯，透过表面看实质，就会越读越薄。一般读书由薄到厚知道骨头熟悉肉，了解知识的广泛是必要的；把书由厚读到薄，透过字面提炼出精华，则需要下一点功夫②。

马大猷（物理学家，中国科学院院士）：我的态度是把书中有用的知识变成自己的，能把知识应用在解决工程实际上就算真正读懂了。

王志均（生理学家，中国科学院院士）：古人曾劝人“从无字句处读书”，要“读一句能识其正面、背面”，从书的字里行间思索出新意是我毕生的追求。

龙驭球（土木工程和结构力学专家，中国工程院院士）：读书方法归结为“加、减、问、用、创”五个字。所谓“加”就是广采厚积，织网生根；“减”就是去粗取精，弃形取神；“问”就是勤思善问，开启迷宫；“用”就是实践检验，多用巧生；“创”就是求实创新，乐在其中。觅真理立巨人肩上，出新意于法度之中。除了学习方法，还要有一个好的学习心态。读书要敬——潜心敬业，不浮不躁；精——精益求精，锲而不舍；韵——富有韵味，乐此不倦；瘾——百思解不开，吃饭也同味，担待不寻思，刚眠梦见之。

杨叔子（机械工程专家，中国科学院院士）：学习人文起码有两个好处，一是渊博知识，开阔视野；二是树立对国家民族高度责任感。人文管

---

① 摘自方胜兰撰写的《我专业成长的那些事》一文，有改动。方胜兰，罗田县三里畈德和学校校长，湖北省特级教师。

② 侯艺兵：《院士怎样读书》，上海教育出版社2006年版，本案例从该书中选编。

灵魂，管塑造人格。现在提倡科学的原创性，原创性的突破没有人文基础不行，人文恰恰是开放性思维的。寻找人文精神要追溯原点，到中华民族经典著作中去找。传统经典里面有许多至理名言，不修身无法调动人的主观能动性；不讲德育，科学技术不会自动转化为精神文明。

吴良镛（建筑学家，中国科学院院士、中国工程院院士）：知识只有融会贯通，读书才能开卷有益！每一个时期读书的兴趣也不一样，要勤于淘汰一些书，才有空间容纳新知识。

沈韫芬（原生动物学家，中国科学院院士）：现在各种各样的书出得很多，我们要学会选择，要审读，更要思考。读书后思考是一种沉淀，一种积累，一种无形的力量，可以让我们活得厚重、大气、睿智不俗。

俞大光（理论电工和电子工程专家，中国工程院院士）：我兴趣很广，读书面也宽，但一直遵循一个原则，干什么看什么。读书是为了更好地补充专业知识。

顾夏声（环境工程专家，中国工程院院士）：我是为教好书而读书。予人一瓢，自己先要装满一桶。有时学生提出问题，老师不一定回答得上来，这不要紧，能促使你去查资料，从书上找答案，师生互促，教学相长。我的许多书目就是根据学生提的问题而选购的。

裴荣富（矿床地质与矿产勘查学专家，中国工程院院士）：人的一生都在捧读两种书，一种是铅字印出来的书；一种是脚步趟出来的书，又叫“人生的书”。读前者容易，读后者难！读书重要，实践更重要。想要有学问，就要学会问。向上、向下、向专家、向群众广泛地问，于广大处、细微处、关键处都很详尽地问。问而又思，必长学问。

综上，每位院士对读书都情有独钟，并伴其一生，且都形成了闪着金子般光芒的纯正品质。这种品质，源于文理融通的阅读格局，具有精、博、专、深的阅读特质，还有比纯粹理智的成果更珍贵的精神内核。这种阅读品质成就了他们人生的高度。

以上读书方法是前人总结出来的，但读书方法众多，因人而异，需要个人自行探索寻找最适合自己的，并养成习惯。

第四节　将阅读转化

阅读的最终目的是学以致用。从“读”到“用”是有一个过程的，需要转化。

一、利用好转化工具

文章都是别人写的，在读的时候必须“过滤”，别人的智慧也许高于你，也许不及；也许认同，也许反对；要做到不迷失自我。但其实阅读真正的目标是不变的，就是既把自己摆进去，融入书中，与作者对话，与自我对话，又将所学应用于实际工作之中，经实践检验，让实践走向完善、走向完美、走向成功。那我们应该用什么工具去实现这一目标呢？

读记结合转化。读记结合就是要做到手到，在瞬息万变的今天，尤为重要。俗话说“好记性不如烂笔头”“不动笔墨不读书”，在阅读过程中，应养成摘抄、批注、评点或剪报等习惯，加深印象、储存资料，便于日后查阅、引用。这是阅读最管用的办法。特别是定期翻阅温习，能够起到融会贯通的作用，特别是所记的每一个字，不再生硬、零散，自然地将零碎的知识关联起来。

读思结合转化。读而不思，不能称为真阅读。思，应是阅读的核心。读思结合就是在读中思、在思中读，思文中的观点、思想是否可拿来运用，是否高出自己许多，经过双方碰撞，是否可以改进自己的观点、提升自己的思想水准，最后形成属于自己的东西，读出一个真正的自我来。

读写结合转化。将读后的收获及时写下来，这是阅读最直接的转化，又是最有价值的阅读收获，是阅读最“美”的状态。这个收获，可能是解决教育教学中的某一个问题的顿悟，也可能是解决某一问题的一条有效途径，还可以提炼出某一个教学新观点。这个写的表现形式，可以是读书笔记、札记、读后感、论文，还可以是著作。

读研结合转化。带着问题读，带着主题读，从阅读中去寻找解决问题的理论依据或实践途径，都是做学问的有效方式。在这个过程中，将实践经验、文中理论与实践方法相关联，进而深层次审视，吸取有用的“营养”，构建自己的知识体系，攻“自山之玉”，这样研究就会越来越深入，也能很快取得效果。

读行结合转化。将读、应用结合起来，交替使用，即形成“阅读—实践—再阅读—再实践”的闭环，做到读用合一。在阅读中，哪些观点可以吸收，可以改进教学；在实践中，又遇到了哪些需要解决的问题，需要在阅读中寻找答案，二者结合起来，形成良性循环，读与用的桥梁便架起来了。

二、将阅读转化

阅读诚可贵，转化价更高。转化是伴随阅读将知识内化的一个长期过程。

转化为知识储备。通过阅读，将长期的积累和思考自觉储存起来，这些知识看起来不系统，但是个人成长的一个有效的“点”，当“点”累积到一定量便成了“线”“面”“体”，用起来就可随手可取。

转化为理论体系。储备越多，视野越开阔，思维就越活跃，久久为功，便自动生成个人知识体系，相当于穷尽某一领域的阅读，让阅读效度最大化，让阅读促进学习、研究，提升最大化。

转化为行动，即将知识从隐性层面“显性化”。从教师角度来看，就是将读书与教书、育人结合起来，将读书中收获到的新观念、理念、方法积极应用到教育教学当中去，去解决实际工作中遇到的困难和问题，去提高实际工作中的质效和水平，去创新工作方式方法，真正做到读以致用、学以致用、活学活用，不断提升工作领悟力、引领力、创新力。

本章小结

作为教师，阅读是促进个人专业发展重要的有效途径之一。本章就教师阅读为什么要读、读什么、怎么读、读后怎么用这四个方面做了简要阐述，尤其是针对阅读存在的问题、如何做到高效阅读、做终身学习的楷模，提出建立教师阅读学。阅读方法、内容、时间、转化均因人而异，需要在实际中摸索，不需强求千人一法、千篇一律，但养成阅读习惯是每位教师应该秉持的品质。

第六章　实践与反思

教师每天的教育教学活动都是实践，若每天在实践中加上一个“催化剂”——反思，即利用多种途径、多种形式及时自觉地审视分析自己的实践行为，将会收到更新思想观念、优化教学行为、提高教学质量的效果。教师在实践中反思，反思后再实践，循环往复，在改进教育教学行为的过程中实现着专业发展。

第一节　教师反思概述

一、关于教师反思

《礼记·学记》中曰：“是故，学然后知不足，教然后知困。知不足，然后能自反也；知困，然后能自强也。故曰，教学相长也。”教和学是相互促进、共同提高的。同时，在“知不足”时，要自我反省，提醒自己加强学习；“知困”时，要自我进取，自我勉励，解决困惑和不解。特别是告诫我们在“知不足”时，能“自反”。当今，我们如何“自反”呢？

1933年，杜威在《我们怎样思维》一书中，对反思型思维作出界定，他认为，反思不是简单的经验总结，它是伴随整个教学过程的监视、分析和解决问题的活动[①]。

到20世纪80年代，在美国、加拿大、英国等西方国家兴起反思型教师教育运动思潮，提倡将批判性理论、发展性理论和后现代主义理论等一批反思性质的理论用于教育实践[②]，形成了多种教师反思理论及概念，认为教师反思是对教育教学活动本身的深入思考，是对教育观念、教育背景的深入思考，是对教育经验的重新建构。

到20世纪90年代末，我国学者开始对教师反思这一领域开展研究。胡惠闵、王建军给教师反思下的定义是："教师主体对自身、教学实践、教育观念、教育经验和教育行为等进行思考、审视、批判以及自我调控的一种积极的认知加工过程。"[③] 何兰芝、韩宏莉认为"教学反思是指教师自觉地把自己的课堂教学实践作为思考的对象，对自己的教学目标、教学行为、教学过程和教学结果等进行全面而深入的审视和分析，从而提高自己的教学能力，使教学达到更优化状态，使学生得到更充分发展的活动"[④]。特级教师肖培东认为"教师反思是教师对自己教学生活的自我观察与抽身反省，是指教师自觉地把自己的课堂教学实践作为认识对象进行全面的、深入的、冷静的思考和总结，以进入更优化的教学状态，从而使学生得到更充分的发展"[⑤]。叶澜教授指出：一个教师写一辈子教案不一定成为名师，但如果一个教师写三年反思则有可能成为名师。林崇德教授提出"优秀教师＝教学过程＋反思"的成长模式……

可见，教师反思，核心是"自我革命"，目的是提升自我、惠及学生。其中"自我革命"，首先，要跳出"不识庐山真面目，只缘身在此山中"的迷局，或是舒适区，敢于对自己日常的教学实践进行"换位思考"，换至学生、他人，做比较，挑自己的"刺"，对自己进行重新认识。长期以来，教师往往"自我感觉良好"，因而需要不断地向他人收集对自己的认识、评价，犹如医院看病做造影、CT一样，对自身教育教学行为作深层次的分析，找到"病灶"。其次，要有"吾日三省吾身"的勇气，做深入

---

① 胡惠闵、王建军：《教师专业发展》，华东师范大学出版社2014年版，第150页。

② 胡惠闵、王建军：《教师专业发展》，华东师范大学出版社2014年版，第151页。

③ 胡惠闵、王建军：《教师专业发展》，华东师范大学出版社2014年版，第152页。

④ 何兰芝、韩宏莉主编：《教师专业发展与成长规划》，北京师范大学出版社2017年版，第259页。

⑤ 肖培东：《教学反思：桥梁而非终点》，《语文建设》2017年第5期，第16页。

思考，思考自身数年以来、一个单元教学以来、某一节课、某一个教学片段、某一个细节的处理等是否有理有据，是否符合新课标的要求，学生是否真正喜欢你的课堂。再次，反思后应该重构，要有“雄关漫道真如铁，而今迈步从头越”的气概，及时复盘自己的课堂，对教育观念、课堂教学、学情、师生关系、专业知识结构等方面做进一步的审视、追问、批判、总结、改进，尤其是要不断优化教学设计，找准自己的改进方向，向更高水平重构教学理念、方法和行为。

教师反思，主体是教学反思，这既与学生紧密相连，也是教育实践中的关键环节。在这个环节中，有的教师是“拿着旧船票”重复着“昨天的故事”，不求上进、不注入新内容、自以为是；有的教师是每天在创造，在反思中实践，实实在在地当好教师。例如，李镇西校长从教以来，一直推动语文教学改革，从“语文教学”到“语文教育”，再从“语文素质教育到语文民主教育”（“浪漫语文”—“训练语文”—“生活语文”—“创造语文”—“人格语文”—“民主语文”……），正如他所言：“我从来没有停止过对语文教育的探索。我的所有教案都没有重复过，哪怕是第二遍教同一篇课文，我也从不会‘参照’以前的教案。”[①] 他的实践过程，即是他的探索过程，也是他的反思过程，还是他的重构过程。教师反思由此可见一斑。

二、教师反思的关联因素

教师反思，广大教师对其并不陌生，但如果要教师写教学反思、谈反思，却不能深入，究其原因，主要有：教师教育理念功底薄弱、对教师反思内涵理解不深、没有掌握正确的反思方法。换言之，大多数教师没有养成反思的习惯，反思迫于学校行政命令，就反思谈反思，只是浅层的反思。

从与教师反思相关联的方面来看，教师反思需要明晰三点：

1. 教师反思需要理论支撑。反思，是建立在一定理论基础上的一种理性思考。对此，教师反思，首先要找到反思的“点”，即是要发现“问题”的所在。“问题”在哪？一般隐藏在教师思想行为背后的教学理论之中，教学理论长时间没有得到更新，教师就很难发现“问题”，即使发现

① 李镇西：《给教师的 36 条建议》，长江文艺出版社 2018 年版，第 87 页。

了“问题”，教师对专业标准、新课标、国家课程方案、前沿学科知识及理论等知之不深、学而不透，这样以理论为“镜子”反观自己，便失去了工具，失去了“标准”，因而也难以发现“真问题”，更解决不了“问题”。其次教师知识面过窄，反思仅限于某一个方面，这也是不全面的。教师教学行为涉及教育领域方方面面，有教学改革、班级管理、情绪控制、新技术应用、课题研究等，教师必须有一定理论支撑，这是作为教师的基本要求，也是教师提升反思能力的思考点、出发点。有教师问李镇西校长，班主任专业化成长有效途径是什么？他推荐“五个一工程”，即每天做好“五个一”：上好一堂课、找一名学生谈心、思考一个教育问题、读一万字的书、写一则教育随笔。在李校长眼中，每天思考一个教育问题是实践活动中承上启下的关键一环，每天阅读学习也是必不可少的，都是至关重要的。

教学反思是教师反思的主体，但不是全部。教学反思是教师反思的主要内容，但教师的实践不仅仅拘泥于备课、上课、听课、评课，还涉及其他与教育教学相关的方面，如班级管理、学生心理健康指导、学生成长规划指导、师生关系及师师关系、个人专业成长、现代教育技术应用、师德提升等，与教师相关的全部生活，都是教师应反思的范围。并且，反思范围越细、越精准，效果将会越好。李希贵校长说：“我们只知道一个大方向的能力，但我们不知道这个方向下的能力是由一个一个台阶的能力铺就的，所以我们就只瞄准了一个笼统的能力。越笼统的能力越难落实，这时候我们就会退缩，才会选择了一味地知识训练。”① 可见，教师反思包括对已经发生的教育教学事件或某一个阶段教学经历，根据理念、标准、目标、流程，进行比较、反思、研究，从而构建新的教育教学实践等一系列过程，既有思想层面，又有实践层面；既要见到教育教学的“森林”，又要看到其中的“树木”。

教师反思需要掌握正确的方法。胡惠闵、王建军在《教师专业发展》一书中，归纳出教师反思模式有：(1)“埃拜模式”，构建出反思性教学模型，由反思性计划、反思性教学、反思性评价三部分构成；(2)“爱德华兹—布朗托模型”，以行动研究螺旋型和维果茨基的学习模型为基础，构成反思型教学模型；(3)“拉博斯凯模型”，将反思性教学分为动力（动机

① 李希贵：《重新定义学校》，中国人民大学出版社2017年版，第41页。

形成阶段)、行动(进行反思阶段)、结果(解决问题阶段)三个部分，教师在反思动机作用下，采取反思的行动；(4)“有效反思循环过程模型”，提出教师的反思是一个教师发现问题—分析判断—形成假设—尝试解决—问题得到解决—教师的经验得到重建的循环往复过程；(5)“反思方法的连续性网络模型”，提出利用各种反思方法对其进行反思和再反思，把单独的反思变成连续性的反思[①]。以上方法都值得借鉴。

现实中，具体的反思方法多种多样，对不同的教师，应该选择适合自己的方法。从途径上看，应重点从学生、同行及专业标准视角查找不足，找准短板弱项，反思自己；从内容上看，应重点在理念方法、教学行为、教学活动、教学过程、教学评价、管理实施方面找亮点、失误点、迷惑点；从实践环境上看，教育教学全过程都是反思点，具体内容和方法因人因事而异。

第二节　教师实践与反思

美国教育心理学家波斯纳认为：成长＝经验＋反思，指出没有反思的经验是狭义的心得，至多只能是平庸的知识。事实证明，教师实践与反思形同鱼水关系，教师的一切教育教学活动犹如是鱼，反思犹如是水，“鱼”离开了“水”“活”不长久，“水”太少，教师职业生命只是简单的重复；反思越多、越深，“鱼”犹如从泥浆中跳入湖泊，教育实践就会从日复一日地实践，走向“实践—反思—改进”的新样态。在实际工作中，教师实践离不开反思，需要反思并要养成反思习惯，从而不断完善教育教学行为。我们将从以下六个方面来分述教师实践与反思。

一、备课与反思

要上好课，首先要备好课。备好课的同时，要积极反思如何把这堂课备好。反思点，既是备课准备的要件，又是提升备课质量的关键。

第一，要反思教材解读是否深入。这就是要在准确把握课程标准基础上，解读教材。要思考本章节特别是本堂课的知识点，在本学段、本学年

① 胡惠闵、王建军：《教师专业发展》，华东师范大学出版社2014年版，第156—165页。

度的整个知识体系中处于什么位置、什么地位、它们之间的知识链接是怎样的。只有准确深入领会编者意图，全面了解了教材内容构成、知识体系，掌握了其重难点，找准了教与学的关联点、质疑点、易错点，才能理清教学与知识体系相关联的逻辑关系，才能合理运用教学方法进行教学设计、开展教学。在此过程中，我们还要分辨把握课程标准在教材中的具体表现，善于把教材变“学材”，“用教材教”而不是“教教材”，应该亲身体验教材，带着真切而鲜活的体验走进课堂，与学生产生学习的共鸣，以这种样态去读懂教材。这样，备课就有了“准星”，课堂教学目标方好确立。

第二，要反思学情分析是否到位。在备课中，教师、教材、学生是课程中和谐的统一体。有学者认为，最好的教学，是靠近学生的“最近发展区”并开辟“潜在发展区”而进行的一种双边活动。可见，学情分析在备课与教学中的重要程度。对此，我们要客观承认学生的个体差异性。学生的个性特长、禀赋优点千差万别，需要深入分析了解学生认知、能力、思维和情感态度，这样对学情才能有合理定位。否则，定位过高或过低，必将导致“学”与“教”时间过长或过短，内容过深或过浅把握不准的问题。一堂课，若气氛沉闷、教学目标没有达成，首先要反思的是对学情的把握情况。

第三，要反思教学目标定位是否精准。本堂课教学目标是否紧扣单元目标、全册目标、学段目标，是否建立在学情的了解上；本堂课重难点是否明确；估量学生能够获得什么、获得多少，教学适宜度、操作度、达成度如何等。

第四，要反思“教法”“学法”是否得当。一方面，教师在备课时，要充分优化课堂教学设计和教学策略，以教学目标、教学内容结合学生实际为主选择教法，同时，还应“一法为主”，多种教法并用；另一方面，要考虑学生的“学”，要教给学生学习方法，引导学生掌握不同的学习方法，不断培养学生建立主体性学习、多样化学习方式。并且，教师还应注重培养学生批判性思维、创新精神和创新能力。

第五，要反思问题设计是否准确。课堂上教师提问是常用手段，旨在通过问题引导学生思考，以问题分析促进真正的学习生成，以问题来串讲、连接、突破重难点及知识的理解、消化和促进学生核心素养落地。我们要重点反思这节课有无假问题、无价值的问题，或有多少知识浅显性问题，是否能够去掉无意义的、浅显的，整合成一两个大问题，或设计成主问题；通过主问题启发学生提出细问题，从而让学生广泛地参与到问题的交流、探讨之中，使问题教学化，促进学生思维的养成、知识的掌握及能力的提升。

第六，要反思情境创设是否入境。新课标提倡教师根据教学需要创设与教学内容相适应的情境，引起学生情感体验，从而帮助学生迅速而正确理解教学内容。因此，情境创设在教学中被越来越多的教师所认可并采月。对此，杜威先生早有见解，认为教师常常忽略或减少学生对熟悉的经验材料直接的、不够成熟的运用，而把学生引进表现成人理智上的成熟的材料之中。他认为，哪里的学校设置了实验室、车间和园地，哪里充分地运用了戏剧、游戏和运动，哪里就存在种种机会，使实际生活的情境重现于校内，使学生求得知识和观念。可见，无论备课，还是教学，教师要努力用生活创设情境，广泛收集源于生活的学科知识、案例，用生活引导学生思考、解决问题，激发学生探究欲望，突破教学中的重难点。

二、课后与反思

一节课上完后，一些专家学者提出应该反思“五点”：一是反思教学的闪光点。这堂课最满意、最成功之处在哪里，或是教学设计预设实现，或是教学方式灵活运用，或与学生互动效果好，等等，哪怕每次抓住一个成功的“点”，日积月累积“点”成“面”，课堂将大放光彩。二是反思教学的不足点。课堂有失误或不足，都是正常的，但要敢于面对，从失误中找到原因，是教材处理不当，是预设估计不足，是学情掌握不透，还是对重难点突破不当。只有找到了问题症结之所在，改进才有方向。三是反思教学中的疑惑点。在课堂上，教师被学生的提问、疑问造成当场“卡壳”现象是常见的，这是因为学生现在获取新知识的办法与途径是越来越多，知识面也不再像从前那样窄。因此，教师要及时反思或记录当场不能回答的学生的疑问，课后迅速查阅学习；同时，还要及时记录自己在课堂上、在备课中没有搞清楚的疑点。只有当这些疑点在课后弄清楚，今后在教学中遇到类似的问题才能不再囫囵吞枣。四是反思教学的成长点。这堂课学生的精神状态、互动、回答问题情况如何，即可初步判断课堂教学质量，透过这堂课的课堂教学质量，应该反思下一堂课或今后的课堂该朝哪个方向努力，找到最近发展点和最大发展区，拓展自己的发展空间，形成个人教学风格。五是反思教学的创新点。本节课，在教学设计上、教法上、学法上采取了哪些新探索，取得了哪些新突破，哪些是成功的，哪些是可以持续改进的，等等。

除上述“五点”外，课后反思还应重点抓住以下七个方面。

第一，反思教学目标及学生核心素养是否落地。教学目标是整堂课教学设计的指南，指向的是学生主体，是预期达到的学习结果标准，是对通过学习后所发生的变化作出的预设。对此，一堂课结束后，我们要根据教学过程生成情况进行反思，审视教学目标是否实现。同时，新课标要求每堂课在确立教学目标时，还要落实培养学生核心素养要求。例如，小学语文要求培养的核心素养是文化自信、语言运用、思维能力、审美创造，不仅仅是知识的传授，还应把核心素养有机融入教学内容，使教学过程更有灵魂和活力。

第二，反思资源整合是否精当。教学资源整合包括对教学资料的取舍借鉴、教育信息技术的合理使用、教学环境的营造、教学时间的分配等，能促进教学所有元素的综合利用。实际教学中，我们不能追求热热闹闹、华而不实的课堂，而应该让教学资源用得恰到好处，适度、适量，使学生获得达到最大化，不能变成不顾学生、以自我为中心来运用教学资源。

第三，反思教学步骤是否合理。一节课的时间有限，教学步骤选择性很多，但要摒弃拖沓低效、碎片烦琐的步骤，应当更大限度地与学生学情接近，有序、简洁、优化，能够“润物细无声”地静悄悄地促进学生的学。

第四，反思教学突发意外处理是否机智。课堂上有时口误、读写错误或教学的一些不确定性产生、发生后，若处理不当，便会降低教师的威信；处理得当，便是机智。但这些意外不能疏于捕捉，或视而不见，应当课后及时复盘整堂课，进行回顾梳理，分析原因，找出个人知识结构的短板，并注重提升自己的教学智慧，把“坏事”变成“好事”。

第五，反思作业设计是否高效。现今，核心素养及“双减”背景下，要求作业设计做到务实高效、针对性强、有创意，不仅要符合学生实际，起到巩固、提升的作用，还要兼顾不同基础的学生；既不能量过大，要让学生能够在规定时间内完成，且是大多数学生能够完成，又不能作业形式过于单一，还要有创意、带有一定挑战。同时，还应针对学有余力、兴趣浓厚的学生分层设计作业，对其作个别性规划指导，让其做一些更有价值的、创造性的作业。

案例 6-1

多反思激活教育智慧

我做教学反思不仅反思自己个体，也反思学科组这个集体，不仅纵向反思改进，也横向反思得失，尤其是特别注重教学反思的实效性和细致性。

通常在讲完课之后，我会根据自我感觉、学生反应、教学效果，产生一些新的想法，提出一些改进的措施，顺便记录在备课笔记上，供以后教学参考，也留作一手的教学资料。

教学反思不仅仅是反思上的课，就学生的作业和考试，我也要进行反思。每一届学生做错的题，我都整理成一本错题集，旁边还注明学生的错因和今后教学中的预防措施。每一次考试完后，我都要对学生的答题情况进行详细分析，设计双向细目表，从知识和方法层面统计分析学生的解答情况，从而推断平常教学的得失。我觉得这项工作很细琐却很有益。[①]

第六，反思学科育人是否落地。反思学科育人是落实立德树人根本任务的内在要求。所谓学科育人，是指在显性知识传授的同时，以育人为目标，以发展学科核心素养为使命，对受教育者在理念确立和价值观，特别是道德价值观养成等隐性方面，产生有益而长久的影响，做到健全其人格、丰富其生命内涵。在实际教学中，既让学生可见，让思维发生，让理想信念坚定，又让中华优秀传统文化浸润，促进学生全面发展。

第七，反思"再教设计"是否改进。对于教师，反思的目的，最重要的是改变，通过对教学过程的审视，不断解读，以获得新答案、新感受、新问题，然后对自己的教学活动及时进行调整、改进、优化，作出"再教设计"，实现自我超越。具体做法应该是：这堂课结束后，及时记下课堂

① 本文摘自程敢良撰写的《永远保持向上的姿势》一文，有改动。程敢良，浠水县教研室主任，湖北省特级教师。

正向、反向两个方面的内容，进行必要比较、归纳、深思，思维逻辑通透后，再写出“再教设计”。多次这样记录、思考，直至自我认同。

案例 6-2

让反思成为教学的一种常态

新课程改革特别强调教师的课后反思，我的经验是在教学过程中不断积累，“教中思，思中学，集思成理”才能真正提升自己的教学素养，提高学生的学习效果。

一、“教中思”——自我反思中不断升华

1. 教学过程的反思。在平时教学过程中，经常有这样的体验：在讲完一节课以后，你会觉得如果修改了某个环节，增添些贴近学生学习和生活的教学情境，调整课堂中的一些结构，删除一些无效环节……课还可以上得更为精彩；或者是自己在教案设计过程中只是想到了突破的重点和难点，但是在课堂教学中，通过学生的互动却发现了学生理解上的疑点；有时在教学中，随着教学内容的展开，师生的思维发展及情感交流的融洽，往往会因为一些偶发事件而产生瞬间灵感或奇思妙想；甚至是我们每组织一次的试题检测，从知识点的布局、难易程度、学科能力等方面是否能够提升学生的学科素养，是否真正检测出了本班学生的学习程度…… 这些在自己教学活动过程和课堂教学实践的体验，只有及时进行回顾和反思，将经验和教训记录在案，才有利于不断更新教学观念，改善教学行为，提升教学水平，同时形成对教学现象、教学问题的深层次思考和创造性见解。

2. 教育行为的反思。我们有时避免不了过于心切，对犯错误的学生说话语气过重、语言过激，或者在处理问题时，没有考虑到不同学生的性格特征，没有顾及双方的感受，没有考虑到不同年龄段学生的心理特征，无心伤害了学生的自尊而浑然不知……这就需要我们事后多观察学生的状态，多反思自己当初的言行，及时和学生沟通，让他们理解作为老师的良苦用心，化解心中的疙瘩，并让他们也懂得反省自己和宽容他人的道理。同时在备课本或日志上记下自己的一言一行，以便今后更加规范自己的教育行为，以“大爱之心”包容学生，以“严爱之行”引导学生，不断提高自己的教育艺术。

3. 教学心态的反思。教师的幸福感不仅仅影响着自己人生，更影响着学生。在平时工作中，当教师心情不好的时候，可能无形地影响到班级课堂气氛；当学生状态不佳、学习效率低下时，有时会焦虑不安，甚至灰心丧气；随着教龄的不断增长，职业开始倦怠，得过且过的心态油然而生；受到外界环境的干扰，有时也会心存抱怨，心生厌烦……这时候需要我们静下来，调整一下心态，写写心情日志，用心反思。教育是慢的艺术，需要的是耐心与等待。我们要学会在平凡、清贫、烦琐中不断汲取幸福和快乐的元素，学会享受我们的课堂，享受我们的学生，即使疲惫写在脸上，我们也会感觉到幸福如午后的阳光慵散而宁静。

二、“思中学”——引导反思中提高学习效果

这里所说的“思中学”主要是引导学生学会反思，在总结反思中不断提高学习成绩。

1. 章节反思。学习一章节内容后，给学生一个单位的时间，让他们在笔记本上总结出这章节学习的主要内容是什么，哪些是重点，哪些是难点，哪些内容是常考点，所学内容中还有哪些疑点……让学生在总结反思中对章节内容有系统认识的同时，对本章学习目标做到既心中有数，又可以发现知识上的漏点。

2. 测评反思。无论是周测还是月考，考试过后及时引导学生对试卷进行分析反思，并记载在反思卡上。一套规范的地理测试题，不仅涵盖所学内容的核心考点，更主要凸显地理学科思维能力及地理素养。只有学生自己认真总结反思，找出丢分的原因，如审题不清楚，图表材料信息提取不完整，知识迁移不足，描述不完整，没有运用地理思维判读……这样才能真正达到检测的目的。

三、“集思成理”——将点滴反思提升为理论

我在平时的地理教学中，积累比较多的是学生学习中遇到的难点、疑点及地理思维盲点。每到一个章节，学生疑点盲点比较多的地方，我会在本子上记载下来，到复习的时候将相同或相似的疑点、盲区整理到一起，再以问题式呈现给学生加以巩固落实。例如，高一学习季风环流时，学生疑点：东南季风、西南季风对我国影响的具体区域；冬季风影响下到底会不会带来降水。高二学习中国区域地理时，台湾北部冬季多雨的季风风向；祁连山南侧降水水汽的来源；西双版纳夏季多雨的原因依然是学生解题时的盲点。这时候，我就整理了一个小小的课题《漫话地理之——季风》，知识链接核心考点，问题呈现疑点，结合图片示意，来一个“中国季风大聚会”，让学生彻底弄清疑点、突破盲区，整体得到提升，还为以后的教学贮备了参考资源。①

三、听课与反思

教师一方面可以将自己上的课堂录下来，在课后进行观察；另一方面，可以走进他人课堂听课，通过这种形式，反观自己课堂上的状况或通过他人课堂寻找自己可能存在的问题，这种形式更利于个人找到不足。那么，如何观察课堂呢？

从教师层面来看，重点观察教学目标是否达成，是否将教材科学巧妙地转化成教学信息；重难点是否真正突破；教学各个环节是不是环环相扣，有序、流畅、层层递进；过渡是不是巧妙自然；教学方法是否多样，现代教学技术是否充分应用（根据课型、内容而定）；教师仪表、言行举止是否得体大方，学生是否易于接受；等等。

从学生层面来看，重点观察在教师的引导下，学生在课堂上气氛是否活跃，是否注意力集中，与教师授课思维是否合拍，是否顺着思维同向推进；学生理解能力、实践能力、创新能力、批判性思维等能力素养是否得到培养和训练；师生是否配合默契，关系融洽；是否面向全体学生，特别是对学习有困难的学生给予关注，并且还关注学生的“学”。

以上观察点，即是听课的反思点。一堂课看上去无论是失败，还是成功，都有不少闪光点，我们都要善于捕捉这些“点”，课后认真反思，细细品味、揣摩。尤其是听他人的课时，及时将其与自己的思想碰撞，学其教与学的方法和技巧，适时在自己的课堂上去实践印证，从而使自己在课堂上的角色定位更准确，学生的有效学习、个性发展得到更大彰显。

---

① 郭爱珍：《让反思成为教学的一种常态》，选自《黄冈名师谈教学》，华中师范大学出版社2018年版，第310页，有删减。

四、考试与反思

考试是一项检测学业的重要方式，既是对学生平时所学知识及知识应用能力的检测，也是对课程教学目标达成情况的检测。一场考试结束，作为教师，除了要进行试卷分析、讲评外，还应积极反思学生分数背后所反映的问题，至少有以下四个方面：

反思学生知识点的掌握情况。从答题情况来看，班级整体上哪些知识点得到掌握，哪些还存在差异性；不同个体之间，哪些学生掌握较好；哪些是易错点，还需要巩固。

反思个人的“教”与学生的“学”。通过试卷分析，可以看出个人教学的哪些方面需要作出调整，比如进度和难点的突破、教学方法的改进；就学生而言，学生在知识与能力的掌握上存在哪些问题，学习态度和方法上还需要关注哪些；等等。

正确引导学生反思。教师无论如何反思，都代替不了学生反思。只有通过引导学生反思，让学生反思学法、反思知识及能力掌握情况，考试检测效果才会更好。例如，一位初中数学教师让班级每名同学都准备一个错题本，将每次考试或平时错题记录下来，供复习时使用，并且请同学之间相互交换错题本温习，相互出题互考互学；又例如，一位地理老师，对试卷进行分析，由学生填写反思卡（见表 6-1《地理测试反思卡》），找出丢分原因……这些都是很好的反思方法。

表 6-1　地理测试反思卡

<table>
<tr><td colspan="6">地理测试反思卡　　　　　　时间：</td></tr>
<tr><td>总分</td><td></td><td>客观题</td><td>分</td><td>主观题</td><td>分</td></tr>
<tr><td>自己最满意的地方</td><td colspan="5"></td></tr>
<tr><td>丢分原因</td><td colspan="5">审题？读图？知识？描述？地理思维盲点？……</td></tr>
<tr><td>客观题</td><td colspan="5"></td></tr>
<tr><td>主观题</td><td colspan="5"></td></tr>
<tr><td>需要强化的是</td><td colspan="5"></td></tr>
</table>

反思下一步改进措施。教师层面，如教学行为、教学过程哪些需要改进；学生层面，在关注学生心理动态的基础上，需要提醒、安抚或作个别化指导，及时找他们谈心谈话，帮助其制订新的学习计划；家长层面，有

针对性地告知学生情况，需要家庭哪些方面加强配合；等等。

五、家访与反思

家访是与个别家长沟通，指导家庭教育，并了解学生的有效方式。在家访过程中，还能够有效利用这一方式扩大家访的内涵。比如，了解学生生活中的困难，学习中的困惑，交往中的难题，家庭教育中不适合的教育方式，家长及学生对学科教师在教学与管理上的意见建议，等等。由于家访“面对面”“心连心”，一般情形下，家长和学生都会说出真心话，作为教师还可以看到真实的自己。对此，在家访中，一方面，要及时解决学生的困难；另一方面，对家访中收集到的意见建议，要深入反思，自我革命，改进自己的教与管、言与行。

案例 6-3

家访随记

学校组织家访活动，我主动请缨去谢同学家。得知她父亲身体不好，家里主要靠母亲维持生计，小小年纪的谢同学放假在家做完作业后，会帮忙做很多家务活：去地里择菜、浇水，在家做饭、洗碗、扫地，甚至有时还会去山上放牛。她妈妈说因为家庭原因，谢同学从小乖巧懂事，力所能及地做家务事，为家里减轻负担，很少出去玩，所以性格比较内向。

知道了这些情况后，我试图走进她的内心，夸赞她真厉害，会做这么多事。一次，我请她带我一起去地里择菜，一路上她开心地向我介绍着沿途的风景，遇到小河沟，她和我说老师这里面有很多小鱼、小螃蟹，夏天的时候我和姐姐去抓过；碰到野果子，她和我讲这酸酸甜甜的很好吃，还去摘下来给我品尝……看着她熟练地去河沟舀水浇地，细心挑取长大的青菜采摘，我不由得心头一酸。

经此一事后，我感觉谢同学对我放开了心扉，于是问她对我上课还有日常和他们相处方式的看法。她说，最喜欢之前让她当小老师评讲作业，那段时间大家都很积极，连下课都在讨论问题，她觉得比日常上课还有趣。她说还很喜欢我课余休息时陪他们打羽毛球，觉得这时候的我很温柔、很亲切。听完谢同学的话，给了我很大的启发，让我认识到平时对学生的关心不够，以前课堂上学生回答讲过了的题目答错时，被我批评上课听讲不认真，太严厉导致一些同学不敢举手回答问题。

于是，我尝试着转变我的教学方法，多以鼓励、夸奖为主。除了日常教学外，我也会在语文课中带领大家玩“击鼓传花”“词语接龙”“飞花令”等小游戏，这大大提升了班上同学对语文的学习兴趣，课堂气氛活跃了很多，像谢同学这样羞涩的孩子也会主动举手回答问题了。

现在我还养成了一个小习惯：吃完午饭后，会邀请一些学生在操场上散步，边走边聊，关心他们的生活，谈谈班级情况，也了解自己的不周到之处，及时沟通。慢慢地我也越来越感受到班上同学对我的关心，有时带给我尝尝家里刚摘下来的柿子、枣子，有时是家里亲戚结婚时给我留一颗喜糖让我沾沾喜气……①

六、集体组织与反思

集体组织反思是指有别于个人反思，由学校或年级组、教研组组织，对教师个体教育教学活动进行集体诊断形式的反思。这种形式的反思，是由学校统一安排组织，或由第三方专业团队、教研团队、名师团队对学校教师教育教学情况进行诊断，通过大数据及真实观察，分析教师问题之所在，找准痛点及痛点背后隐藏的深层次原因。

集体组织的反思，被各级学校所重视。对此，学校不能“硬逼”教师反思，而是应当通过精准诊断、实施精准的对策，帮助教师认识一个真实的自我，及时有效地开启改进系统，推进提升。

案例 6-4

成熟期的“精准”突破

广文中学第一次诊断时，执教 12 年的优秀语文教师兼班主任王老师深受刺激。同事、家长都认可她，她自认为学生也认可她，但在教育教学诊断中，她任教的两个班级诊断分数不高。在数据对比中她发现，自己在

① 本文为湖北省罗田县希望小学晏琪老师撰写，有改动。

“老师的课堂灵活多样、氛围活跃”“老师幽默风趣”“老师激发我学习这个学科的兴趣”“他是我本学期最喜欢的老师之一”这四个维度得分很低。并且，在“我喜欢老师的理由”的文字阐述部分，她看到自己在孩子眼里是一个不苟言笑、非常严苛的老师。之后，她尝试改进自己的教学风格，增加课堂的活跃度，在第二次教育教学诊断评估中，她得到了非常好的回应，并且有几个维度的认可度高达100%。①

第三节　教学反思工具与方法

我们了解了反思的重要性，知道了反思的“点”和“面”，如何使用恰当的反思工具与方法，架起反思的桥梁，并真正改进我们的教育教学行为？以下介绍六种方式。

一、撰写教学反思法

从教师专业发展角度来看，教师反思是其专业成长的“催化剂”，写教学反思应是专业成长的“显色剂”。教师通过写下反思，即是将教学经验上升到实践的再认识、再思考，将平常的零散经验系统化，将隐性经验显性化、具体经验一般化；写出的内容，即是真实的自己——属于自己的思想、策略、方式，清晰地看到自己的教学决策过程，对作出的决策能够找到理论依据或作出充分阐述的理由，更重要的是寻找到适合自己教学的理想行动方案。

教学反思如何撰写呢？现实中，教师多撰写的是教育随笔、教育叙事或旁注式反思，这种文体比较好掌握。写反思其实并不是一件易事，倘若学校用行政命令推动，每天写，教师难以坚持，反思内容也未必天天有新意产生，未必有新的教学细节可以捕捉得到；定期写、一经发生就写才是合理的。同时，要写出深度来，需要教师思考深、阅读广、坚持写、及时写。

① 节选自赵桂霞：《“二次成长”才是教师真正的成长》，《人民教育》2018年第13—14期，第83页。

二、卡片反思法

卡片反思法分两种形式，一种形式是设计学科反思卡，由学生填写。通过学生问卷方式，让学生填写对该门课程授课感受最满意的地方和最不满意的地方，确定几个维度，然后教师收集整理，找出个人教学上的短板弱项，予以改进。这种方式，还可应用到学生考试反思上，既让学生分析考试失利的原因，又让教师进一步掌握学情。

另一种形式是设计观课反思卡，由教师自己填写。教师通过观自己的课堂，询问同行听取自己课堂教学后的评价，及时抓住印象最深的片段，或某一个“点”，进行反思，进而用于实践、改进教学。具体方式见表 6-2。

表 6-2 课堂教学录像反思卡①

时间：		反思人：	
背景介绍：			
预期设想	实际操作		课后反思
	课堂环节	课堂实录	

三、切片反思法

日本教育家佐藤学先生指出，教师应该人人开放自己的教室，“教室的墙壁、学科的隔阂，是在校园内部运作的最强有力的权利。如果不是所有的教师都打开教室的大门，并且从内部彻底粉碎这种权力关系，那么，学校的改革是不可能实现的”，“推动‘合作性同事’关系构建的最好方法是教师之间相互公开教学、相互批评，对教学案例进行研究”②，甚至可以接受校长亲自扛着摄像机——记录每个教师的教学，坚持与处于教学中心地位的教师们相互学习。这告诉我们，教师之间应当彼此敞开教室的大

① 胡惠闵、王建军：《教师专业发展》，华东师范大学出版社 2014 年版，第 175 页。

② 佐藤学：《静悄悄的革命——课堂改变，学校就会改变》，教育科学出版社 2014 年版，第 51 页、116 页。

门，每个教师都可以作为教育专家而共同构建一种“合作性同事”的关系，相互观课、讨论、质疑。

切片反思，即是将自己的课堂以视频等方式录制下来，或是整堂课（时间过长），或是将整堂课剪辑掉不重要的内容，选取关键点，进行切片处理，供自己或同行观看，然后进行评价、反思；当然，也可选取他人教学视频观看，开展讨论研究、反思。正如上面佐藤学先生提出的“合作性同事”方式一样，无论是把自己放进去，还是观看别人课堂；无论是个人反思，还是他人提出意见建议，对自己都大有益处。

四、阅读反思法

在阅读中学习，并反思教育教学行为，是广大教师常用的一种反思方式。当下，中小学教育正处于观念转型、整合升级、方式创新的改革期，各种教育教学著作目不暇接，各种新的教学思想、模式也是层出不穷。对此，我们在阅读的时候，一是要注重选好书籍或阅读文章，不断扩大阅读量及阅读面，不断提高阅读品位；二是要积极思考，对需要摘录的、剪贴的、收藏的，及时分类摘录、剪贴，对收藏的文章，建立文件夹下载留存，供有空时精读。这类书籍或文章多具有工具性属性，是帮助我们储存知识、筑牢理想根基所需的。另一种，是生长性的。在阅读中，发现新知识从内涵到实践都富有深刻价值、有可操作性、迁移性，或具有启发性或值得商榷，这样，可从阅读的字里行间萌发出自己的观点，及时写下心得，并在实际工作中进行实践操作，学以致用，使自己不断更新原有知识结构，提升观念与能力。

除以上两种方式外，阅读反思还有一种方式，即“听”。教师专心致志去逐字逐句读一本经典、学习一篇文章，当然更好，但如因工学矛盾、视力等原因，能够听一些经典著作的阅读版，也不错。这样，对一本书或某个理论也能够掌握一个大概，从听中提取自己需要的东西；如有进一步精读的价值，可再找来阅读。

五、他人帮助反思法

不识庐山真面目，只缘身在此山中。教师习惯于惯性思维，认为自己改了一点就改彻底了；知道一些，以为就全部都知道了，并且一些教师常常难以“自我革命”，自己去找自己的“毛病”，勇气不足，在他们的心目中，认为自己已是很努力、很负责；但若换一个视角来看，可能是一个“反面”典型。

事实证明，同事、教研员、学科名师及学生、家长对教师的专业才是真正拥有话语权的，请他们诊断个人教学、“挑刺”，效果非常好。主要途径有：

请同行（学科名师）诊断。同行每天朝夕相处，最为了解同学科教师情况，特别是当邀请他走进你的教室观课，他会直截了当地指出教学问题，提出意见建议，这将会收到“一针见血”的效果。

请教研员诊断。教研员有视导的职责，可以邀请他们随堂听课，然后课后交流学科教学理念、方法、技能，可向他们提出教学设计中存在的困惑。教研员就听课情况，从粗到细，从理念到方法，抽丝剥茧，解剖课堂，直面问题开“良方”。

请学生提意见。教师既可以通过课后直接询问学生形式，也可设计一个小卡片，请学生填写建议反馈卡。例如，可用“老师，我想对您说……”的格式，收集学生对教师教学及班级管理的意见。

请家长提意见和建议。从家长那里一般都能够了解到一些具体科任老师的教学、态度及责任心情况。家长们的真诚建议，都是反思的“火花点”。

六、研究性反思法

研究性反思，是基于问题导向，从学生学习生成着手，逆向推导教法，围绕优化课堂教学目标，实行教学问题项目化，然后围绕教学项目开展研究。例如，围绕这个项目，选取一本或几本经典反复读；研究某位名师（专家），反复观摩其课堂，找到自己任教学科的契合点、借鉴点；坚持探究，掌握其教育教学思想，并在实践中应用、论证；在应用中发现需要优化的，再进一步探讨，进一步实践、优化，直到找到最佳方式，解决教学上的问题。例如，解决教学设计不接地气、教学步骤没有环环相扣、课堂教学方式不灵活、问题设计简单、激发学生学习热情不够等问题。通过研究，在研究中反思，从而实现教学技能提升。

教师反思方式多种多样，以上方法只是常见的几种，需要教师在日常教学生活中，寻找最适合自己的反思方式，并长期坚持。

第四节　教学反思后的重构

一、反思的特性

教师反思终极目标是改进教育教学行为，通过教育教学行为的改进提升，促进学生全面发展，提升教学质量。那么，从要改变到改变，再到学生有收获，其中的转化是必不可少的，并且也是不可能一蹴而就的。

因此，我们还应厘清反思中的几个方面：

第一，反思应是持久的。一个人的固化思维是难以改变的，有研究表明，最难改变的就是教师这个群体。要想改变自己的课堂，仅靠一节课的反思、一段时间的反思远远不够，必须经过系统性的反思。通过对一堂堂的课、一个个的教学细节、一次次同事的真诚对话等方式，找到学科教学理论、思维、行动上的不足或问题，再细化，即是寻找教学设计的合理性、新知识学习导入的新颖性、课堂互动的和谐性、小组合作的高效性、学生的学习力及探究性、教学生成的科学性等方面存在的问题。找准这些问题，需要有系统性思维，进行持久性的反思。

第二，反思应是哲学性的。反思要善于透过事物表面看到本质。教师课堂上的质量如何，我们需要从哲学视角、心理学、教育学及学科知识等层面作深层次反思。拿语文教师而言，文化底蕴、学识宽厚是重要衡量标准，这门学科涉及人文历史知识面宽广，平时积累不够，读书甚少，在课堂上就不会做到融会贯通，就不能关联起各种知识的链接，课堂便是“暮气沉沉”；再如作文，课堂上注重教写作技巧固然不错，而只顾教技巧，不保障学生的阅读量，没有生活体验及积累，即使写作得高分，那也是违背教育规律的事情，至多是“形”似，不可能写出“神”似的文章来。反思必须全面、客观、科学、真实、深入，具有哲学思维。

第三，反思应是“理论＋实践”的结合体。一方面，教师教学实践是在教学理念的指引下进行的；另一方面，理念在教育实践的证明中发展，教学反思即是改造我们的教学实践，由教学实践走向教学丰富的理论，丰富的教学理论又引导着教学实践，促进自己不断超越自我。这就是反思、再反思，最后到提升的过程。

二、反思的理论重构

教师反思不是为了反思而反思，反思的第一个目的即是对自己现在形成的教育理论进行重构。只有从思想层面解决了固化的思维，行动上才会有所改进。理论重构，从大的层面来说，要对照反思的内容方面，多问自己：教书育人是我的职责，我做到了全面贯彻党的教育方针吗？做到了立德树人吗？做到了与时俱进吗？做到了“课程思政”吗？树立了正确的教育观、教学观、学生观、课程观、实践观吗？……

教育理论的重构，从小的层面来说，要反思教学全过程。具体内容包括：教学内容所确立的教学目标是否合适；教学过程是否达到预期教学效果，是否符合教与学的基本规律；对学生评价是否收到预期效果；教学实施方面，改变原计划是否合理些，采用新的设计和方法是否效果更好；教学策略方面，我的教学活动与当下倡导的理论、方法相比，问题在哪里；检验新思想、新策略、新办法是否更有效，如何开始做新的实践，又如何作新的修正；我们为什么要这样做，背后的理论支撑又是什么；等等。

以上是我们对教学反思理论层面作的一些探讨与假设，实际教学中远远不止这些内容。反思过程还需要不断梳理，围绕提升教学效果、达到专业化水平的目标，借用研究方式或教学工具，或其他方式进行，如及时向专家请教、开展专业阅读、课题研究等，从而实现个人教育教学理论的丰富，乃至发生质的飞跃。

三、反思的实践重构

有了理论支撑，实践就在理论支撑下实现重构，这样反思才有了意义和价值。

“笋因落箨方成竹，鱼为奔波始成龙。”实践的重构，需要教师有坚持反思的精神，有足够的反思勇气，敢于自我斗争，改变自我。

如何进行反思的实践重构？除了上述大的方面和小的方面，重点是教学技能，这需要我们在日常的教学实践中保持冷静的思考，思考一堂课、一份教学设计、一个教学案例、一个教学片段，以及在校园里发生的每一个细节，等等，把这些观察点、反思点与不断丰富的教学理论相碰撞，从而进一步审视、质疑、批判、总结、改进我们的教学行为，使教学行为日臻完善，超越自我，架起感性与理性的桥梁，做到理论与实际相结合，从而成为一名真正的教育家型教师。

本章小结

本章重点介绍了教学反思的含义；教师反思与实践的关系，如何在六种教育教学实践中进行深度反思；在反思中，如何使用六种反思工具，让反思有“载体”，做到深入下去；最后告诉广大教师，通过反思如何重构知识理论框架、教学行为，实现反思的重要价值和意义。

第七章　教育研究

国内有学者提出教师成长公式为：经验＋反思＋实践＋读书＝成长，认为教师通过一路的实践，解决了教育教学中遇到的问题。事实证明，在教师专业成长的道路上仅靠经验、反思、实践、读书还不够，还需有助推专业成长的力量——教育研究。

倘若教师不发展，那么学生就难以发展，促进教育高质量发展便成为空谈；教师要发展，毋庸置疑，教育研究是条有效途径。我们既要面对每一名学生开展有效教学，又要要求每名教师开展有效研究。中小学教师开展教育研究有哪些方法方式呢？

第一节　教育研究概述

一、关于教育研究的视野

通常，我们使用的“教育研究”和“教育科学研究”术语，被等同于一个概念，研究即科学研究，教育研究即是指教育科学研究。教育研究具体来说是指“研究者运用科学的原理和方法，有目的、有计划地对教育现象和问题进行探究，以揭示教育的本质和规律、解决教育实践的问题、提高教育质量的活动”①。

从这种意义上讲，中小学层面的教育研究，指向的主要是教育实践，它根植于日常的教育教学活动之中，旨在改进学校教育实际工作，通过研究成果反哺教学，有别于高校开展的教育理论性研究。

在现实生活当中，教师开展教育研究，主要形式有教学研究、课题研究、校本教研、课例研究、撰写论文、校本课程开发等，其中校本教研形式多种多样，如集体备课、观课、磨课、同课异构、课例研究等。但从当下教育研究发展大势来看，教育研究不应拘泥于上述这些，不应囿于传统的学术观念，应当拓展教育研究的视野。

从研究范围来说，教育研究不仅仅是那些立了项的、“高大上”的省级、市级、县级课题，这些课题每年立项少，多数教师均没有机会参与，应当提倡小课题研究。所谓小课题研究，即是学校层面，教师在教书育人中遇到的“小切口”、小现象、小事情，但又是每天在教育教学中绕不过且又未解决的问题，通过学校组织展开的研究。

从研究方法来说，教育研究不仅限于传统的文献研究法、调查研究法、行动研究法等方法，而应当拓宽，例如充分利用大数据对课堂教学、试卷测试进行比较分析，写好一篇案例，整理一篇观课笔记，同学科教师之间“争论”某一个教学知识点问题，从长期的教学实践中总结出一个新方法，等等。这些使用大数据分析、记录、整理、“争论”、反思、总结等的方式，都应是研究方法。

从研究的结果呈现来说，教育研究不仅仅是某项课题结题了，著书立说了，形成论文了，诸如形成某一单元、某一课型科学教学范式及一批优秀案例，开发出一系列教学软件，形成的课件，制作的教具以及观察日记，调研报告，推广应用成果……都应是研究成果。

二、教育研究的几个主要观点

在中小学，教育研究的几个主要观点如下：

（一）教师成为研究者。1952 年美国学者万恩发表《教师成为研究者》一文，提出“教师成为研究者”的观点。20 世纪 60 年代末英国课程

① 何兰芝、韩宏莉：《教师专业发展与成长规划》，北京师范大学出版社 2017 年版，第 271 页。

专家斯滕豪斯提出“教师成为研究者”的思想，指出教师在课程开发中的地位和作用，认为教学实际上是一门课程探究的实验过程，没有教师的发展就没有课程的开发，要改进教育实践关键要靠真正进行教育活动的教师发现自己实践中的问题、思考解决办法来实现，教育改革的关键在于使教师得到发展，扩大他们的专业自主性；教师就是研究者，不再是等待研究者提出新成果或者依赖习惯和经验①。

（二）教师即行动研究者。1972 年至 1975 年，埃利奥特主持“福特教学研究”时，认为教学与研究不是分开的两种活动；建议从“教师成为研究者”转向“教师成为行动研究者”，使研究与行动真正合二为一，教师应该发展自己的教学理论，而不仅仅停留于使用他人的理论，应当反思课堂教学问题②。随后。澳大利亚学者凯米斯提出“教师即解放性行动研究者”，强调教师专业的自主性、创造性和批判性。

（三）教学即研究。“教学即研究”是美国哈佛大学达克沃斯提出的教学思想，倡导把教学和研究变成一件事，让教学变成研究，研究学生的思想，与学生共同做研究；让教学变成学生的研究，引导学生通过研究进行学习，而不只是把事物解释给学生听。

（四）“教而不研则浅，研而不教则空。”这是广大教育工作者从教学实践与研究中总结出来的，将教与研的辩证关系表达得清楚明白。教学工作不做研究，教学内容是肤浅的，教学质量难以提升；只研究却不从事教学工作，或做脱离教学实际的研究，研究就是空泛的。现实当中，存在能研者不会教、能教者不会研的现象。“教”与“研”存在脱节现象，“研”为研而研，不源于教；“教”常常成为惯性思维运动，不注重平时学习，不善于总结、归纳、反思，最多算是个“教书匠”。教师应透过现象看本质，教与研应融为一体，切不可割裂开来。

（五）学校即研究中心、教室即研究室、教师即研究者。这是校本教研中的观点。学校是校本教研的主阵地，教师是校本教研的主体，教学问题是校本教研的核心，行动研究是主要方式，问题即是课题；强调学校应

---

① 胡惠闵、王建军：《教师专业发展》，华东师范大学出版社 2014 年版，第 257—258 页。

② 胡惠闵、王建军：《教师专业发展》，华东师范大学出版社 2014 年版，第 258—259 页。

当重视以校为本的教学研究，将研究重心下移到学校课程实施中教师面临的各种具体问题，并注重解决这些实际问题，最终达到推进课程改革、实施素质教育的目标。同时，促进教师专业发展。

（六）U-G-S 教师教育模式。2014 年《教育部关于实施卓越教师培养计划的意见》中首次提出，针对教师培养的适应性和针对性不强、课程教学内容和教学方法相对陈旧、教育实践质量不高、师资队伍薄弱等问题，通过建立高校与地方政府、中小学（幼儿园）协同培养新机制，培养大批师德高尚、专业基础扎实、教育教学能力和自我发展能力突出的高素质专业化教师，着重解决教师教育中严重缺乏实践性的问题。其中，特别明确三方要积极构建协同教研机制，深入开展教学研究，全面提升高校师范专业准教师培养质量。这是国家层面对师范生培养在教研方面作出的制度性安排。

三、中小学教师开展教育研究的困境

当下中小学提出质量兴校、科研兴校已成为办学治校的重要方式，学校开展教育研究的主要形式为校本教研、课题研究、校本课程开发等，但实际情况是良莠不齐。

教师层面，认为自身素养一般，把书教好即可，我是“教育者”，不是“研究者”，研究不是我的事；平时工作强度大，精力有限，没有过多时间去进行研究；教学以外的事太多，研究时间没有保障，做不了研究等。

学校层面，认为教学成绩才是最主要的，研究不是学校的“刚需”；不够重视教研工作，如教研氛围不浓、对教研支持不到位（缺乏激励、考核、评价机制）；缺乏开展教育研究的领头人，集体教研流于形式，校本教研形式单一；外力专业指导不够，搭建教师成长平台不多；申报课题围绕提升教育教学质量、解决教学实际问题的立项较少。

教研部门层面，围绕中、高考问题研究的多，帮助学校提炼、总结及转化成果较少；指导基层学校、专任教师开展科学研究的面不大（次数不多，开展教育科研培训不多）；在促进教师开展教学研究机制、体制上发力不够，统筹推进、形成科研氛围等方面工作不到位。

课题研究层面，立项多、结题少；重开题，缺乏研究课程过程考核；选题多数为管理类、非考试科目，涉及实际教学内容少；申报者具有一定功利性心理占有较大比例，研究不够深入，仅停留在表面，不是搞“真研究”。在教育教学中需要解决的问题，依然没有得到解决。

以上这些问题，是中小学开展教育研究需要注重解决的。

第二节 影响教育研究效果的因素

一、影响因素

教育主管部门一直倡导教师争做研究型教师，在实践中开展研究，解决实际教学问题。然而广大教师走在研究的道路上，当他回首研究之路时，却发现自己只是跟了个“风”，自己的课堂、同伴的课堂依然没有很多改变。影响教师教育研究的效果因素主要有：

研究意识。多数教师认为我是“教学者”，做不了研究，缺乏研究意识。殊不知，教学与研究本来就是孪生姐妹，想把课堂教学打理好，没有研究意识，如何能够达到师能精湛呢？例如，在课堂教学目标、教学内容、教学方法、教学过程、教学评价五大要素中，每天教学都会遇到一些问题，诸如教学评是否做到一体化，目标设置是否达成……缺乏研究意识，每天教学活动只能算是机械性重复劳动。

知识积累。没有输入，难有输出。日常学习不间断、学科知识渊博、知识储备丰厚是进行教育研究的基础。教师尤其应当充分利用业余时间学习并积累，阅读最新教育理论书籍及教育教学权威杂志，丰富个人知识认知体系，这样才能够得心应手深入研究教学中出现的问题。若知识积累贫乏，就犹如种庄稼的土地非常贫瘠一样，缺少必要养料元素，在研究中难以筛选、吸收、处理各种教育资源信息，致使研究不知“何处去”。

专业引领。对大部分主持或参与课题研究的教师来说，主持人或指导团队专业引领力至关重要。一方面，指导者（教研员、名师、专家）具有较强的课题研究能力，在学科研究方面学术性强，能够对课堂研究提出正确的研究路径及研究方法；另一方面，主持人及研究者也具有一定的专业能力，能够在专业人员帮助指导下顺利完成课题。二者之间，指导者专业能力越强、指导越到位，研究效果自然越好；否则，很容易产生不结题现象。

探究精神。组织者、主持人及成员都应具有严谨的学术态度，以不畏困难的探究精神，把自己置身于教育情境，进入研究状态，不断发现问题、解决问题，做真教研，做真探究。即使走了弯路，及时调整，整装再出发，直至达到研究目的，解决问题。

反思意识。在教育研究中，既要对自身的教育实践进行深入反思，又要对参与研究的其他人员在实践活动中的情形进行观察、评判、比较、分析、归纳，让反思成为习惯，形成理性思考闭环，特别是不要放过任何一个有意义的细微发现，从而让探究更有效、更深入。

分析总结。研究需要对大量搜集的资料或实践中生成的鲜活案例及数据进行分析，对阶段性成果进行总结。没有总结、分析，效果就失去评判力。在分析总结基础上，要注重及时记录下来，撰写成报告或者是论文，让研究更加系统化、缜密化、严谨化，形成真正可借鉴、可推介的成果。

教研生态。研究效果与学校重视程度密切相关。高度重视教研工作的学校，并形成了良好的教研文化，无疑能促进办学质量提升。对教研工作不重视、缺乏研究氛围、很少开展教研活动，没有建立教研激励机制、评价机制，学校各种形式的教研活动就会流于形式。

二、解决途径

对上述因素进行审视，提升基层学校教育研究水平，需要多管齐下，久久为功。

第一，学校要建立良好的教育研究生态。学校及教师要树立强烈的科研意识，将教育研究作为办学治校、推进学校现代化治理的有效方式，形成共识。学校从上至下，高度重视各种形式的教研工作，积极营造良好的研究生态，有激励措施、有考核制度、有经费保障、有引领力量，形成良好的教研文化，并成为学校文化的重要组成部分。

第二，不断推进教育研究创新。鼓励教师从小课题做起，促进研究能力螺旋式上升，力争做到人人有课题，个个解决教学中的难题；拓宽教研视野，创新研究方式方法，基于问题解决，不拘泥于形式、程式，开展多形式、多角度的研究；倡导教师人人阅读、广泛阅读、深度阅读，不断提升研究知识储备的深度和高度；加强研究能力提升培训，普及研究知识，强化科学指导，不断提高基层教师研究能力和水平。

案例 7-1

因地制宜开展“种豆得豆”劳动教育实践

2020 年，红安县参与湖北省教育科学规划重点课题“新时代中小学劳动教育课程体系构建的实践研究”，把农村学校作为主要研究对象，以农业生产劳动为切入点，进行一系列基于劳动教育的实践与探索。

资源开发：根在生活。农作物都要经历播种、生长管理、采收、加工、食品制作等生产劳动环节，每个环节与学生生活密切相关，但学生往往耳熟却未必能详。红安县以此为劳动教育切入点，把农作物生产环节设计成多个劳动项目，串联起来开发利用，形成完整系统的农业生产劳动课程。红薯是红安县地标产品，红安县多所中小学均充分开发这一地方特色资源，设计红薯移栽、红薯嫁接、空中结薯等一系列劳动实践项目，形成适合不同年龄段学生、不同季节开展的“红安苕”系列课程。按照相同的思路，红安县部分中小学充分利用当地农作物资源，形成并推广了一批资源丰富、可持续开发利用、紧密联系生活、操作性强、物化劳动成果丰富的特色劳动课程，如“豆课程”“油菜花开”“茶韵飘香”等。

实践活动：劳在身边。农村小学充分利用土地资源优势，扩充劳动教育场所，把校内空地进行科学规划，开发出种植基地。学生可以在自己的三分地上春种秋收、浇水施肥、采摘品尝、计算产量、留存种子、加工分享、蔬菜售卖等，对农业生产劳动产生了更加完整、系统的认知。劳动随时随地发生，播种和收获形成闭环，同时劳动与学生的校园生活、学习生活融为一体，真正成为学生成长的一部分。“种豆得豆”是农业生产常识，也是朴素的劳动观，这样的劳动观念超越课堂本身，让学生在沉浸式教育中感悟劳动的快乐与重要。

育人环创：乐在校园。有育人功能的环境创设是学校不可或缺的校园文化，为此学校专门设置校园服务岗；增加了贴近生活和劳动教育的社团活动；师生共同精心布置教室和楼道，使其成为学校最富生机的校园文化展台与看台；教师布置的作业也因劳动而生动，如语文作业包括为各种劳动实践活动写邀请函、写倡议书、练习演讲和口语表达等，数学作业要求学生测量计算粮食的生产面积、产量、价格等，美术音乐作业布置画海报、唱丰收、诵劳动等。学生忙忙碌碌乐在其中，不知不觉中巩固提升了各学科的知识与技能，并在活动实践中真正加以运用。

体系构建：长在课程。红安县以学校育人理念为纲，以育人课程、育人环境、育人机制为支点，融德智体美劳“五育”于一体，以学生全面发展、健康成长为落脚点，创设以劳动课程为核心的校本实践育人体系。红安县永河小学率先构建了学校特色的“种豆得豆”实践育人体系。学校育人课程包含劳动教育和综合实践活动校本化开发形成的“日常生活劳动”“红领巾服务岗”“读出一本书”等，分年级设置，定时间、定主题，师生全员参与。育人环境包括“硬环境”，如劳动实践基地“责任田”、楼层读书角、广场与小树林，以及“软环境”如学校的德育、文体、劳动周等综合育人活动。育人机制包括管理机制、评价机制、协同机制、保障机制等，助力学校教育有序稳定开展。学校联合学校家委会和家长志愿者，共同践行“种瓜得瓜，种豆得豆”育人理念，帮助学生在劳动教育中茁壮成长①。

第三节　教育研究方法方式及成果呈现

教育研究的实质是学习和成长。这个过程离不开教育实践、读书学习、反思提升，同时还需掌握研究的基本方法、方式，促使研究结果得到科学呈现。

一、教育研究方法

教育研究本身具有一定的系统性和理论性，需要解决教育实践问题和发展教育理论，研究的对象都具有一定的复杂性，在研究过程中经常多种研究方法并用，这些方法主要有：文献研究法、个案研究法、观察研究法、调查研究法、实验研究法、课例研究法、数据分析法、行动研究法、经验总结法等。

（一）文献研究法

文献研究法是指通过搜集、鉴别、整理文献，对文献的研究形成科学的认识方法。例如，我们在开展研究的时候，采取的路径通常是发现实践

① 余向红、彭航：《因地制宜开展“种豆得豆”劳动教育实践》，《人民教育》2024 年第 3—4 期，第 90 页。本案例入选 2023 年度“中国基础教育实践创新典型案例”。

问题—确定并开展课题研究—成果生成—实践改进，从发现教育教学中的实践问题，到确定为研究问题，再到开展研究，其过程需要广泛收集资料，既要了解前人的研究成果和当下的研究前沿状态，又要对自己的研究方向进行校准，找准研究点、切入口，并且在这个研究过程中，还需要学理性支持，需要丰富的学科理论、专业知识做支撑，这样才有利于形成科学的研究成果，在文字叙述上表达规范。文献研究法一般包括提出课题或假设、研究设计、搜集文献、整理文献、进行文献综述五个基本环节，在研究前期和过程中经常使用。

（二）个案研究法

个案研究法是指对真实情境中的个体案例（包括学生、教师、学校、群体等）进行调查研究、分析，以解决相关问题的一种研究方法。研究对象虽然是个案，但具有典型性、借鉴性、全面性。对于广大一线教师来说，在身边、学校、学科前沿或在个人心目中，总有一位或几位、几十位“前辈”（包括名师、特级教师、人民教育家）的教学方法、理念值得去学习、模仿或长期关注，一般通过阅读他们的书籍、文章，观摩其课堂，从中对自己的教学行为进行比较、碰撞，改进自己的教育教学。个案研究根据需要，还可将研究范围拓宽到过去，并跟踪未来。但要注意个案研究的局限性，由于样本少，其研究结果作为规律性结论、理论构建观点需要慎重。不少名师就是从身边、本学校名师模仿开始走向卓越的。

（三）观察研究法

观察研究法是指在自然状态下，根据研究的问题有目的、有计划地进行系统的观察、思考、记录，然后深入分析，最终解决研究问题的研究方法。观察研究需要制订严密的计划，具有严谨的态度，在观察中做好完整的记录，对记录进行分类整理分析，从而得出结论。例如，幼儿园教研，可以将研究活动“搬到”室外的游戏现场，通过对幼儿户外游戏活动的观察，关注真实的幼儿，充分理解幼儿，在观察中研究，丰富理论知识，从而转化为新的实践策略。

案例 7-2

基于游戏现场，跟进教研

教师以园区为单位，结成 10 人不等的小规模组合，在同一个班级、同一个场域，一起持续观察同一个游戏。比如，教师可以选择从小班阶段开始，持续跟踪观察建构游戏的阶段性变化，共同解读幼儿空间建构及合作能力的发展。又如，教师可以关注某个班级沙水游戏中幼儿结伴玩耍的内容变化等。由此，观察者与两名班级教师形成了一个稳定的、较为长期的“研究＋实践”的游戏教研共同体，既可互通互补现场观察到的幼儿行为信息，一起探讨幼儿行为解读的准确性，也可检验教师后续支持策略的适宜性与有效性。

教师共同见证了后期幼儿伴随自己熟悉的乐曲进行滚球表演，且逐渐有了队形的变化，敲打的节奏与动作也更加复杂，直至该游戏逐渐结束。整个共同体教研持续了半个多月，但从幼儿在园三年的时间维度来看，这只是其中一个发展片段。共同体以1—3年为周期进行跟进式教研，阶段性地对定点班级、定点游戏开展观察、解读、支持的研讨。

例如，对上述某大班开展的户外自主游戏经过一年的跟进教研，教师关注到了幼儿在动作、生活习惯、人际交往、器物搭建、科学认知等多领域的发展，这些不同领域的发展又是交织融合、相互促进的。又如，教师通过对某班幼儿建构游戏的三年跟进式教研，感受到建构材料虽然在变化，但幼儿在空间能力、建构技能等方面整体呈螺旋上升趋势。

全园性“基于游戏现场的跟进式教研”，让教师更加辩证地看待幼儿自主与教师支持的关系，教师对幼儿游戏的“为与不为”都是基于对幼儿的理解，基于对理论的深入理解，目的是真正促进幼儿的学习与发展。①

（四）调查研究法

调查研究法是指通过用科学的手段和方法了解客观事实情况，直接获取有关资料，并对这些资料进行分析得出结论的研究方法。常用调查研究方式有问卷、访谈、座谈、测验、电话调查、网络调查、观察、数据统计等。其中数据统计及问卷内容设计，需要围绕调查的目的科学设计、反复推敲，避免指向不明确、统计口径不一致导致收集的数据、资料不可用，影响调查结果。

---

① 节选自卞娟娟：《基于游戏现场，跟进教研》，《中国教育报》2023年1月15日第2版。

（五）实验研究法

实验研究法是指研究者按照研究的目的，运用科学实验的原理和方法，合理地控制或创设一定的条件，人为地影响教育研究对象，观察教育措施与教育效果，探索二者之间因果关系的研究方法。其目的是因果关系探讨，或者是检验某一教育理论或教育假设的实际结果。实验研究过程一般可分为三个阶段：准备阶段（选定实验研究的课题、明确目的、确定实验自变量、明确因变量评价指标、实验设计、制定实验方案）、实施阶段（组织实施、观测效应、记录数据资料）、总结推广阶段（数据整理及分析、撰写报告）。例如，初中数学课堂教学方式与学生数学成绩关系的实验研究，课堂教学方法是自变量，数学成绩是因变量，因变量因自变量真实的影响程度变化而变化。这种研究方式“是唯一能真正检验教育因果关系假设的研究，是教育理论发展的源泉和检验教育理论真理性的重要标准”①，值得广泛运用。

（六）课例研究法

课例研究法是指以塑造高品质课程为目标，以某一节课的教学研究为对象，以解决课堂教学实践过程中的问题，对某一节课进行课前、课中和课后“解剖式”系统性的研究方法。这种研究方法通常是以同伴互助、专家诊断、集体研讨形式出现，广泛用于学校校本教研、磨课、优质课教研中。一般研究流程是：备课—教学设计—实施教学—介绍教学设想—同伴研讨—同伴提出意见建议—反思、完善教学思路—总结提升形成新的教学经验和策略。课例研究，在实践中可有效提升教师教学设计能力、教学实施能力、教学反思能力及理论素养。

案例 7-3

课例研究六字诀

我全身心地投入教育教学实践的“深度磨砺”之中，也慢慢地悟到教师专业成长有一些不变“法则”：专业成长没有捷径，需要来自外在的助力器——校本研修，也需要来自内在的驱动器——行动研究。

① 张其志、王剑兰：《教育科学研究法》，北京师范大学出版社 2015 年版，第 182 页。

我认为，校本研修是教师群体成长依赖的“沃土”，而行动研究是这个群体中个体行动的“落脚点”，两者相辅相成，和谐统一。对于一线教师的行动研究，载体更多的应该是课例研究。如何进行课例研究？我认为，“读、思、破、立、磨、理”六字诀是关键。

“读”，就是课例研究前，团队成员要广泛阅读相关内容，丰富个体认知水平。“思”，即在广泛阅读基础上，团队成员以个体独立的方式进行理性思辨，确定大致研究方向。“破”，即团队成员进行一次深度辨论，已有的课例研究成果优势在哪里，劣势在哪里。“立”，俗话说“不破不立”，这个环节全体成员要提出独到的、方向性的解决策略、方法或途径，这就是“立”的过程。“磨”，即进入实践性的磨课环节，形成可行性的操作方案，这是课例研究的核心环节。“理”，即整理或提炼，一方面把磨课过程的得与失梳理出来，另一方面把研究课例的实录与意图加以整理，这样就把实践物化出来了。①

（七）数据分析法

数据分析法是指通过测验获得或搜集研究对象的数据资料，对其进行综合比较分析，得出科学结论的一种研究方法。例如，在教学方法改革、教学模式改革、课程内容改革、考试测验等活动中，对所形成的数据资料进行数字化分析，找出其中关联，从而检验印证假说、观点、研究结果的正确性和科学性。这种从数量的角度去研究教育教学中问题发展变化的方法，与其他研究方法配合使用，具有较强的说服力。

（八）行动研究法

行动研究法一般是指教师通过研究本校本班的实际情况，解决日常教学工作中出现的问题，从而不断改进自身工作，达到提升教育教学质量目的的一种研究方法。其特点是，研究问题来源于自己的实践，边关注自己的行动和学生的行动，边开展研究，边行动边调整，不断促进学生及教师行动的改进与发展。简言之，即是“问题即课题，教学即研究，教室即实验室，教师即专家，效果即成果”。行动研究较好地解决了教育研究中理论脱离实际的问题，较好地解决了日常工作与科学研究的矛盾问题，融教于研，方法灵活，简便易行。

---

① 张翼文：《专业成长的理想追求》，《中国教师报》2020年7月8日第9版节选。

(九) 经验总结法

经验总结法一般是指对自然状态下一个完整的教育过程进行分析和总结，揭示教育措施、教育现象和教育效果之间必然或偶然的联系，发现和认识教育过程中存在的客观规律及作用，从而达到掌握教育教学规律、取得良好的教育教学效果的一种研究方法。其步骤主要是：确定专题、制定方案、收集资料、分析资料、形成文字，然后上升到理论高度，得出规律性结论。经验总结一般取材于教师长期生活的校园、课堂教学中的成功案例或做法，对其进行深入反思，作出理性判断。一些名师常常用经验总结法，把自己某一个阶段的课堂教学方法进行凝练提升，成为个人教学特色。

以上这些方法，是从教师角度对实用常用方法作简要介绍，实际研究中远远不止这些，一般是多种方法并用。

二、教育研究方式

开展教育教学研究是教师专业发展的重要途径，也是加强教师队伍建设、保证教育质量的重要抓手。学校教研活动应当有严谨之风、务实之行，立足问题解决，采用科学的方式，坚持集体与个人双向发力，教育研究才能落到实处。

实际工作中，教育研究方式主要有校本教研、课题研究、课例研究、小课题研究、撰写论文、校本课程开发等。

(一) 校本教研

校本教研旨在改进学校的教育教学，提高教育教学质量，从学校的实际出发，依托自身的资源优势和特色进行的教育教学研究。目前，校本教研机制已在各级学校广泛形成。事实证明，教研强则学校质量强。学校校本教研这项机制决定着教师成长速度，决定着办学水平的高低，在不同学校，形成了诸如教师学习共同体、研究共同体及教学研究文化。校本教研，能充分发挥教研组、备课组、年级组和教师在研究学习、改进教学方法、优化作业设计、解决教学实际问题、落实全面育人等方面的重要作用。特别是它能够有效推动课堂教学、教学诊断、考试命题等工作的改进，着力解决课堂教学高效、高阶、思维、容量等问题。校本教研经常在学校开展的方式有：

1. 集体备课。这是校本教研的主要方式。其主要任务是开展集体研学课程标准、教材、教参和评价体系，制订本年级学科教学计划、审定训练策略、落实教学质量诊断分析、反馈教情学情、总结教学成功与不足、改进教学策略等；其内容是：做到备思想、备教材、备教法、备学情、备学法、备重难点突破、备教学方式、备教学过程“八备”；其方式有：个人“初备”—备课组“集备”—个人“复备”—课上“续备”—课后“补备”，集体研讨—分工备课—集体完善—形成个案—个人反思，个人初备—集体研讨—修正教案—课后交流反思等。例如，湖北省黄冈中学集体备课方式是：主备人发言（形成初案）—集体研讨（形成共案）—个性化设计（形成个案）—教学实践（跟踪）—课后交流、反思—教学资料保存；山东青州致远中学实行“备课清单四步式”：第一步是教师自己根据课本、教参、教辅资料等进行个人初备，重点对教学目标、重难点的选择及突破方式、练习题设计等作出预设；第二步是备课组集体备课，备教材、备学生、备教法学法；第三步是个性化备课，各教师结合本班学情及个人的知识见解，对知识结构、教学手段、教学步骤及教学内容进行再加工，形成详尽的个性化备课方案；第四步是上课、听课再“补课”，根据自己、学生、同行等各方面的反馈进行方案的再调整、再修改、再完善①。

然而，集体备课在不少基层学校流于形式，主要表现在备课碎片化、缺少系统主题整合；备课形式单一，教师视野狭窄，思维同质化严重，多数为几个熟悉面孔，容易出现“高原”现象，专业引领不够；集体智慧变成了个人分工备，有偷懒行为，备课质量不高；备课过程中，缺少高效合作讨论，缺少“辩课”，侧重点不一致等，导致效率不高。对此，集体备课时各级学校应统筹好寒暑假时间，以学期或学年为单位统筹规划，重点对课标、教材进行立体解读，围绕课型研究、核心素养目标落地、主干问题设计、作业设计、教学反思、单元整合等进行专题研讨式备课，从而达到集体备课的目的。

2. 观课，又称听课或课堂观察。通过观察他人的课，促自己课堂改进。观课通常是观察教师和学生两个层面，观察内容主要是：教材处理情况，是否将教材处理为可输出的教学信息，过程分解是否细化合理、能够

① 曾宪广：《以师资提升破解薄弱学校改造难题》，《人民教育》2020 年第 15—16 期，第 69 页。

实现教学目标；教学环节状况，是否有机、有序、流畅，教材和学法相统一；教学方法运用，是否为教学内容服务、为提升效率服务；课堂教学状态，是否落实学生核心素养要求，关注学生的学，提问设计精巧，及时点拨到位，板书合理以及学生是否积极举手发言、思维活跃、状态饱满，师生情感交融是否融洽，学生学习是否真正发生，当堂训练效果是否好、正确率是否高等。通过观课，听课者可对其教学整体设计思路、教学重难点关键点、教学手段运用等各个方面了然于胸，可从体悟课堂中反思自己的课堂，取长补短，利于改进。

案例 7-4

一节“为深度学习而教”的地理课

陕西省中学地理贺辉名师工作室成员邢莹莹老师通过一堂精彩纷呈的地理课《水循环》，让我对深度学习教学有了更深的认识。

开展问题式教学，引导学生深度探究。在“小组合作、深度探究”环节，邢莹莹老师设计了三个探究活动，从“水绕长安”“水困长安”到“水润长安”，每个环节通过设问层层深入，提升学生的地理核心素养。在探究一“水绕长安”里，引导学生利用案例中的素材，学会判断水循环的环节、类型及水循环的意义。在探究二“水困长安”里，设置了两个问题引导学生探究人类活动造成生态环境的破坏和人类的干预行动进而引发的水资源短缺、水污染及城市内涝，使学生认识到人类的经济发展不能以牺牲环境为代价，形成正确的人地协调观。在探究三“水润长安”里，从小到学生设计路面，到大到建设海绵城市、增加城市绿地和湿地面积、保护秦岭植被、跨流域调水，从微观到宏观、从个人层面到国家层面来解决城市水资源紧张和城市内涝问题。从发现问题、解决问题到谋求人地关系和谐相处，三组问题环环相扣、层层递进，培养了学生独立思考、深度探究的能力。

创设真实情境，引导学生深度体验。真实情境的创设是邢莹莹老师课堂教学的一大特色，从开篇大雁塔、大唐不夜城绚丽的夜景，到“五千年风雨、八百里秦川，巍巍秦岭山、八水绕长安”的豪迈，一开场就给学生既熟悉又亲切的感觉，直接将学生引入了“八水从何而来？又去往何处”

的教学主题。新课导入简短而又引人入胜，非常精彩。

在讲授新课阶段，邢莹莹老师用了形式多样的地图、景观图、示意图和大量的文字材料为学生的探究活动创设了多个情境，给予学生视觉上的冲击，让学生深刻认识到城市内涝已经严重影响到城市的经济发展和人们的日常生活。紧接着通过提出“发生内涝时如何自救”，学习“生活中有用的地理”，让学生感受到地理课的实用性，激发学习兴趣。

整合单元知识结构，引导学生深度思考。邢莹莹老师引用中国科学院地质与地球物理研究所研究员庞忠和的理论“气候变化真正影响人类生活和人类福祉是通过影响水循环而起真正作用的，所以我们必须研究水循环”来强调自然环境各要素之间是紧密联系、相互影响的，不能只从自然界水的运动和能量交换角度看待水循环的重要性，要用联系、发展的观点看问题，引导学生对水循环知识的深度思考，加深对水循环知识重要性的认识。

巩固新知，引导学生深度反思。整堂课中，邢莹莹老师用了7幅添加了不同地理要素、不同形式的水循环示意图来强化、巩固水循环的过程和环节。通过不断变化的地理要素，让学生从不同角度认识水循环，从简单的识记、理解到复杂的实际生活中的应用，不断加深对“水循环”这一节内容的认识，由低阶思维到高阶思维，不断引导学生从全新的角度看待水循环，引发学生的深度反思，最终达成本节课的核心课程目标，即“运用示意图，说出水循环的过程和主要环节，说明水循环的地理意义”。

这节课的不足之处，一个是整堂课内容设置有点满。课堂教学不是内容设置越多越好，而是要适当“留白”，要给学生留下自主思考的时间和空间。另一个是小组合作探究相对较少。

整堂课下来，给我最深的感受是作为地理教师，要树立深度学习理念，用基于核心素养的深度教学帮助学生树立正确的价值观；用深度学习的方式推动课堂教学的改革，教师要在复杂的真实情境中，引导学生围绕具有挑战性的学习主题积极参与，培养高阶思维。①

3. 评课。就是对照课堂教学目标，对教师和学生在课堂教学中的活

① 节选自韩改凤：《一节“为深度学习而教”的地理课》，《中国教师报》2023年2月8日第7版，有改动。

动及由这些活动引起的变化进行评价，是学校校本教研最基本、最重要的一项教研活动。评课维度重点聚焦以下方面：评教学目标（教学目标制定全面、具体、适宜，体现在每一个教学环节中）、教材处理（文本解读准确深刻、流程简约、重点突出）、教学过程（教学环节安排合理、教学组织形式科学、整体结构严谨、教学节奏得当）、教法运用（结合学生特点、创设情境、引导积极思考）、学法指导（对学生学习方法、学习能力、学习思维、学习速度等进行指导）、能力培养（激发求知欲、挖掘学生内在因素，培养独立思考、敢于探索、质疑习惯、多角度解决问题能力）、师生关系（确立学生主体地位、思维得到调动、素养得到提升）、教学效果（效率高、受益面大、负担合理）。

4. 磨课。一般是指一个教学团队（学科组）为解决某一个教学问题，集众人智慧，对某一位教师的某一节课进行反复打磨的过程。这节课常常是青年教师为参加公开课、优质课大赛做准备的，因此赛前需要反复试讲推敲。实践证明，这一磨课过程，即是授课教师及磨课团队专业成长的过程，更是授课教师教学能力从量变到质变的过程。磨课的一般流程是：个人设计案例—筛选设计—第一轮试讲—团队磨课—修改教学设计—第二轮试讲—循环往复—直至满意。这种方式对教师个人成长帮助较大，学校应当多为年轻教师搭建平台，让教师都有磨课机会，实现大面积教师专业素养和能力的提升。

5. 同课异构。这是学校经常采用的一种教学研究方式。它是同一节课的内容，由不同教师根据学生实际、现有的教学条件，凭自己的理解备课上课。在展示中，观课者可清楚看到不同的教师对同一教材内容的不同处理，不同的教学策略所产生的不同教学效果，从中碰撞智慧，优化课程结构，变革学生学习方式。通常在展示之后，会进行说课、议课，经过比较研究，可大大提升教学技能。

6. 切片教研。它是一种崭新的课堂研究方式，既可“切”自己的课堂，也可“切”别人的课堂。通过课堂再现，反复观看，师生互动、个人优缺点一览无余，是很多培训方式难以替代的。准确来说，切片教研可分为两个环节：一是“切”视频。事前将教师课堂教学中的问题“切”出来，将讲授重难点的过程“切”出来，将师生互动、学习生成“切”出来。二是“研”视频。通过观看切片视频，研究问题如何解决，怎样重新设计教学方案；研究通过什么有效方式突破教学重难点，如何进一步优化教学策略等。其特点是“真”“时”“细”，“真”要求研究的问题是自己真实遇到的，“时”要求研究的问题是需要当下及时解决的，“细”要求把真实问题细化切分，微观放大，进行观察、辨析①。

案例 7-5

切片教研

所谓切片教研，即聚焦某个相对独立的教学片段，深入观察其教学设计或课堂现象，通过视频整合、剪切与转换软件制作成视频片段进行教学研究的一种教研方式。三年级全体语文老师本着“切细、摸准、吃透”的原则，从“智慧导学、点拨提升、师生互动”的角度出发，从横断面视角找到问题点，把准重难点，关注细微点，提前进行深入地思考与讨论。

活动伊始，由胡老师分享精彩课例《王戎不取道旁李》初读片段，主要展示了授课教师对文言文扎实、有序、有方法的朗读训练。从自由朗读、检查生字认读，到读流利、读出停顿、读出韵味，由易到难，由浅入深，层层推进。授课老师教学风格平实，教学效果显著，学生在学习中增强了自信，习得了方法。

张肖雪老师分享的是特级教师许嫣娜老师执教的二年级课文《雷雨》，让我们深深地感受到了许老师课堂学习的轻松、活泼和低年级课堂所应有的满满情趣。巧妙无痕的点拨、精彩智慧的评价，从中可以看到学生一点点向语言读写实践的深处前进。

孙珮银老师分享的是五年级上册的《父爱之舟》，授课老师教学流畅、自然，不管是提问还是小练笔，授课老师都会恰到好处的引导，不会让学生感觉无从下手，并在学生回答中进行必要的追问，让学生学有所得。

方傚格老师分享的是杭州市奥体实验小学特级教师李文的六年级习作指导课《我的拿手好戏》，李老师授课风格独特，思路清晰，注意调动学生生活经验。尤其是李老师那句“课堂上出彩的不是老师，而是学生，让绝大多数学生一点点得到提升，追求朴实、有艺术的语文课堂”，给我们

---

① 林春英、刘爱军：《一个案例读懂“切片”中的“真时细”》，《中国教师报》2016 年 8 月 17 日第 13 版。

以启迪与思考。

…… ……

在“切片式教研”中，语文组以切片教研为抓手，以问题为导向，深入解剖典型案例，认真探究，使每位老师不断破解教学中的难点、痛点，让教研活动真正落到实处。①

（二）课题研究

课题研究是教育研究中最常见、最基本的方式，是指教师以自身教学过程中产生的具体问题为研究对象，通过科学的研究方法去探索客观规律，以问题的解决为研究目标的一种研究活动。其基本流程是：选择课题—设计研究方案—申报立项—开题—实施研究（中期推进）—总结研究结果—结题鉴定。

据调查统计，公开课、课题和论文是名师成长的三大砝码；81.8%的教师执教过 10 节以上区级公开课；87.9%的教师参与过三项及以上区级或以上课题研究；81.8%的教师主持过一项区级及以上课题研究；100%的教师公开发表过论文，其中 27.3%的教师发表过 10 篇以上论文②。可见，课题研究在教师专业发展中的重要作用。

在开展课题研究中，一般需要关注的几个核心问题是：

一是选题要切适。选题要以问题为导向，结合自己的专业基础和专业发展要求，从教育教学的疑点中发现课题，把“问题”“难题”当课题，或把平时积累的成功的工作经验进行提炼完善，转换为研究课题。所选课题内涵、外延都要较为适中，既不要大题小做，也不要概念不清，更不能堆砌材料、缺少理论支撑，应当选择切口小、内容实、有新意的选题，重点从源于自己的教学工作所困扰的问题中产生，从个人长期对某一方面的思考中产生，或从自己擅长的又极具浓厚兴趣的领域中产生。这样的课题，会发自内心、充满激情、甘之如饴的在研究路上奋勇前进。“好的问题通常是简洁、漂亮的。解决了它，其所在领域里许多问题可能都会随之

① 节选自湖北省黄冈市实验小学：《春日竞相放 教研绽芬芳——记三年级语文组“切片教研”活动》，2022 年 3 月 31 日该学校微信公众号文章，有删改。

② 李新翠：《从大数据看名师如何炼成》，《中国教育报》2018 年 9 月 5 日。

解决，就像长江里面有一块巨石，将巨石挪开，水流就会顿时变得顺畅。”①

二是研究要严谨。在研究过程中要有执着严谨的精神，做到研究核心概念清晰明确，研究方法科学，分析思路正确，研究路径合理，表述精准，能够持续探索。即使遇到困难需要重新修改方案，也没有什么可怕的，要摒弃功利思想，研究就要在做的过程中，解决一个又一个的问题，不要急于求成，做着做着就放弃了，忘记了初衷。

三是要善于提炼总结。课题研究不是为了研究而研究，而是要抱着形成一批研究成果、推动教育教学中问题解决的目标而去，注重对研究过程中各种探讨、调查、实验数据进行整理，分类形成研究成果。

课题研究要驶向成功的彼岸，仅仅靠个人一时的热情还不够，还需要不停地注入“能量”，即养成反思习惯，对自己的日常教学、他人教学实践进行分析、比较、归纳，不断跟进研究思想，进行理性思考，找到有价值的东西；要不断阅读，从中吸取专业理论、实践研究、学科前沿层面的“养料”，夯实研究的理论基础；还要不停地实践，在课堂上、课堂外，对需要解决的问题反复“施工”、观察、记录，一个人带着一群人干，直至问题解决，这才是课题研究的真正样态。

案例 7-6

课题研究，教师成长的捷径

通过多年的实践，我发现以课题研究为载体，将经验、反思、实践、读书有机贯穿起来，可以有效帮助教师成长。下面以课题为例谈谈我们的一些做法。

经验＋反思——课题提出的必要准备。面对新的课程标准、新的学情，我在教学过程中发现一些问题迫切需要解决，如果解决不当就无法实现全面提高学生语文素养的目的。经过梳理我提出“十问语文”，其中有“怎样培养学生的自学能力”“怎样变知识传授为能力培养”“怎样落实145 万字的课外阅读量”等。

① 丘成桐：《一流人才，始自学“问”》，《光明日报》2022 年 12 月 3 日。

…… ……

实践——让一个个难题迎刃而解。每一个问题解决都要经过“认识—实践—再认识—再实践”的艰辛过程。例如，阅读教学需要解决的问题有：让学生知道学什么、怎样学、怎样小组合作、怎样展示、怎样落实语言文字运用等一系列问题，经过全体课题组成员的努力，探索出“4＋1”阅读教学模式，得到了上级教研部门的充分肯定。这只是冰山一角，其他问题大都经历了相似的探究过程。

通过3年的实验，我们形成自己独特的认识，并称为“核心语文”实验。它以突出对学生听说读写能力的培养，全面提升语文素养为核心导向，以构建四类课程体系为抓手，以周目标过关为落实手段，以小组合作、自主探究为学习方式，最终实现“不需要教”，学生会学习、会合作、会展示、能力强、情智并进之目标。

我们构建了基础类、积累类、实践类和奖励类四类课程体系，探索出十几种崭新课型，重点培养学生听说读写能力，深受学生喜爱，教学质量提升显著。

读书——让课题研究有了深度和高度。读书对于课题研究者来说，不仅是开阔视野、积淀文化，而且是解决问题的需要。因为需要，我们主动寻找一切可以找到的资源，包括书籍、视频、讲座资料等。我们研究问题，必须寻找前人的研究成果，站在他们的肩膀上，才能够站得高，看得远。

我们把书分成三类：一类是专业理论层面的，如《叶圣陶教育文集》《语文课程标准》等；一类是实践研究成果之类的，如《杜郎口旋风》《李升勇：大语文、大教育》《让孩子踏上阅读的快车道》等；一类是高效课堂研究之类的，如《高效课堂22条》《问道课堂》等。另外，还有专业杂志，如《小学语文教学》等。

读书让我们有了扎实的理论涵养，提高了我们的认识，更让我们的课题研究有了深度和高度。

如果说反思是起点，实践是齐心协力的水手，读书是理想的风帆，那么课题研究就是一艘乘风破浪的轮船，带着我们早日达到理想的彼岸。[1]

---

① 王锦彬：《课题研究，教师成长的捷径》，《中国教师报》2017年9月6日第11版节选。

（三）课例研究

课例研究也是常用的一种研究模式，它的优点是集教学设计、课堂观察与改进等环节于一体，对锤炼教师教学基本功、打磨精品课程十分有帮助。尤其是在师徒结对、青蓝工程中广泛采用。其核心点是：一般从共同分析教材、编写教案、教学设计入手，帮助青年教师读懂教材、制定教学目标、把握重点。对每一课进行设计打磨，通过实操式“手把手”地教，个中辅以双向听课，形成反思、调整、实践、再反思、再调整、再实践的闭环。坚持半年以上，青年教师能够真正掌握教学设计要领，达到专业化水平，这样才算取得较好效果。

案例 7-7

课例研究提升实践智慧

课例研究是汾湖实验小学最常用的一种研究模式，集教学设计、课堂观察等环节于一体。

在第三届成长课堂研讨会上，张菊荣呼吁建立有学习空间感的课堂。低年级语文组教师蒋银华开始反思自己的课堂，她不断问自己：“学生在我的课堂是学习的真正主人吗?”这激发了她对有学习空间感的课堂的向往。带着这份向往，蒋银华开始了自己的“三上三磨”。

第一次执教《小松树和大松树》时，蒋银华生怕漏掉任何一个环节，担心时间不够、目标完不成。上完课后，她不仅没有成就感，而且感到很疲惫：“这么累的教学，学生的空间何以实现?”

带着这样的问题，蒋银华与专家、同事开展了第一次议课。周文叶说：“蒋老师准备得很充分，教得很多，我连记听课笔记都来不及，可是学生读、说的机会到底有多少?”崔允漷的课堂教学过程计时器表明，蒋银华与学生之间一对一的问答居然有78次。张菊荣认为：“这催生了课堂看似繁华实则凌乱的信息碎片，学生没有真正的学习空间。”

议课之后，蒋银华推翻了原有的教学框架，连夜开始了第二次教学设计。“这次一定将学习时间还给学生，自己尽量少说。”

第二次执教，蒋银华仍然感觉不到轻松，总觉得心里缺失了什么：

“课堂充分考虑了学生的空间，注重小组交流，学生练习的时间也多了，但为什么还是没有实质性提升，难道还没有把学习空间打开吗?”蒋银华急切地等待大家的帮助。

崔允漷将两次课进行比较：第二次课虽然给了学生活动的时间，但教师一直在讲零散的内容，学生不应该在这些知识上浪费时间。“我们要追求大开大合的课堂结构，只有这样才能为学生的学习创造空间。”张菊荣建议。

在此基础上，蒋银华完成了第三份教学设计，并进行了第三次执教。在期待与忐忑中，蒋银华与学生一起上完了难忘的一课。学生的表现让教师惊讶，每个学生都认真投入学习之中。原来，许多知识教师不教学生也会。

学习空间就这样被打开了，蒋银华真正做到了“不该教的不教，该教的才教”。“原来的课堂教师为什么累？因为教师总是替学生学。”蒋银华总结道。通过课例研究，蒋银华成了一名引领者，引领语文组教师打开了学生的学习空间。[①]

（四）小课题研究

小课题研究是指以学校为单位，由教师个人或教研组教师确定以研究教育教学实践中有价值、需要解决的现实问题为研究对象，运用科研方法，由个人或本年级组多个人合作，研究直接应用于教学实践的活动。相对于国家级、省级、市级、县级课题而言，小课题由学校确立、论证、开题、结题，具有周期短、立项便、见效快的特点，便于一线教师从小事情、小问题、小现象入手开展研究，具有较强现实意义。一般开展方式是：选题（如教学过程中的某一个环节、某一个问题、某一现象、某一案例）—申报立项（确定研究内容、达成目标、研究方法、步骤）—实施研究（与常规教学结合）—结题—成果鉴定与推介。在基层学校开展小课题研究可推进学校教研工作规范化，促进学校解决更多的实际问题，还有利于开展高级别的课题研究。

① 节选自王占伟：《在深度研训中成长自我》，《中国教师报》2016年8月17日第16版。

案例 7-8

朱模班[1]惩罚技术开发有限公司

根据中国学生发展核心素养中自主发展素养和朱模班“三主动，四注重”治班理念，成立朱模班惩罚技术开发有限公司。惩罚公司由董事长全权负责。

1. **惩罚公司责权。**惩罚公司是朱模班九个团队之一，主要引导大家做到“六好一不”。一好：走好路。引导大家抬头挺胸走好路，上下楼梯有礼貌，靠右行，不追逐打闹。二好：排好队。每一次放学引导大家按照礼仪大队排名站好队，走向食堂，做操、跑步、升旗时快速站队，认真做操，坚持跑步，唱好国歌。三好：吃好饭。自觉排队打饭，不插队，不挑食，不抢好吃菜，做到光盘行动。四好：举好手。每周举手次数不少于2次。在课堂抽卡时，可以准确地回答问题。五好：聚好会。在班级活动及学校组织的聚会中，积极参与，快速到达会场，坐成一条线，不做与活动无关的事情，离开会场时不留一片纸屑。六好：锻好炼。晨练和午练分团队组织锻炼；1 000 米长跑步伐整齐，不掉队；1 分钟跳绳快速有长进；坐位体前屈逐渐伸直 1 厘米。一不：不被惩罚。惩罚公司容许同学们犯错误，但不容许经常犯错误。一周内容忍犯错误被批评次数不超过 10 次；犯错误被批评次数在 11 到 15 次的，需要接受公司惩罚，自由选择惩罚条款；超过 15 次的，需要接受班主任约谈。

2. **惩罚公司惩罚细则。**班级实行自主管理，惩罚公司随时可以召开董事会议。把立法权交给学生，让学生自己制定惩罚公司的惩罚章程；把人事权交给学生，由学生团队选出或罢免成员；把行政权交给学生，各部门自己处理班级事务；把司法权交给学生，由朱模班监察部和惩罚技术开发有限公司来处理违纪学生。

3. **惩罚流程。**每周末准时出台《惩罚公司周报》，向全班公布一周被批评情况，凡是批评次数在 10 到 15 次的和一周内 0 次举手的，都是公司惩罚对象，课后自己主动向惩罚公司申请惩罚，在惩罚公司执行董事和监理董事的监督下，完成惩罚；没有达到惩罚标准的，监理董事会拒绝在惩

① 朱模班：湖北省蕲春县第八实验中学朱桂生老师所带班级。

罚清单上签字，需要进行第二次申请惩罚，直到符合惩罚公司标准为止。对不主动向惩罚公司申请惩罚的，惩罚公司会加重惩罚，下周上升到接受班主任约谈层面。

4. **无批评日**。4月2日是朱模班无批评日。无批评日的设立，主要是探求幽默的教育艺术，进而达到最高班级管理境界——自我教育。无批评第一境界是不用过分言语和行为伤害学生，让每一个学生都能抬起头来走路。在教育教学活动中放下师道尊严的架子，用尊重、关爱、赏识、鼓励对待每一个学生，对待每一个犯错误的学生，以及有各种问题的学生。拉近与学生的距离，走进学生心灵，少给学生压力，用无私的爱心、表扬的武器、赏识的眼光、宽容的力量、肯定的态度、幽默的艺术，引导学生、感化学生、激励学生。无批评第二境界是培养学生自我控制、自我约束、自我评价、自我批评能力，做到自律、慎独，成为一个自我教育、自我管理的人，进而达到最高境界的教育——自我教育。惩罚公司就是自我教育的一种体现。让每一位同学自觉地严格要求自己，让他人无法找到批评之处。让批评不再存在，不需要批评。

这是我担任班主任27年来，把班级管理作为小课题，自己摸索出的一种行之有效的办法，已运行10余年。我们将把这种“惩戒”进行到底。①

（五）撰写论文

这是教师最常用的研究方法。通常是教师在数年的教学实践中，对某些教育现象、教育问题进行系统、专业的研究和探讨，提出的新观点、得出的新结论，或者研究成果，经过总结提炼形成的理论性文章。论文是教育研究结果呈现的一种重要形式，一般都有规范的格式要求，包括题目、摘要、关键词、正文、注释和参考文献等。教育论文撰写要求较高，在实际撰写过程中要明白论文一般情形下并不是“写”出来的，也不是闭门造车拼凑出来的，而是基于一定的问题研究、实践、观察分析后，对认为有价值、有意义的思想或做法，通过文字表达出来。如果没有深入实践，没有深层次的思考，或仅为零星的一些想法，是不可能形成论文的。

---

① 本文为朱桂生撰写。朱桂生：湖北省蕲春县第八实验中学教师，湖北省特级教师。

（六）校本课程开发

在推进学校治理现代化征程上，校本课程开发与实施被越来越多地学校所重视，其意义在于学校自主开发设计的校本课程，能够较好地面向学生的个体生活和社会生活，以课程的多样性实现了学生课程的选择性，推进学生主动实践和亲身体验，有利于发展学生核心素养。特别是在开发环节，教师根据要达到的教育目的或学校要解决的教育问题，能够结合学校自身的性质、特点、条件以及可以利用和开发的资源进行开发。例如科技课程方面，可开发智能机器人、信息技术基础、3D建模与打印、汽车技术、通信与信息化、微电影拍摄与制作等；人文课程方面，可开发模拟联合国、演讲与辩论、中华经典文化选读等。可见，在开发的过程中，既是教师开展研究的过程，也是个人专业发展提升的过程。

三、成果呈现

教育研究通过一定的方法方式进行，最后形成了新的教育观点、教育思想、教育方法、教育理论，这便是研究成果。其成果呈现的主要形式有：

教学范式。例如《小学语文古诗词情景教学策略研究》，通过研究，对小学语文古诗词类课程在如何创设情景进行教学设计、开展教学方面形成了教学范式，表现形式即是教学课例。

优秀案例。例如《小学语文阅读内容与目标的研究》，通过对1—6年级语文学生课外阅读的内容、方法、激励、评价开展研究，形成分年级阅读书单、家校阅读方法指导、营造阅读氛围及引导学生爱上阅读、养成阅读习惯等一系列研究成果，解决了不同年级学生课外“读什么”“怎么读”“持续读”的问题。

研究报告。研究报告是指对教育研究工作结果或进展进行总结、报告情况、提出建议或新发现、新成果。研究报告主体部分主要包括导言、研究过程、研究结果、原因分析、研究结论等，如《小学课后服务现状与对策研究》《鄂东乡村名师成功路径研究》等。

研究论文。教育科研论文一般是一线教师工作者将在自身经过实践检验的工作中，认为有价值、有推广意义的做法进行总结提炼撰写而成的。这类论文来自亲身体验，内涵丰富，可读性强。

教育日记、教育叙事、教学反思。这些都是教师在实践过程中亲身经历并真实发生的教育事件。这种记录、描写，包含本人对事件发生背后的教育理念及立场、观点的思考，是成长发展的心路历程，同样是一种研究成果。

推广应用成果。例如黄冈中学《普通高中学校治理现代化制度建设研究》，经过三年的探索，将百余年来办学文化进行整理，固化成为《章程、党建工作制度体系》《课程实施制度体系》《行政管理、后勤服务制度体系》《学科宏观规划》《研究性学习资料汇编》等八本文本制度，将"问题项目化、项目具体化、具体流程化、流程责任化"，形成了基于问题寻找办法的现代治理文化。

著作。无论是专著、编著、合著、文集，都是对某一问题深入研究的结果。例如《学校转型：北京十一学校创新育人模式的探索》一书，是学校以构建选择性的课程体系为基础，最大限度创造适合每一位学生教育的成功办学案例，历经六年探索形成了这项办学成果结晶。

第四节 做一个完整的课题

叶圣陶说："教育是农业不是工业。"教育是需要精雕细琢的艺术活，需要长时间的实践探索，需要不断地总结、反思、提炼与升华。

苏霍姆林斯基说："如果你想让教师的劳动能够多给教师带来乐趣，使天天上课不至于变成一种单调乏味的义务，那你就应引导每一位老师走上从事研究这条幸福的道路上来。"

这种来自实践中的幸福，只有经历过后才会体会得到，作为一名光荣的人民教师应当有所体验。这种体验，就是自己主持或参与做一个完整的课题。

第一，从阅读开始。作为一名研究者，对其最基本的要求就是学识。知识渊博，信息丰富，教学理念是新的，他才会敏锐地发现问题，并对问题有全方位的见解，这是研究的基础。阅读，就是积累知识，解决研究中理论缺失问题，同时还可从中找到新的教育教学方法。很多教师不愿意开展研究，主因就是个人专业素养不高，反思能力、经验总结能力、写作能力不强，教育视野不开阔。这些，通过阅读、坚持阅读学习是可以解决的。

案例 7-9

以研究者的姿态面对问题

我认为中学一线教师做课题研究，主要是处理好教材与教学之间的关系。教材是静态的，教学是动态的，教材问题、教学问题都是通过做课题研究来解决，做课题就像在平衡教学与教材之间的关系。

调入深圳市第二实验学校后，我发现初高中衔接的突出问题——初中与高中数学在学习内容、教学方法、思维方式和教学要求上差异较大，许多高一学生不适应。于是，我带领团队钻研教材，研究学生的心理情况，研究如何设计适合学生的教学方法、如何培养学生形成高中学习的思维能力和习惯，从而确定了研究项目“初高中过渡阶段数学学习状况分析及教学探究”。该课题被列为深圳市教育科学“十一五”规划重点课题，后来还因此出版了《初高中数学衔接教程》。

在30多年的教学工作中，我向学者型教师的方向磨炼，不断更新自己的观念，不断优化教书育人方式。我认为，要做一名学者型教师，既要“教”，又要“研”，还要“写”。“教”是“研”的前提和基础，“研”是“教”的总结和提高，而“写”则是“教”和“研”的概括、升华。这些年，我以此为原则，努力做到深刻反思、及时总结，把自己的一切教育教学及研究实践，都与总结经验和规律、撰写教育教学论文紧密结合起来。

如果要送给青年教师一句话，我想那会是：教师要以研究者的心态置身于教育情境，以研究者的目光审视教育理论和教育现实，以研究者的精神不断发现问题和解决问题，才能成为自觉的教育实践者。①

第二，从反思着手。具有反思探究精神，养成反思习惯，是开展课题研究必备素质要求。在实践过程中，课题研究会遇到种种没有预料到的问题，并且会随着探究的深入，需要搞清楚的问题会越来越多，这种问题需要通过新的教育实践去评判、比较、分析，由表及里，进行判断和思考。特别是在日常教学中，对大量看似平淡无奇的教育教学问题、他人的教学活动和案例，不妨多问几个为什么；对正在进行的实践研究，所发生的每

① 节选自林伟：《以研究者的心态做教育》，《中国教育报》2021年6月4日第9版。

个细节、生成都不要放过，多用反思的眼光去审视，才能发现更有价值的东西。

第三，从小课题起步。小课题相对大课题而言，优点有：程序简单，申请容易；直面问题，解决自身问题；从实际出发，量力而行，压力小；从“模仿研”奠定基础，为“深度研”承担高级别大课题打基础；便于一线教师申请，让更多的教师走上科研之路。小课题研究开展过程一般以半年或一学年为一个周期，流程可设计为：选题申报（个人或学科组确立研究内容、目标、方法、步骤）—立项（学校教科室组织学科骨干审核，一周内公布结果）—实施研究（与常规教研结合，从教学、听课、评课中开展行动研究）—结题（撰写研究报告，学校集中评审，公布评审情况；周期为一学年的，开展中期推进小结）—成果鉴定与推介（鉴定、评奖、推荐）。其间，学校可以借助县级教研室、名师力量在专业层面作指导，充分发挥学校教研组、备课组作用，共同为课题提供专业学术支撑；还可通过开展培训、讲座、研讨、沙龙等方式，为课题教师提供源源不断的“科研养料”。小课题在基层一线拥有广阔天地，可以大有作为。

第四，形成研究共同体。李镇西曾说，实践、思考、阅读、写作，这四点密不可分。实践是双腿，思考是大脑，阅读是左臂，写作是右膀，唯有四者结合才是一个完整的教育行走者，年轻教师做到“不停地实践、不停地思考、不停地阅读、不停地写作”，想不成功都难。这告诉我们，一个人的成长是在“不停”的进行中；同时，启示我们要“不停”才是关键。事实证明，教师成长靠个人自觉，长期自觉坚持者鲜有；在相互支持下发展，发展会更快更持久。教育研究，形成研究共同体是研究的一种新境界，更利于教师将学术研究不停地坚持下去。佐藤学先生在其著作里明确指出，教师应当持有自己明确的课题教学研究，这个课题应由教师提出来，而不是学校分下来，应当建立所有的教师一年上一次观摩课，并接受同事们评议的制度，让每位教师确定自己要挑战的教学研究课题，让学校成为创造性教学中心、教师相互学习共同成长的地方。“为了通过教学研究来改变学校，最少 100 次的授课案例研究是必要的。”① 学校要建立起“合作性共事”的关系，这才是学校教研的样态。纵观各地教学质量高的

① 佐藤学：《静悄悄的革命——课堂改变，学校就会改变》，教育科学出版社 2014 年版，第 67 页。

学校，或是开展得风生水起的省市级名师工作室活动，其内核，基本都是研究者之间形成了非常融洽的合作研究共同体机制。他们围绕共同目标，共同观摩、评课，公开研讨、授课，跨学科、跨年级，这样朴素、诚实、直接的共同体研究活动，产生的质变效果不可估量。

第五，努力做一个完整的课题。教学离不开研究，研究服务于教学。提倡每位教师能够主持做一个完整的课题，这是因为当静下心来克服困难做一个课题后，在这个过程中，会收到很多“副产品”。例如，个人自学习惯养成了，反思能力增强了，发现问题的眼光敏锐了，特别是当解决某一个问题后，会感觉教育科研是如此有价值、有意义，研究的“神秘面纱”也随即揭开；在这个过程中，理论素养、教学效果也会大大提升，也为将来申请市级、省级、国家级课题奠定基础，并且职业幸福感会大大增强。

本章小结

教育研究是教师可持续发展的生命线，也是一位教师将来是否成为教育家型教师的分水岭，更是促进教师专业发展的必经之路。从其含义、主要观点，到当下教研种种现状来看，教师应当有正确的认识，并能够主动承担研究任务，从小课题做起，从阅读、积累、反思、实践等多个途径同向发力。这既是本职工作的需要，更是新时代教师自身发展的需要。

开展教学研究不是一件容易的事，需要掌握正确的研究方法。例如，文献研究、个案研究、调查研究、行动研究、数据分析等方法，还要用科学方式切入研究正题。研究方式的采用，更多的是立足校本教研和课题，从易到难，从小切口到复杂问题，需要量力而行，但最终的结果是改善自己的实践行为。

提倡教师做一个完整的课题，真正做一位具有职业幸福感的教师。

第八章　教育写作

教师撰写与教育教学相关的文章，一般称为教育写作。近年来，教育写作已从教育学研究的边缘，逐渐进入广大一线教师及教育学者探究的视野。从教师专业发展视角来审视，教育写作过程，即是个人教育史形成的过程，也是自我总结提升的过程，还是构建新知识、形成新能力的过程，已成为教师专业发展的一条重要路径。

第一节　认识教育写作

一、教育写作的意义

我们广大教师在长期的教育教学实践中，每天面对个性各异的学生个体，从事着每天都不一样的教学活动，年复一年，没有一堂课的生成是一样的，没有每一天的教学是一致的，丰富的教育生活蕴藏着写作的灵感。这些灵感，我们经过理性思考，认真梳理，然后写下来，就是个人教育理想信念、专业素养、专业行为的转化和提升。长期坚持下去，个人便“静悄悄”地成长了。

首先，教育写作可有效促进个人专业发展。教育写作是教育反思的最佳载体，亦是专业表达。在写作的过程中，真正的反思就开始了，或是听课评课的收获，或是读书后的收获，或是长期以来对某一重复的教学实践找到了最有价值的经验方法，等等。通过思考、提炼、转化，自己的教育理想、理论就丰厚了一层，向前迈进了一步，让自己长期在一线中“实践的成果”与“教育理论”碰撞，相互印证，专业发展自然向前延伸。正如魏书生所说：“结合实际去写，就逼着自己去看更多的书，在实践与写作的过程中又加深了自己对理论的理解，养成了用理论去指导实践的习惯，是一举多得的好事。”

其次，教育写作可有效促进个人教育研究走深走实。一方面，教育写作是开展教育科研必不可少的环节，其书面表达能力、洞察问题能力、教学创新能力和归纳总结能力一般较强，写得越多，其能力提升也会越快；另一方面，在不断地写作过程中，便会对自己的教育教学实践进行一次又一次的反思，对教育教学行为不断矫正，促使其往正确的、更加科学的方向发展。

最后，教育写作可极大拓展心灵疆域。通过教育写作，让自己的精神疆域大幅拓宽，个人教育理想一步一步地丰满起来；让自己的灵魂更加纯粹，内心更加宁静，把自己放进去，把教育教学中遇到的问题一个个“深思熟虑”出来，教育的幸福感便油然而生。

二、教育写作的一般规律

实际工作中，许多一线教师很难找到写作带来的教育幸福感，认为那是天赋，自己似乎天生写不出。究其原因，一是教师在高校学习期间，对教育教学中用到的写作文体课程授课不多；二是平时写得少，书读得少，加之对教学活动思考不深，导致下笔写不好；三是写作内动力供给不足，写与不写，学校没有制约机制或激励措施，久之就倦怠下来。殊不知，教学写作有规可循，其一般规律是：

教育写作源于心中梦想。心中有理想，笔下才有力量。对写作心中有梦想，即是动力。这个梦想，可以来自教育生活的一个小故事、一个小插曲、一次教学的失败，或是积累数年的教学经验，都可以成为写作的冲动。如果把它记录下来，就是写作；无论好坏，写作之门就此打开。当一篇篇的文章被发表、被奖励、被赞扬，个人梦想便一步步靠近，写作动力也就越来越强。

教育写作是读、做、思的集合体。读，阅读，犹如知识的输入与贮存。对学科专业知识、相关教育教学前沿书籍以及常年订阅的经典报纸、杂志，保持阅读习惯，这样就垫实了写作的理论功底。做，实践，每天的教学活动、班级工作、教研等，都是实践，犹如对知识内化后的输出。同时，一边做，一边思考如何将理论应用于实践，在实践中遇到的问题如何在理论中找到答案，这样“读—实践—反思—读—实践—反思”，便形成了良性互动的教育教学生活样态。时间长久了，在这种生活样态中，将积累或生成令人欣慰的东西，这或许是一个值得推广的经验，或许是一个科学的模式，把它总结出来，付诸文字，意义深远。这三者中，实践少了，写起来便是空穴来风，无素材可言，或言之无物；阅读少了，理论印证实践难以找到对应关系，文章缺少灵魂；反思少了，如珍珠撒落一地，思想、观点不聚焦，难出精品，三者是相辅相成的。

教育写作需循序渐进。把文章写好非一日之功。教师写教学设计、总结、论文、教育叙事等，一提笔就下笔千言、妙笔生花，在长期没有写过的情形下，这几乎是不可能的。只有经常写，经常悟，从易到难，从短到长，从一般到精美，循序渐进，才能把文章写好。例如，教师可以先从写博客、公众号、教学反思、叙事开始，不要急于求成发表，坚持下来，逐步掌握写作要领，思想成体系，言简意明，表达清晰，写作自然就水到渠成了。

三、教育写作的逻辑关系

教育写作与其他写作一样，具有较强的逻辑关系。周溯源博士在《文章五境界》中说，作为学问载体的文章大致可分为五重境界，亦是好文章的五条标准。第一境界，准确明白。把要说的事、要讲的理说准确、讲明白，做到条理清楚，逻辑严密，语言通畅，一看就懂。第二境界，生动形象。语言鲜活动感，不仅把事与理说得准确明白，而且绘声绘色，读起来如沐春风，如饮甘醇。第三境界，简洁凝练。句无闲言，干净利索，“意则期多，字惟求少”。第四境界，质朴自然。不矫揉造作，不故作玄虚，“平字见奇，常字见险，陈字见新，朴字见色”，文从字顺，平淡清淳。第五境界，创新出彩。义理创新，“言前人所未言，发前人所未发”“动人春色不须多”。可见，写出一篇好文章不是一件简单的事。

（一）好文章是读出来的

要想写出好文章，首先是要多阅读。阅读的意义，就是寻找教育理想中的理论支撑，一点一点地丰厚理论根基，在实践中找到科学的答案。阅读即是积累，通过广泛的阅读，个人思想境界、视野便宽广，思维深度、广度便延伸更深、更远；同时，围绕目标来读，以此画同心圆来读，积累的知识会越来越多，再通过现实中实践的观照，二者碰撞，想写什么，怎么写，心中就有了脉络。再者，读得多了，就知道怎样才会写好，心中的标准自然也就出来了。例如，《红楼梦》第四十八回中，林黛玉指导香菱学诗：

黛玉道："正是这个道理，词句究竟还是末事，第一立意要紧。若意趣真了，连词句不用修饰，自是好的，这叫做'不以词害意'。"香菱笑道："我只爱陆放翁的诗'重帘不卷留香久，古砚微凹聚墨多'，说的真有趣！"黛玉道："断不可学这样的诗。你们因不知诗，所以见了这浅近的就爱，一入了这个格局，再学不出来的。你只听我说，你若真心要学，我这里有《王摩诘全集》，你且把他的五言律读一百首，细心揣摩透熟了，然后再读一二百首老杜的七言律，次再李青莲的七言绝句读一二百首。肚子里先有了这三个人作了底子，然后再把陶渊明、应玚、谢、阮、庾、鲍等人的一看。你又是一个极聪敏伶俐的人，不用一年的工夫，不愁不是诗翁了！"①

说的就是这个道理。

（二）好文章是做出来的

实践出真知。在教学活动中，讲课、听课、说课、评课、研课及其他教育教学活动，都可谓之教育实践。在这年复一年的实践中，自然会探索出好方法、好路径，并且有些方法与路径可能就是别人从未尝试的，然后把它提炼出来，记述下来，必是好文章。这种实践，是个人教育教学生活积累下来的，也可能是通过创新摸索出来的，还可能是借鉴别人改良下来的，无论哪一种都是有意义的。这种实践，即是写作义理中的"硬核"，读者的"看点"。

（三）好文章是写出来的

拳不离手，曲不离口，写作同理。文章不写半句空。一个人要想写出好文章，一定是从小块文章开始，坚持多写、常年写、不间断写，写作经验慢慢积累，写作技巧慢慢掌握，写作信心慢慢强大，这样写文章就不会有恐惧感。当个人有写作的愿望时，一定要珍惜这个愿望。在成长道路上，会遇到种种情形，哪怕是思想的突然一串光，都要有意识地记录下来，或是随笔，或是散文，或是反思，或是论文，均可。这一写，便是个

---

① 曹雪芹：《红楼梦》，北京燕山出版社2008年版，第248—249页。

人教育生命中的一次小结；小结越多，思想便越成熟；越成熟，思想与文字便合二为一，好文章就生成了。

（四）好文章是改出来的

文章不厌千回改。文章写完后一定要认真修改，一般至少修改三次以上。修改的原则，一是要合乎逻辑。文要对题，每一段都有一个中心思想，一级标题紧扣文章主旨，并与小标题紧扣；二级标题都要紧扣一级标题。否则，句子华丽、优美，用错了地方，就是废话，都必须舍去。二是要言简意明。“文简而意周。”言简，多数人视为一种风格，更是一种习惯。鲁迅主张“写完后至少看两遍，竭力将可有可无的字、句、段删去，毫不可惜”。意明，表达清楚，多用短句，少用长句；多写中心句，少出现多句不聚焦情况，忌言不达意。三是要言之有物。文章读完，读者有收获，不要无病呻吟；读过，在思想中不能没有留下任何印记，一定要有新知、新解、新法等能够让读者吸收，这也是文章有价值的体现。在修改时，既可自己改，也可请业内人改，还可放置几天再回头改，都是好途径。文章多改几遍，精华自然会蕴藏其中。

（五）好文章是坚持出来的

“骐骥一跃，不能十步；驽马十驾，功在不舍。锲而舍之，朽木不折；锲而不舍，金石可镂。”写作贵在坚持，凭一时冲动，或把个人需要完成的任务完成，便搁下笔来，这样文章难写好。写作，实质上是一项系统工程，如同一台机器在不停歇地运转。这项系统工程就是阅读、积累、实践、反思、改进、总结、再阅读、再积累、再实践、再反思、再改进、再总结的过程。这个“链条”不停，个人知识结构便不断完善，天天在吸收“养料”，天天在完善自我，写作便是轻松事，好文章便写出来了。

第二节　教育写作方法

当我们认识到写作不是一蹴而就的事，掌握其基本逻辑关系后，如何去写，并且写出高质量来，是有其规律和方法的。教育写作常规方法主要有以下几种。

一、随笔法

随笔法即是从自己最想写的、最容易着笔的开始，体裁不限，比如写日记、博客、反思、叙事、学校新闻报道等。自己给自己列出写作计划，每天或每月写多少篇，每年力争能够见报（发表）多少篇。这样，压力小，可随意记录在本子上或电脑中，时间一长，写作的信心就树立起来，技巧便逐渐掌握。

常见的随笔，可以是日记，也可以是教育叙事。在写的过程中，注意表达清晰这个原则，即做到思想主旨突出，叙述条理清楚，内容新鲜不落俗套，文风严谨朴实。写随笔，贵在坚持，写多了，好文章就自然有了。

二、模仿法

初写者常常遇到想写、要写的东西太多，或基于交办的任务，只好硬着头皮写，殊不知，正如朱光潜所说，“许多学子对文学写作不肯经过浅近的基本训练，以为将来一动笔就会一鸣惊人，那只是异想，虽天才者也未必能做到”。因此，不着要领地写，只会浪费时间、精力。对初学者来说，模仿法是一条有效途径。

先找出一篇体裁、内容、框架等结构正是所要表达的模样的文章，细读文章，从中领略表达方式及脉络架构，做到心中有数。这一般要求写作者平时阅读要做有心人，比如读书、看报、浏览杂志及公众号等，对自己喜爱的文章可以收藏、细品。写作时，可作为范文来“临帖”。

模仿法不是照抄照搬别人的内容，只是借鉴别人的“神”——内在框架结构、语言表达形式，明白先写什么、后写什么、怎么写，切不可剽窃其内容或观点，若是引用，应该注明出处。

三、反复提炼法

当确定要写一篇酝酿已久的文章时，可以将平时积累的素材一一罗列出来，根据文章主旨，对素材一一审视取舍，确定哪些采用，哪些舍去，然后提炼主题，确立文章结构部分，列出文章框架。文章框架列出后，再仔细推敲第二遍，看标题及内容是否令自己满意，自己想表达的内容是否呈现出来了，内在逻辑关系是否合理。若无新意，或未成一家之言，过于平淡，即可弃之重来，直到认为言之有物，内容丰富，有创新出彩点，便可确定提纲。反复提炼文章主题，是促使文章有张性、有活力的重要方法。

四、提纲法

提纲法即先列提纲，后动笔。将文章题目定好后，便开始列写作提纲。提纲从一级标题到二级标题要逻辑关系紧密，内在意蕴环环相扣，或为平行展开，或层层递进，或先重后次，但主旨要明，大标题须扣小标题，小标题内容必须服务大标题，避免内容前后矛盾，重复交叉拖沓。提纲往往一次难拟定，需要就二级或三级标题内容反复酝酿，增删取舍，浑然一体后，再开始动笔。一般情况，列提纲、动笔写到修改完成，三部分所花时间基本是差不多的。初写文章者，多习惯没想通透便开始写，结果文章写完了，标题还没拟出来，语言虽通顺，就是不成文章，其内容东一句、西一句，皆为废话。若先列提纲，聚焦主旨再写，就可避免下笔千言、离题万里的现象发生。

案例 8-1

朱光潜：作文与运思

在定了题目之后，我取张纸条摆在面前，抱着那题目四方八面地想。想时全凭心理学家所谓“自由联想”，不拘大小，不问次序，想得一点意思，就用三五个字的小标题写在纸条上，如此一直想下去，一直记下去，到当时所能想到的意思都记下来了为止。这种寻思的工作做完了，我于是把杂乱无章的小标题看一眼，仔细加一番衡量，把无关紧要的无须说的各点一齐丢开，把应该说的选择出来，再在其中理出一个线索和次第，另取一张纸条，顺这个线索和次第用小标题写成一个纲要。这纲要写好了，文章的轮廓已具。每个小标题成为一段的总纲，于是我依次第逐段写下去。写一段之先，把那一段的话大致想好，写一句之先，也把那一句的话大致想好。这样写下去时，像上面所说的，有时有新意思涌现，我马上就修改。一段还没有写妥时，我决不把它暂时摆下，继续写下去。①

① 朱光潜：《读写指要》，上海文艺出版社 2019 年版，第 289—290 页。

五、总结法

总结法的素材取决于教育教学生活。将平时所开展的育人实践，结合个人从阅读中汲取的营养，经过反复酝酿，提取认为可以着笔的内容，形同“打腹稿”，然后列提纲写下来。这种方式，即是“我手写我心”，及时总结个人在长期教育教学实践中遇到的方法上的闪光点或思想上的一束强光。这或许是长期实践后的一种成熟做法、模式，也或许是借鉴他人，从阅读、学习他人内化后，付诸教学当中、学生管理之中，经实践检验，取得成功的一种方式、范式。这类文章，是广大一线教师写得最多、最擅长的一类，比如教学案例、班级管理、教学设计、教学反思等。

六、三遍修改法

文章写成后，一般修改三次以上即可提交。一篇好文章，一遍、两遍修改难以达到要求，需多次修改，后面的修改也许是推倒重来，面目全非。在修改过程中，一般先是从文章的主旨、严谨性着手，审视内在逻辑关联是否紧密；其次审视句子是否通顺，用词是否精当，有无错别字；最后引用部分要对照原文校对，确保准确无误，并注明出处。

第三节　常见教育写作例文

常见教育写作形式主要有：教育随笔、教育叙事、读书笔记、教学反思、教育论文、教育新闻、教学案例、工作总结、教育自传等。以下择其撰写较多的文体作简要介绍。

一、教育随笔

教育随笔，即是随意、随心、随手记录教育教学中的一些经验、感悟、突发事件、欣喜、遗憾等，是记录发生在个人身上（或关联的）真真切切的事。教育随笔是促进个人专业成长的第一手资料，具有教育记录价值。

随意，指所写内容广泛，可涉及对学生成长、课堂教学、班级工作、专业发展、家庭教育、教育时弊评论等方面及时思考的内容；随心，即“意之所至，随即记录”，用心而作，其选材要精，立意要新，内涵要深；

随手，是指及时记录，及时捕捉所见、所想、所发生的真切故事或思维片段。

教育随笔一般篇幅短小，写作形式多样，内容多来自教育教学生活之中，主要体现个人教育理想、信念及思想、方法，贵在思考与坚持。

案例 8-2

我有一个反思本

开学初的一个课间，有个孩子兴冲冲跑来送给我一张贺卡，我当时正在整理资料，只说了声“谢谢”便随手放到了桌上。等我回过头，发现孩子正远远地看着我，满脸失落。那一瞬间，我意识到自己可能做错了。那天我在日记本上写下了这件事，并反思：

如果当天我停下手中的工作及时给予孩子肯定，是否会让孩子更加自信、能够拉近师生关系……

第二天我把那个孩子叫到身边对他说：“老师昨天很忙没有对你表达感谢，你做的卡片真漂亮，我好喜欢！”孩子当时露出的笑容，我想我永远忘不了。初当班主任的我，时常不知该如何面对与处理孩子们的问题，突然想到：如果我每天都能像这样记录遇到的问题与思考，是否会助我更好地前进？于是，我准备了一个精美的笔记本，认真地写上“反思本”三个字。没想到，这本反思本竟成为我专业成长的金钥匙。

可能每个班都会有这样的孩子：作业、卷子永远做不完，总是发呆……我们班就有一个这样的孩子。基于他平时的表现，当他试卷没有做完时，我的第一反应就是“他真贪玩”！再次考试时，我把他叫到身边做题。这次我发现了问题，原来孩子并不是贪玩，而是读题困难，又不敢向老师求助，因此只能发呆。那天我对孩子说：“你以后有任何问题都可以来找老师，不用害怕，我一定耐心给你讲解。”后来，当孩子拿着作业来请我帮忙读题时，我很意外，也很开心。当时我看到他认真的样子便拍了下来，发了条朋友圈，没想到从不跟我交流的孩子父亲告诉我：孩子并不是外表看起来那样什么事都不在乎，其实他很较劲儿，上课举手没点他，他会郁闷；有项目没让他参加，他会怄气；同学没投票给他，他回家会捶脚顿足……那天我在我的反思本上写道：

要给予孩子肯定，而不是一直去强调他的问题；和家长沟通才能够了解不爱开口的孩子的内心，才能更好地解决问题。对待家长要坦诚，要鼓励家长多沟通交流……

当班级管理渐入佳境时，我收到了一位长年在外的家长来信，信中都是质疑：学校的教学进度是否太快？家长单凭孩子说是否真能了解学习内容，而不是直接照着书辅导……看到这接二连三的问题以及对我工作的质疑，我心里仿佛有一块大石头，压得我喘不过气来。但很快我平静下来，想着他还愿意跟我沟通，说明他是希望解决问题的，于是我耐心地一一解答他的问题。基于这件事情，我深思背后的原因：因为家长隔得远不知道孩子情况，更想要了解孩子的每日所学。这一次，我在反思本上写下：

倾听家长的意见，不要一看到问题就觉得委屈、不满，应坦诚沟通，家长才会更信任你，会给你更好的建议，促进班级更好地成长。

借助这件事，我在班里表扬了这位原本对我有意见的家长，从此更多家长愿意和我沟通，给出意见，共促孩子成长！……①

二、教育叙事

教育叙事即是记述有关教育的真实故事，换言之，即是“教育记叙文”，以描述、分析已发生的独特的生活故事和已积累的丰富教育经验为基本“原材料”，通过把故事讲明白，从中反思教育行为背后所蕴藏的教育意义、教育信念和规律，展现个人心路历程，基于故事的独特性、真实性，经过反思内化、升华，揭示、阐释复杂教育现象的一种文体。

教育叙事写作，是真实记录教育故事。它旨在把已发生的经历与当下的行为和未来的主张架构起来，有叙述、有反思、有主张，不仅对个人专业发展起到积极促进作用，而且也被其他教师借以反思促进成长，已成为广大教育学者纷纷研究的一个重要方向。

伟大的教育家苏霍姆林斯基在35年的教育生涯中，孜孜不倦地写作，出版40余部教育专著，还撰写了600余篇教学论文、1 200余篇儿童故事以及3 700多份观察日记，堪称典范。

---

① 节选自尤程程：《我有一个反思本》，《湖北教育》2020年第10期，第77页，有改动。

教育叙事写法，一般是三步：有细节、有冲突、有悖论的故事（描述）；有追问、有反思，如做得对吗，本质是什么（判断、探究）；怎样改进、怎样解决，有方案（主张）。

三、读书笔记

读书笔记是指在阅读时把自己的读书心得写下来（或把文中精彩句段摘抄下来），或给文章、著作做批注而形成的一种文体。

读书笔记写无定法，一般常常围绕自己喜欢的话题或研究的课题展开，其意义重大，不仅可提高阅读能力，而且能够有效提升科学研究及写作能力，可为写作积累大量素材，增强理论素养。

读书笔记多为心得式，还有摘抄式、评论式、存疑式、批注式、仿写式等。其中摘抄式一般是将经典的句子或段落摘抄在专门的本子上，在这句话或段落前编上序号，在文后写上页码，注明书籍（文章题目、作者、刊号）等。心得式重点写感受，联系实际，写下内心感受最深的东西。

案例 8-3

读《静悄悄的革命——课堂改变，学校就会改变》

文化是学校的灵魂。一所学校应该建立、凝聚或传承怎样的文化？

如果想办一所受人尊敬的学校，在完全没有文化底蕴的学校里，该从哪些方面着手呢？这应该离不开“教室文化、教师文化及课程文化”。

教室文化。要建立教室的文化，首先应该建立师生倾听的文化。理想的状态应是，于生，既鼓励学生发言，又培养学生倾听能力；于师，“应视学生的每一句话都如珠玉般的宝贵而给予尊重的态度，以及消除粗话或含义不清的言辞，精心选择那些能给每个学生留下深刻印象的言语来上课的讲话方式”。其次，教室的文化是师生情感共振的文化。学生在教室里有有声的和无声的语言，当教师讲课、提问、交流时，既要倾听学生的有声语言，又要捕捉学生无声的语言。最后，是建立“学的文化”。在教师的介入下，深入地观察每个学生，进而提出具体的学生任务以诱发学习，组织各种意见的交流或各种新发现的交流，开展多样化的互动，让学习活动更丰富，知识经验掌握更深刻，建立“以学为中心”的教学。

教师文化。如果打开教室的大门，建立师师之间的“合作性共事关系”，人人开放自己的教室，每年每位教师至少上一次公开课，建立起教师间公开授课的教研体制，每位教师作为教育专家而共同构建一种相互促进的学习关系，破除师师交流中教室的篱壁、学科的壁垒，甚至可以接受校长亲自扛着摄像机，一一记录每个教师的教学，坚持与处于教学中心地位的教师们相互学习，三年后教师的专业成长将会发生何等的变化？不可估量！如果打开学校的大门，学校向社会、社区、家长开放，让家长参与到学校教学与管理中来，建立“教师和家长合作”的新型关系，教师不满意家长、家长不信任教师的状况将会得到根本改变；在育人问题上，教师、家长将会形成良好的团结合作关系；教师改变课堂教学将成为“自觉”。

课程文化。教科书是教师教学的工具，但准确地说那只是“教”的课程，而不能等同于“学”的课程。传统的学校教育中，常常某一单元以“目标·达成·评价”而进行组织，是“阶梯型”课程，难以满足学生个体发展需要。如果创造以“学为中心”的课程，“把课程单元放在‘主题·探究·表现’的模式中加以设计，而在教室中则要实现‘活动的、合作的、探究的学习’”，教学效果将会完全不一样。同时，开展综合学习，即以现实的课题为中心组成单元，组成学习的课程，利用合作、探究、对话的方式，让学生走进身边这所“社会大学”开展课题或主题式学习。这种方式可谓是对学生自主性、主体性学习最大化的挖掘、检验与提升。

当学校建立了以上教室、教师、课程的文化，学校便成为学生相互学习成长的地方，成为作为教育专家的教师们相互学习成长的地方，成为家长和市民参与学习教育、相互学习成长的地方。于是，便形成了“学习共同体”；从一个个教室里萌生出来的，植根于学生、教师、社会和谐关系的教育“革命”，便“静悄悄的”发生了。①

四、教学反思

教学反思写作是指教师把自己的教育教学实践作为思考的对象，进行再认识、再思考、再实践，从而达到进一步提高技能水平，促进学生更加充分发展的一种总结性文章。从反思类型来看，有纵向反思、横向反思、

① 本文为作者自撰。

个体反思和集体反思；从过程来说，反思可分为具体经验—观察分析—重新认识—验证四个阶段。

教学反思是否能写好，取决于教师的反思过程是否深入，是否形成直面问题—观察分析问题—研究问题—解决并印证问题的行动闭环。

反思的过程，一般包括教学前反思、教学中反思和教学后反思。反思内容一般主要集中在反思教育观念、课堂教学、学生问题、人际关系、个人成长等方面。其中课堂教学是重点。

反思方式，可以从学生的角度来反思，从同伴的视角、专家的视角、家长的视角来反思。

教学反思写作方式，可以课后笔记、反思日记、交流探讨心得、教学研究等形式着手撰写。

实践证明，反思是促进教师专业发展的一条重要途径。撰写教学反思已成为广大学校提升教师队伍建设水平的一条重要法宝。

五、教育论文

教育论文是教师写作中较高的一种形式，写作难度较大。论文是否能写好，与个人阅读、实践、经常撰写有直接关系。

如何写好教育论文呢？

首先，要有发表论文的欲望。我们提笔写自己所熟知的内容，想一下笔就能达到刊物所发表的标准，是需要一个过程的。当我们想发表论文时，自然就需要提高写作要求，最简单的办法即是经常阅读相关专业杂志刊物，从专业杂志刊物中汲取写作灵感、熟知论文格式及语言表达方式与特点，从而对论文撰写有清晰的认识。这个认识，就是要坚持论文写作的标准和基本底线，遵守论文写作的基本规范。除了前面说到的好文章是读出来的、做出来的、写出来的、改出来的、坚持出来的几点以外，还要精心：选题、认真开展研究、表述流畅、行文严谨。

任教乡村的湖北省特级教师吴再柱在《我想发表文章》中这样写道：

> 几个来回之后，我对自己论文写作的信心逐渐有了一些。《湖北教育》《中国教育报》，是“闲人免进”，但不是“高不可攀”；权威报刊是属于市民的“大众公园”，而并非专家教授的“私家花园”；“带着一线的硝烟”“带着泥土的芳香”，往往弥足珍贵；越是权威报刊，越是最需要听到基层的声音！

我逐渐养成了一些习惯。那几年里，我每天总要关注《中国教育报》等报刊动态，浏览互联网上的教育信息；并且喜欢一边阅读，一边作摘抄；办公桌上、床头柜上，甚至电视机前的茶几上，我总要准备一支笔、一个笔记本，随时准备将一些认为有用的东西及时地抄写下来。许多夜深人静时，我睡在床上，如果突然想起了一个好的观点、一个好的语句，便迅速翻身起来，在备用的笔记本上写上一两句，或几个关键词。那几年里，我的脑子里几乎是时刻都在想着一些教学问题，揣摩着一些教育文章。

可见，写作是件辛苦事，写好、写出彩，也是要经历从量变到质变的艰难过程。

其次，认真选题。要选好题，应从自己熟悉的内容出发，从已取得的实践研究中进行总结、归纳、提升，所提炼的观点，应具有前瞻性、科学性、有效性，这样的选题意义更大，写起来更顺手。简而言之，选题与内容是紧密相连的，题目确立了，内容也就决定了。因此，无论是开展质性研究、实践研究、行动研究，还是案例研究，一定要具备这样几个特点：自己实践过或经实践（自己实践及别人实践）印证过自己观点的正确性，观点具有独创性，文章具有指导意义，是自己特别熟悉的、有独特见解的，切口适中，主题聚焦。

最后，要精心打磨。论文写完，不要急于发表，要进行反复的修改。在保证结构完整的基础上，还要做到行文规范。论文一般格式是由题目、作者、目录、摘要、关键词、正文、参考文献、附录等部分组成。其中摘要是文章主要内容的摘录，也是最主要的观点，字数一般在几十字到三百字之间。关键词一般三到五个，来自文章的各个部分。参考文献是文章所引用的文献，一般集中列于文末，具有一定格式，例如：[1] 徐婷. 巧用阅读教学助推初中英语核心素养 [J]，英语广场，2019（11）：146-147. 即，文献主要责任者、题名 [文献类型标识/文献载体标识]. 连续出版物题名，年、卷（期）：页码（引用日期）等。

案例 8-4

新课改背景下实施“选课走班制”的路径探索

摘　要：随着新一轮基础教育课程改革的持续、深入发展，传统的以固定班级为学习组织方式的模式已不能更好地落实新课改所倡导的学习理念。“选课走班制”作为一种新型的学习组织方式，不仅符合新课改所提倡的教育精神，而且也已被国外的教育实践证明是一种科学的、有效的学习组织方式。虽然我国对“选课走班制”进行了一定的实践尝试，但这并不能成为在全国进行大面积推广的系统指南。广大中小学校在进行课程变革，尝试“选课走班制”之前，需要厘清多方面的认识：第一，转变教育观念是学校实施“选课走班制”的出发点；第二，改革课堂结构是学校实施“选课走班制”的切入点；第三，变革课程体系是学校实施“选课走班制”的突破点；第四，建立网络平台是学校实施“选课走班制”的助推点。

关键词：新课改；学习理念；选课走班制；实施路径

2001年6月，以教育部印发的《基础教育课程改革纲要（试行）》文件为标志，我国开启了新一轮基础教育课程改革（以下简称“新课改”）。与以往的课程改革不同，此次新课改强调：要改变以往课堂教学中过于注重知识传授而忽略学生主动参与学习的倾向，将培养的着重点放在学生的“自主、合作、探究”层面上，即课堂教学应建立在学生的学习兴趣和生活经验之上，“培养学生搜集和处理信息的能力、获取新知识的能力、分析和解决问题的能力以及交流与合作的能力”[1]。可以说，新课改为我国教育的彻底变革提供了强有力的政策支持，也是对我国逐步进入信息化社会所需要的“新型人才”的有力回应。然而，要想把新课改所倡导的培养目标真正落实到一线的课堂教学，单单依靠变革课程结构、重新制定课程标准、改变教学过程、重构基础教育教材等并不能真正改变我国基础教育课堂中教师中心、知识中心和教学中心的面貌。甚至一部分教师在课堂教学中过于注重对新课改“形”的追求，而忽视了对“神”的理解，致使“自主”成为“自流”，“探究”成为“放任”，教师成为“合作学习”的“旁观者”[2]。

为了从根本上改变这种状况，教育部于2010年出台的《国家中长期教育改革和发展规划纲要（2010—2020年）》中明确指出要“遵循教育规律和人才成长规律，深化教育教学改革，创新教育教学方法，探索多种培养方式”；“推进分层教学、走班制、学分制、导师制等教学管理制度改革”[3]。可见，无论是在微观事实层面，还是在宏观政策层面，传统的以固定班级为学习组织方式的模式已不能继续推进我国新课改的持续、深入发展，新课改核心理念的顺利实施亟须一种有效的学习组织方式来推动。“选课走班制”作为一种新型的学习组织方式，不仅符合新课改所提倡的教育精神，而且也已被国外的教育实践证明是一种科学的、有效的学习组织方式。“选课走班制”能为落实新课改所倡导的核心理念起到推波助澜的作用。虽然，我国目前对“选课走班制”进行了不少的理论探讨，借鉴了一些国外的典型做法，并进行了一定的实践尝试，但这些都不能成为“选课走班制”在全国进行大面积推广的系统指南。广大中小学校在进行课程变革、尝试“选课走班制”之前，需要厘清以下多方面的认识。

一、出发点：转变教育观念（略）

二、切入点：改革课堂结构（略）

三、突破点：变革课程体系（略）

四、助推点：建立网络平台（略）①

参考文献：

[1] 教育部. 基础教育课程改革纲要（试行）[EB/OL].（2001-06-08）[2015-07-02]http://www.moe.edu.cn/publicfiles/business/htmlfiles/moe/moe_309/200412/4672.html.

[2] 吴永军，钱佩芹. 关于我国基础教育新课改问题研究的反思[J]. 教育发展研究，2008（18）：52-56.

[3] 教育部. 国家中长期教育改革和发展规划纲要（2010-2020年）[EB/OL].（2010-07-29）[2015-07-02]. http://www.moe.edu.cn/publicfiles/business/htmlfiles/moe/moe_838/201008/93704.htm.

[4] 李镇西. 语文教师的人文情怀[J]. 教师教育论坛，2015（4）：90-91.

[5] 刘荣. 课程发展，路在脚下：来自卫星会议“实践者论坛”的声音[J]. 基础教育课程，2012（5）：20-21.

[6] 谢先成，李杏. 学校课程变革与发展的路径探究：内生发展理论视角[J]. 课程教学研究，2014（1）：13-16.

[7] 雷中怀. 基础教育国际化视野的本土化[N]. 黄冈日报，2014-05-04.

① 雷中怀：《新课改背景下实施“选课走班制”的路径探索》，《教师教育论坛》，2016年第6期，第4—7页。

六、教育新闻

教育新闻是通过报纸、电台、广播、电视台等媒体途径传播教育信息的一种文体。广义的教育新闻一般指撰写消息、通讯、纪实、特写等。此文体一般涉及新闻导语、新闻主体、新闻背景、新闻角度、新闻结构、新闻材料、新闻要素、新闻语言以及新闻标题等，撰写即是回答何事、何人、何时、何地、何因这五个方面，简称“5W”。

写法上，从叙述方式及结构上看，有时间顺序式、倒金字塔式、以点带面式、悬念式、递进式、并列式、总分式等。一般多用叙述式、递进式，兼有议论、描写、评论等。其最大特点是要用事实写作，这是新闻写作的第一要义。它包含以下几层意思：新闻必须是事实、事情或事件；必须是新近发生的或是最近发现的；必须是有新闻价值，通过报道能够感染人、教育人、启发人。

其中递进式写法，能够层层追问，逻辑紧密，是一种好的写作方式。其主要要做到“五问”：一问是什么，提出问题，说事实，做了什么；二问为什么，分析问题，说原因，为什么做；三问怎么办，解决问题，说做法，具体怎么做；四问会怎样，总结问题，说结果，做得如何；五问将来，延伸问题，谈打算，以后怎么干。

我们学校每天、每周、每月都会发生一些新鲜的、有趣的、很有意味的事情，比如别开生面的教研活动、利用学校空地种蔬菜开展劳动教育实践、请优秀校友回母校做报告等，都是好素材。通过撰写教育新闻报道，既可提高学校知名度，又可以收获写作的快乐。

七、教育自传

教育自传是教师讲述自己的教育经历，并选择、解释传记事实内涵的一种文体。它要求对自己的行为进行反思，揭示个人成长的秘密。对个人而言，是自己写“自己的故事”，推动自我唤醒、提升自己、构建个人教育理想信念；对他人而言，为其提供一位教师“教育成长史”的样式，隐喻个人教育主张及成长路径。从教师专业发展角度来看，是总结自己、推介自己的一种好方式。

教育自传需要对个人成长历程中发生的“大事记”进行梳理归纳，选具有代表性的故事或影响个人成长的重要人，其中有冲突、有情节、有时代印记、有创新、有成长。

案例 8-5

教书育人，一种生命的追求①

31 年，这个时间数字几乎占去了一个人生命的三分之一，而当我站在这个时间长度的最近端，满怀温情与感动地回望我的教育生涯时，忽然发现不仅仅是我在选择我走的道路，而且也是道路在书写着走在它上面的我，这其中，盛开着我的青春与梦想、追求与奋斗、价值与幸福、成长和进步。

科学，教学的根本艺术

从教 30 余年，从未离开过讲台，讲台是我教育生命的舞台。

苏格拉底说："未经省察的人生是最不值得过的人生。"教学亦然，教学本身就是一个不断反思、否定、改革、提升的过程。回顾 30 余年的教育教学历程，我把它分为三个阶段：1986 年至 1992 年是"入门"，这一阶段，经过了两轮的高中语文教材教法的钻研，这期间的 1989 年，我获得了黄冈市优质课比赛一等奖。时隔多年，回忆起那次赛课，依然记忆犹新。课题是《大堰河——我的保姆》，为此，我做了大量的案头工作，第一是写了文本细读，我抛开所有别人的资料，一头潜入诗歌的情境之中，反复诵读，走路、吃饭、睡觉都在心里默默地读着：大堰河，是我的保姆……我把所有的感觉都写下来，写了大量旁批。第二是研究了艾青的生平以及 30 年代中国的社会现状，我被诗人艾青的人生经历以及诗人与他的保姆大堰河之间的人间至情所深深打动，我认为，一堂课要想打动别人，首先得打动自己。第三是查阅大量的资料，我用三天三夜认真研读了朱光潜的《诗论》，到最后什么感觉呢？就是惊奇地发现教学思维的道路正在发生变化，正在由以前的"必然王国"逐渐走向"自由王国"，过去需要强有力驾驭的课堂模式和构架，已经内化为自己潜意识的整体生命之

① 本文由贺清贞撰写，有改动。贺清贞，湖北省蕲春县第一高级中学语文教师，正高级教师。

中的自然教学行为。1993年至2000年是“入格”，这一阶段，我开始了写作与阅读教学的探究，并撰写了《作文十四》《文学作品中如何实施审美教育》等著作及论文。2001年到现在是“入境”，这一阶段，新课程改革将我带入一个教育的全新境界，逐渐形成了自己独特的教学理念、方法与风格。

一步步的实践，一段段的超越，走到今天，我的语文教学已日臻成熟，这漫长的过程，让我明白教学的根本艺术是它的科学性。

教学思想主宰着教学行为。在语文教学流派纷呈、思想争鸣及新课程改革继续深入的今天，我始终坚守自己“本色语文”的教学理念。“本色语文”就是要还语文的本来面目，让语文课充满语文味。具体说来，有以下四个观念：第一，以学生为本。语文教学的最终目标是全面提升学生的语文素养，因此，必须突出学生学习的主体地位，同时也要强化教师的主导作用，学生主体与教师主导的实现是共时行为，将两者统一起来的最好纽带就是“问题”。教学过程中，我认为更有价值的是引导学生自己学会发现问题、解决问题。第二，以学科为本。语文就是语文，它不是政治、历史，更不是数学、物理。语文是培养学生对母语和民族文化的兴趣与热爱，以及运用母语与民族文化的能力，它在语文工具性价值实现的过程中体现着人文性。第三，以读写为本。立足于文本又不拘泥于文本，以文本为平台扩展学生的读写空间。第四，以语言为本。语言与言语是语文学科的本质特征，把语言实践作为语文教学的主体活动，把语言素养的提高落实到教学的全过程，构建“语言—精神”的语文教学路径。

秉持“本色语文”的教学思想，多年来，我探究并实施了一系列的语文教学方法：20世纪90年代中期及至现在，我一直在实践并完善着“五步导学”阅读教学方式，即“自读—自析—质疑—释疑—迁移”，这一教学方式旨在发挥学生的自主性和探究性，培养学生的自主学习能力。2003年起，我开始探究并运用“问题—任务式探究学习”课堂教学方式，学生在课堂上的主要任务就是在问题情境下，情绪高涨地付出思维的辛苦并通过师生民主、平等的对话，自主地建构文本的意义。近年来，我对课堂教学又进行了一次全新改革，提出了高中语文“自读课文小组授课式”的教学方式，通过引导学生设身处地地研究教师的教法，并通过换位，利用自读课文实践教学过程，让学生通过研究教法达到促进学法的目的。这些教学方法的多元并呈，使得我的语文教学形成了自己独特的“五统一”教学风格，即严谨与活泼的统一、人文性与科学性的统一、教得生动与学得有趣的统一、快节奏大容量与重落实高效率的统一、学生主体与教师主导的统一。一直以来，我的课都深受学生欢迎，学生深深地爱着语文，同时也得到了校内外专家、同行们的充分认可。

…… ……

本章小结

本章首先从教育写作的意义、一般规律及内在逻辑关系入手，揭开教育写作“神秘面纱”，阐明教育写作并非高不可攀、有多么艰难，而是有规律可循的；然后进一步阐述教育写作一般方法，具体地如何去写；最后介绍教师一般在实际工作中遇到的几种写作文体，先说明要义，后举出案例，供初学者借鉴。

教育写作无固定模式，只有入门了，才会收获到写作的快乐，也才能体会到写作的艰辛。适合自己的方法才是最好的方法，教师应当勇敢拿起手中的笔，坚定写作意愿，下定写作决心，抱定热爱专业情怀，书写属于自己的美好教育天地。这既为自己，也为他人。

第九章　教师融合

李希贵说，教育学首先是关系学。在他看来，很多孩子能够学好一门学科，首先是因为他喜欢这位教师；一个孩子一般不会去认可、相信他不喜欢的教师的观点，也不会在课堂上专心致志去听这位教师讲课。从教师层面来看，也是同理，同一学校教师之间、教师与学校之间，倘若关系融洽、互帮互助，既促进校风、学风，又促进教风。反之，彼此隔阂，虽然付出多，但教学效果不佳、个人成长也慢。尤其是在新时代，教师成长强调更多的是在团队中成长。从家校协同层面来看，教师应当与家长建立协同育人关系，团结合作，最终作用于孩子身上才会有更好的效果。

迈入新时代，教师与教师、学生、家长相互融合，建立新型关系，既有利于身心健康，又有益于专业发展，提升教育教学质量。

第一节　师师融合建立学习共同体

在日常教学活动中，教师遇到种种问题，多数是由自己解决，没有与同伴商议、探讨，这不是一种正常的教师同事关系样态。教师应当较好地融入学校、同伴当中，特别是教师与教师之间应当建立起学习共同体，这对提升教师专业素养、促进专业成长具有重要意义。

一、关于教师学习共同体

教师学习共同体产生于20世纪80年代美国教师教育改革运动。学者托马斯认为，教师专业发展思想的一个重要转向就是将关注的重心从“专业个人主义”转向“学习共同体”。1887年，德国社会学家斐迪南·滕尼斯在其专著《共同体与社会》中首次提到共同体的概念，认为共同体在人际关系、共同精神以及个人对共同体的归属感、认同感方面有助力作用①。1997年，美国学者雪莉·霍德提出“专业学习共同体”概念，认为专业学习共同体的成员是拥有共同教育理念的教师和学校管理者，共同体成员通过相互协作和合作探究以改进教育教学实践及促进学生发展，并归纳出学习共同体支持与共享的领导、共同的价值观和愿景、协同学习等特征。20世纪末，日本学者佐藤学提出“构筑起一种教师作为教育专家的、自律的、共同成长的‘合作性同事’关系”，倡导“在这样的学校里不仅学生们相互学习、成长，作为教育专家的教师也相互学习、提高，家长和市民也参加学习、共同发展”②。

在新时代高素质专业化创新型教师队伍建设背景下，广大学校在教师专业发展方面进行了深入探索与实践。有学者提出，要积极构建教师成长共同体，由学校中心组成员和全体教师组成若干教师成长共同体，定期组织骨干教师介绍教学经验，开展骨干教师观摩课、青年教师汇报课、学术沙龙等活动，共同研究学科课程、教学规律、学生发展、作业布置、考试辅导等③。有学者提出建立中小学教师专业学习共同体，通过多元合作备课、课堂观察、评课，解决教学过程中遇到的难题，促进教师专业发展④。还有学者提出构建教师学习共同体的高级形式——教师学术共同体，提出把具有先进理念和价值追求的教师聚合而形成学术共同体，通

① 吕进、史仁民：《教师学习共同体：专家型教师专业发展的路径》，《教师教育论坛》2023年第4期，第23页。

② 佐藤学：《静悄悄的革命——课堂改变，学校就会改变》，教育科学出版社2014年版，第116页。

③ 杨玉春、陈为建：《学校实践：强师培育的现实需求、路径探索和关键环节》，《中国教师》2023年第4期，第23页。

④ 陈泳梅、薛正斌：《基于教学的中小学教师专业学习共同体构建》，《中国教师》2023年第4期，第80页。

过更多的激励机制激发教师队伍的科研热情，促进学术科研资源向教育教学转化、共享。学术共同体中，教师发扬民主作用，平等地探讨学术问题。

建立教师学习共同体，促进教师专业发展，已成为广大学校共识，并已探索出一些成功做法。

二、建立教师学习共同体的有效方式

教师应当积极主动地融入学校大家庭中，置身于融洽、温馨、彼此信任的人际团队里。在这个团队里，个人会得到更多的理解和支持，工作压力、生活压力也会得到有效缓解。良好的人际关系，不仅使自己心情愉悦，而且在集体大家庭中或团队里，优秀的教师会给予更多的帮助，在专业上给予有效指导。实践证明，教师个人专业发展，需要从教师群体中汲取养料；越是同事之间交流少、防备心态严重，自己职业幸福感就越弱，越容易产生职业倦怠，不利于个人专业发展和身心健康。

建立教师学习共同体，即是在群体中汲取养料的最佳方式。主要方式有：

建立学科专业成长共同体。同学科之间教师相互融合，以集体教研（校本教研）为纽带，围绕教育政策解读、发现课堂教学问题、反思课堂教学、生发教育智慧、提炼教育成果、提升专业素养及技能、拓展学科视野、“双减”背景下作业设计、考试训练及调动学生学习兴趣等方面，进行研究探讨，形成平等互助、和谐共生、合作共进的专业成长共同体。学校应建立相应管理制度，营造民主包容、开放合作的环境，突出以提升课堂为重点，如学科组开展共同备课、集体课堂观察、合作评课，对年轻教师过关课、青年教师示范课及代表学校的优质课、公开课等进行集中“打磨”，形成真正意义上的合作与相互帮扶，这样学科专业成长共同体就形成了。长期坚持下来，将逐步形成学科专业成长教研文化，达到合作共进的美好愿景。学科专业成长共同体建立，首先要树立合作意识。同事之间，彼此开诚布公，本着共同学习、共同提升的目标，合作前行。需要避免管理制度不健全、教研随意或流于形式的合作与研讨。其次要防止因回避问题和缺陷，不做深入的探讨交流。

案例 9-1

“161”模式专业成长共同体

我们的共同体建设加强了人员结构的设计与分工：第一层是市区学科教研员引领，主要负责指导学科研究方向、定期参与学校研究活动；第二层由学校名师、学科带头人、教学能手等骨干教师担任共同体主持人，主要负责相应学科教师的培养策划、实施、评价；第三层是年级学科组共同体负责人，负责指导青年教师设计成长目标，做职业生涯三年规划；第四层主要是青年教师。

经过 9 年探索，我校教师专业成长共同体升级到了 3.0 版，初步形成了青年教师培养的“161”模式。

第 1 个“1”是指聚焦一个核心目标。本学期，我们重点聚焦“基于课程标准的大单元教学设计”，把学校的整体发展与青年教师的培养紧密融合在一起，进而明确了方向和目标。

“6”是指完成 6 项共同研究：

1. 共读专著。每学期结束前会规划下阶段的核心目标，列出书单并由共同体主持人选定采购，假期中安排大家阅读、分享、交流。

2. 共构课程。在共读掌握基本理念的基础上，成长共同体开始尝试构建“基于课程标准的大单元”，具体做法是：学科共同体主持人确定单元课程研发领域—年级共同体负责人确定单元主题—师徒互助组进行课程开发。历时三周，我们研发了语文表达领域的“讲好中国故事”、数学图形领域的“生活中的图形美”、美术国画领域的“二十四节气”等 28 个大单元课程。

3. 共展课堂。课堂是检验课程设计科学严谨与否的试金石。课程开发后，我们展开为期 6 周的“课堂磨炼周”，具体做法是：师傅指导徒弟备课—徒弟上课且全体成长共同体教师听课—共同体捉虫式评课—师傅再次指导徒弟修改—徒弟再上重构课。“两备两磨”迅速提升了青年教师的教学设计、课堂机智、反思重构能力。

4. 共写反思。学期末是共同体进行反思的时间，学科共同体主持人从宏观角度、年级共同体负责人从主题确定设计实施角度、师傅从带徒弟策略指导角度、徒弟从个人成长目标再确定角度进行交流总结。

5. 共研课题。每学期师徒都要根据学期研究计划、研究策略、研究推进、研究成果进行学校课题申报，并完成共同的课题研究。

6. 共做报告。每学期末以师徒组合为单位完成一次微型报告，要制作PPT，交流时间不少于15分钟，共享一学期的所思、所做、所悟、所困。

第2个“1”是指进行一次素养展评。具体做法是：与大单元课程设计同步，师徒合作设计—师徒共商提升学生素养策略—学校组织学生素养展评活动—成长共同体成员进行集体观摩和评价。例如针对语文的“意象经典诵读”课程，师徒从评价任务、评价形式、评价标准三个方面设计评价方案：评价任务是诵读经典诗文，评价形式包括集体展示诵读、推荐学生展示、任意抽取学生展示三种，由评委根据标准打分，以此引领青年教师更加重视提升学生的核心素养。而多元立体的素养展示也让青年教师对自己的教学成果有了直观认识，对师傅的指导有了深刻感受。

为激励师徒协同发展，我们采用了师徒捆绑评价的办法，即“师傅考核成绩＝师傅各项比赛成绩的30%＋徒弟各项比赛成绩的70%”。每个环节都及时跟进评价，学期末计算成绩。①

建立跨学科学习成长共同体。从宏观层面来看，新时代党的教育方针是落实立德树人根本任务，培养德智体美劳全面发展的社会主义建设者和接班人，要加强对学生的理想信念、道德品质、知识智力、身体和心理素质等各方面的培养，且缺一不可。实现这一路径，需要“五育并举、五育融合”，对教师来说，就是需要有跨界融合的学识、能力和水平；从微观层面来看，新课程方案和课程标准要求教师注意学科之间的关联，“提高跨学科整合课程资源的意识和能力”②，要走出本学科的“领地”，主动将新理念、新方法、新技术应用到学科教学中。通过跨学科、跨学段、跨年龄、跨学校，做到知识融会贯通，达到综合育人。不同学科教师相互观课、磨课、评课，促进学科知识融合、教学方法技能融合，换个“角度”

① 史文波：《共同体建设破解青年教师成长难题》节选，《中国教育报》2023年5月12日第9版。

② 中华人民共和国教育部：《义务教育语文课程标准（2022年版）》，北京师范大学出版社2022年版，第55页。

来教学，同样能有效提高自己教学技能及专业素养。例如，学科教学中课程思政与德育融合，语数外政史地理化生等学科之间相互听课、跨学科教研，以及开展探究性学习、项目式学习，都是建立跨学科学习成长共同体的好方式。

案例 9-2

五育融合背景下小学语文跨学科教学模式的构建

近两年，山东省菏泽市巨野县大谢集镇昌邑小学坚持推进小学语文教学模式改革，探索出一套跨学科教学模式，教学成效显著，获得广泛认可与支持。

“语文＋思政课程”，培养学生思想道德。语文学科与思政课程均关注学生人文素养、思想道德的发展。学校语文教师与思政课教师形成协同育人共识，搭建语文与思政融合育人主题，开展跨学科教学。例如，在六年级语文《七律·长征》一课的教学中，语文教师与思政课教师共同确立“爱国主义教育”主题，语文教师将爱国主义、民族精神、革命精神等思政要素融入教学，给学生播放与长征有关的微视频。这一过程中，视频画面、声音构建出一个良好的体验式课堂环境，帮助学生全方位感受长征的艰苦，理解长征胜利的伟大意义，实现语文与思政的融合育人。

“语文＋数学课程”，培养学生智力思维。语文与数学教师合作教研，探索多种协同育人方案。例如，语文教师在进行三年级《花钟》一课的教学时，主动与数学教师沟通，将三年级数学课程的“24 时计时法”融入教学内容中，带领学生边学习《花钟》的课文内容，边利用“24 时计时法”知识绘制各种样式的钟表图案，并结合《花钟》课文，将课文中出现的植物，如向日葵、仙人掌、蔷薇花等绘制在钟表图案中，标记好钟表的刻数。这种学科融合方式能帮助学生构建语文知识与数学知识的有机联系，促进知识融通，提升学生的课堂体验，锻炼学生的跨学科思维能力。

“语文＋体育课程”，培养学生身心健康。语文课程与体育课程的有机结合，可有效促进学生人文素养、身体素质的全面发展。例如，在五年级写作教学中，教师选择“体育强国”主题，要求学生结合自己对体育的感悟与体验，写一篇有关传递体育精神的议论文。教师让学生结合自己体育课的体验与感悟，完成写作任务；在训练学生写作能力的同时，引导学生深刻思考体育的重要性，让学生结合自己的体育学习经历，在写作中表达自己的真实感情与想法。

“语文＋美术课程”，培养学生审美素养。语文教师探索出一套语文学科与美术学科相结合的教学方法，以美术为核心要素打造语文阅读环境，增强学生阅读积极性。例如，三年级学生以“畅想童话”为阅读主题，创作栩栩如生的童话Q版人物。学生将各种卡通人物张贴在教室里，每一个卡通人物配有阅读宣传语。四年级学生以“中华二十四节气”为主题，将节气主题的诗歌与漫画结合，创作与节气文化和习俗有关的诗画作品。通过多种活动，实现了阅读与美术的跨学科融合，促进了学生全面发展。

“语文＋劳动课程”，培养学生劳动能力。将语文学科与劳动学科有机结合，开发语文与劳动课程的育人功能。语文教师深度挖掘教材里的劳动主题元素，举行富有实践性、趣味性的劳动实践活动。例如，给学生布置语文写作主题式的家庭劳动任务，让学生与父母交流、讨论劳动故事，学生在真实故事与案例的启发下写日记；给学生布置与课程单元关联的劳动体验活动，让学生深入田间、菜园耕种，体会“谁知盘中餐，粒粒皆辛苦”的真义，领略“采菊东篱下，悠然见南山”之美。劳动教育中，教师让学生将劳动场景与课本上的古诗词、名言名句建立关联。利用假期，教师带领学生来到果园，帮助果农采摘水果，让学生讲解每一种水果的特点，既锻炼学生文字应用能力与演讲能力，也让学生体验到田园劳动的快乐。①

建立教师教研共同体。教师教研共同体即是在学校和教研部门的支持下，根据学校发展需要或学科发展趋势，教师研究兴趣、专长，有计划地开展跨校或不跨校的教研活动而组成的以合作、自主、探究为准则，以实践为基础，以凝练教育成果、解决学校改革难点为目标，形成的教学研究共同体。教师教研共同体可充分发挥特级教师、名师及教研员作用，以课题为纽带，以名师工作室为载体的方式开展，这也是提升教研品质、促进教师专业发展的重要途径。

① 张涛：《五育融合背景下小学语文跨学科教学模式的构建》，《中国教师报》2024年3月27日第10版，有改动。

案例 9-3

在“合作研课”中实现专业精进

“合作研课”是以课堂教学为主要落脚点，以问题性、合作性和全程性原则开展研究，重点着眼教师在课堂的真实表现，介入现代信息技术，让教师在多人合作、反思中轻松快乐获得专业成长。“合作研课”由四个阶段构成。

第一阶段：确定主题，合作备课。每学期教师分成若干组，每组围绕一个主题、一个单元、一个关键课例的“三个一”开展活动。组内成员围绕“三个一”多向寻找教学资源，在形成初步方案的基础上，全组教师针对教学目标的把握、学情的定位等问题进行说辩，最终形成优化方案。然后，各组教师现场抽签进行第一轮模拟上课，专家教师进行课堂诊断，对每组的教学方案一一进行论证。

第二阶段：跟踪实践，共同成长。组内一位教师进行课堂教学展示，听课教师分别从教师教学行为和学生学习行为两个方面进行课堂观察，课后提出教学建议。最后，通过访谈、作业、问卷等形式将感受与心得反馈给执教者、听课者及学生。

第三阶段：微格反思，提升智慧。组内教师利用录播设备播放课堂实录，针对教学环节、课堂提问、教学语言等深入分析，每位成员进行个人反思，上课教师汇集群体智慧修改教学方案。

第四阶段：再度实践，螺旋递进。将调整后的教学方案在课堂再次实践，形成与第一次的对比。最后形成相对优秀、可供教师借鉴的课例。

如果说同伴互助、专家引领、个人反思和行为跟进是一个教师专业成长必备的四个要素的话，“合作研课”能将四方面很好地融合在一起。同伴之间互相帮助和精诚合作，教师在一次次合作互补过程中，一次一次让自己“站在巨人的肩膀上”不断获得提升。[①]

---

① 孙衣云：《在“合作研课”中实现专业精进》，《中国教师报》2024 年 10 月 30 日第 4 版，有改动。

建立教师读写共同体。李镇西曾经通过自己亲身实践，总结出“四个不停”“五个一工程”的专业成长规律，并告诉我们阅读与写作是教师成长的不二法门。教师是擅长学习的，而学习的最主要方式是读书，然而读书并不等于学习，只有在阅读中将自己的思考、审视融入其中，内化后输出，有心得，才可以说是学习；再将这种心得记录下来，二者结合便是学习的完美状态。例如，建立教师读写大队，每月（季度、学期）共同读一本书，每月开展一次读书分享会，每天（每周、每月）写一篇教育叙事(反思、随笔)，等等。

建立教师发展中心（互助中心、服务中心）。在实际工作中，常常会发现这样的问题：教师在教育教学中遇到一些拿不定主意或难以解决的问题；学校举办专家讲座，讲座内容不接地气或过时，自己想解决的问题依然没有找到答案；请教同事，同事仍然没有好的办法；等等。正所谓独行逗、众行远。建立教师发展中心，对教师发展统一规划，对个体“量体裁衣”，进行分层分类指导，制定“共性化”“个性化”成长规划及实施清单，提供专业指导；建立学校教师服务中心或互助中心，推进教师成长导师制，实行“一对一”“多对一”指导，定时定点开展，重点对促进教师参与课程教学改革、打造课堂艺术、优化教学技能、落实讲学评练一体化等方面进行指导服务，为教师改进教学与管理提供策略性建议。这些都是很好的方式，即使建立最小规模的教师成长共同体，如拜师结对两人成长共同体，意义也是重大的。

案例 9-4

教师互助中心

我们在教师办公区和教师休息室中间开辟出一间“教师互助中心”，学校外聘和内部选聘一批既有实践能力又有理论水平的专家教师，每天下午轮流到互助中心“坐诊”，向前来咨询、请教的教师提供辅导、帮助。

在互助中心里，专家教师与其他教师进行随机交流，教师们的困惑、问题即是交流的重点。一段时间之后，互助中心汇集教师们普遍关心的问题，学校约请有这方面研究专长的专家、学者来校开设或大或小的专题讲座，组织有共同困惑或话题的教师座谈、讨论。

一个学期或年度积累下来，我们会发现不同时期教师们往往会面临的一般性问题，也会发现不同类型、处于不同发展时期的教师所遇到的共同困惑。将这些问题梳理出来，就会成为我们下一学期、下一年度的互助规划和培训方案。此外，向有同样问题的教师引荐校内外导师、推荐优秀的文章和书籍，也是互助中心常做的事。①

三、其他学习共同体形式

每一位教师只要是坦诚地、平等地、尊重地与同事、同一备课组教师之间进行交流、探讨、问答，乃至争论，都是学习共同体的形式。在上述主要形式之外，实际工作中，还有如下方式：

随堂听课。指教师之间在不打招呼的情况下，随机进入课堂听课，实现互学、互促提升课堂教学质量的一种形式。听完课之后，应当针对授课教师课堂中存在的不足与问题，进行友好的“课堂诊断”，提出建设性地改进课堂的意见或建议；或者对授课者的常态课进行认真观课，学习授课者的教学理念、方法、现代教育技术等在课堂的综合运用，多形式借鉴、内化，提升自我。

案例 9-5

三招逼出青年教师的真功夫

梳理、总结自己的成长经验及学校青年教师的成长情况后，我们认为，“随堂听课、异地教学、大循环教学”是促进青年教师专业成长的有效三招。

随堂听课能逼出青年教师的“真功夫”。著名特级教师于永正给女儿的 20 条贴心建议中就有一条：“听优秀老师的课，就是读活的教育学、活的教学法。”我们针对青年教师专业成长提出的随堂听课，既包括学校领导和老教师听青年教师的推门课，有针对性地对青年教师的发展与提升给出明确的指引，也包括要求青年教师抽出时间多听骨干教师的常态课，让青年教师带着问题、带着比较、带着思考与感悟去听课。

① 李希贵：《学生第一》，教育科学出版社 2011 年版，第 195 页。

异地教学能让青年教师在不熟悉的环境下亮出“真功夫”。面对陌生的环境和学生，如何迅速调动学生的学习积极性，营造好教学氛围，完成教学任务，这考验的是青年教师的教学心理与教学智慧。经常性的异地教学，能让青年教师的心理更加成熟，对课堂的驾驭能力迅速提高。

大循环能让青年教师系统准确地把握所任学科的教学整体体系，还能让他们更好地了解儿童成长规律。何老师从工作开始就一直担任高年级的数学教师。他聪明幽默，但缺乏耐心。安排新学年的教学工作时，在校长的建议下，何老师被分派到一年级任教。刚开学第一个星期，何老师完全拿那些小豆丁没办法，总是一副愁闷的表情：“校长，我跳楼的心都有了！”一个月过去，他渐渐摸到了门路。他发现，当自己掌握了低年级的教学之后，对其他年级更是应对自如，而且也拥有了静待花开的心境和耐心。①

教学比武。学校和区域之间开展教师教学比武，表面看是竞赛，实质是对教师个体和教师所在学校团队学科教学水平全方位的衡量，用好教学比武这个工具，是形成教师学习共同体的好方式之一。教学比武之前，教师需从常规课走向优质课，其间，同学科、同年级都为其出谋划策，这个过程就是学习共同体形成的过程，个中反复“磨课”就是成长的过程。日本学者佐藤学提出“所有教师都必须参加上公开课的教研活动。有 30 个教师的学校，一年就要进行 30 次校内教研活动”。在他看来，应当“建立所有的教师一年上一次观摩课并接受同事们评议的制度”②，构建教师之间相互促进学习的“合作性同事”关系。校内公开课、优质课等形式的教学比武活动都是很好的学习共同体方式。

青蓝工程。这是对青年教师培养的一种好方式。以师带徒、师徒结对、师傅带教，师傅根据学校要求及新教师（年轻教师）情况，制定带教计划、内容、方式，指导年轻教师备课、上课、说课、评课、审阅教案、命题等。无论是“一带一”还是“多带一”，都需要将老教师的缄默知识转化为显性知识，将理论知识和实践知识相结合后，再传授给新教师（年

① 彭娅：《教师专业发展的关键路径》（节选），《人民教育》2020 年第 3—4 期，第 88 页。

② 佐藤学：《静悄悄的革命——课堂改变，学校就会改变》，教育科学出版社 2014 年版，第 51 页、第 61 页。

轻教师)，其中需要实现知识的转换吸收、能力提升，需要反复多次交流、学习，经过多次思想碰撞后，最终实现教学观念的更新与技能的提升。

名师工作室引领。名师工作室具有较强的资源优势，主持人一般专业造诣较深，成员志同道合、有热情，围绕共同体目标共研共学，本身就形成了一个良好的学习成长共同体。在工作室系列活动中，可以友好交流、对话、研讨，使自己教育理念更加丰厚、清晰，教育视角更加开阔，会让个人有豁然开朗的顿悟。

以上种种形式，都是通过学习共同体的构建，不断激发教师向上发展的内驱力，赋能自我成长。

第二节　建立师生学习共同体

师生关系是一种制度性的特殊人际关系，这种关系应当是社会关系中的楷模。因为这种关系的缔造，具有教育性，它直接影响青少年的发展及未来，又具有不可选择性，作为学生不可能随意选择教师；并且，教师教育效果取决于师生交往的质量，教师与学生的关系是教师教育人际关系的核心，教师的其他人际关系都是围绕着这一关系构建并为之服务的①。学生“亲其师”，便能“问其难，信其道”。

在实际教育教学中，师生共同目标指向的是学会学习、学会思考、学会创造性解决问题，并致力于自我发展。当教师有效激发学生学习动力，唤醒成长意识，学生便会持续努力向上学习，形成相互和谐、不懈怠、有活力的学习共同体。这种共同体，一方面，源于教师自身拥有的优良品质，如精湛的教学技能、自身高尚的生命境界等；另一方面，触及学生，让学生享受到教师给他们带来的学习上的欢愉，在心灵上带来真切的爱意，并在学习、生活交流交往中，实现自我改变、超越和成长。

应当怎样建立师生学习共同体呢？

一、建立新型师生关系

李希贵在他的著作《学生第一》中写道：“学生永远是学校的主人，学

① 潘海燕主编：《初为人师——新教师专业发展指导》，北京师范大学出版社 2014 年版，第 125 页。

校的一些活动，都应当指向学生、为了学生、成长学生，一句话，学生第一!”① 这告诉教育工作者，学生应当处于一所学校的中心地位，是教育的出发点。在新形势下，学生第一这个命题，即指明了师生关系的内涵。

首先，师生关系是重要的。好的关系，才能带来好的教育。《北京十一学校行动纲要》第 32 条明确提出：师生关系是教育教学质量的基础；亲其师，才能信其道；如果你讨厌你的学生，那么你的教育还没有开始，实际就已经结束了。诸多研究表明，良好的师生关系既能提升教育教学效果，又能助于学生健康成长。

其次，师生关系应以爱为基础。良好的师生关系应该是如父母子女、如同伴朋友，既严而有格，又爱而不纵。在教师的心目中，不应该有坏学生，应当允许学生犯错误；不随意批评、指责学生，应当对每一名学生仔细呵护，让其能感受到爱。

最后，师生之间应是平等、尊重、倾听、互学、融洽的关系。在教师眼中，全体学生都是平等的，应关注每一位学生，公平地对待每一位学生；应将每一位学生作为一个完整的个体来对待，努力促进每一位学生的全面发展。我们要尊重学生、关注学生，这样才能全面了解学生，与学生形成民主、平等的关系。爱生是尊师的基础，尊师是爱生的结果。在课堂内外，教师应认真倾听学生的发言，这种听，是理解、认识学生的途径，是了解学生认知及情感的窗口，也是交流的重要方式。教师可以学生为师，因为当下学生的学习能力已经很强了，知识面已经很广了，师生学习应当相互促进。师生关系应当十分融洽，表现在实际当中，就是师生相互接纳、步调一致。教师具有充分的号召力，学生积极响应，彼此相互依存、认同，“精神上能够自然、放松、愉悦，大脑睡眠充足，感到心理安全的时候，就会产生适量的多巴胺和去甲肾上腺素，神经突触的联结也会异常活跃，这是最适合学习的一种状态”②。

二、建立师生学习共同体的途径

第一，要做“四有”好老师，当好“四个引路人”。教师首先要成长

① 李希贵：《学生第一》，教育科学出版社 2011 年版，第 27 页。

② 褚清源：《陈静静：看见学生，教学才真正开始》，《中国教师报》2023 年 4 月 12 日第 6 版。

自己。自己高尚的人格与扎实学识才是奠定师生关系的基础。陶行知先生言："要学生做的事，教职员躬亲共做；要学生学的知识，教职员躬亲共学；要学生守的规则，教职员躬亲共守。我们深信这种共学，共事，共修养的方法，是真正的教育。"只有教师不断成长自己，做一个知识渊博的人，才能用自己丰富的学养、才华和人格魅力滋养学生，身上形成足够强大的"磁场"吸引学生，彼此成就。教师要有理想信念、要有道德情操、要有扎实学识、要有仁爱之心，这也是教师成长自己的方向。其次，要当好学生的"四个引路人"。教师应当放下架子，与学生亦师亦友，彼此尊重、平等信任；同时，又要放眼未来，给予学生人生规划、学业指导，信任、激励、关心学生，做好学生锤炼品格的引路人，做学生学习知识的引路人，做学生创新思维的引路人，做学生奉献祖国的引路人。

第二，努力读懂学生。读懂学生是建立良好师生关系的基础，是开展教学活动的第一步。一方面，要努力读懂课堂外的学生。资料显示，48.99%的教师认为自己"很爱学生"，9.43%的教师认为自己"尚爱或偏爱学生"，但感受到这种"爱"的学生只有5.61%，而"不注意、不知道"的学生占46.51%。学生喜欢学校的理由列在前三项的分别是：同学之间关系融洽，占43.9%；学校提供的课程丰富多彩，占34.1%；教师非常关心我，占31.7%。可见，现实当中的学生，希望教师眼中、心中有他，教师的关心关爱，他能够体会得到。并且，每个学生都有自己的渴望、焦虑、偏好、喜悦，需要教师去了解、发现和引导，仅靠课堂是不够的。例如课堂外的学生是否按时完成作业，同伴关系是否和谐，在家里的表现、家庭教育与环境对孩子是否有影响等这些课堂外的问题也需要教师关注。另一方面，要努力读懂课堂上的学生。台湾教师李玉贵曾说："每一次置身课堂现场，都会照见自己的不足，在庞大而多变的学情面前，教师总像个盲人，无法关注到每一个具体的人"，"课堂教学需要带领学生认识听的本质和听的学习作用；教学生听的时候，需要留意、把握、筛选、关联、组织相关信息；听的时候，大脑需要快速思考"[①]。在课堂上，作为教师还需要聚焦学情进行观察，通过每次关注一位学生，并对他的学习过程中的表情、动作、语言等进行分析，了解其学习状态、学习方法、学

① 褚清源：《台湾教师李玉贵的眼泪》；李玉贵：《学情观察什么》，《中国教师报》2016年8月17日第3版。

习困难和学习结果，从中发现学习的具体困难或需求，以便根据学生的学情自我反思、自我改进。每个人都是宇宙间的独一无二，人的独一无二，既是教育的起点，也是教育的终点①。现实中的每个学生都渴望被“看见”，倘若教师能够在课堂内外准确捕捉，“看到”学生，学生便会感受到自己的存在，感受到尊重和爱，这样，学生将会更加尽情展示自己，不断突破自我，实现新的成长。

第三，努力培养学生的科学思维和探究能力。少年儿童是祖国的未来，是中华民族的希望；新时代儿童应该是有志向、有梦想，爱学习、爱劳动，懂感恩、懂友情，敢创新、敢奋斗的全面发展的好儿童，从小培养学生的科学思维和探究未知的兴趣及创新意识极为重要。作为教师，要用自身丰富的知识储备及较强的跨学科和综合实践教学能力、动手能力，充分运用情景教学法、事物观察总结法、论证法、调查法等多种形式，通过探究性学习、项目式学习、小组合作等方式，引导、指导学生主动运用探究、实验、调查、观察、合作、分析等方法解决问题，并分享提出问题、制定方案、处理数据、分析结果、得出结论的探究式学习的快乐。自小播下科学思维和探究未知世界的思维及能力的种子，慢慢地学生的科学思维和能力便培养出来了，师生之间也就形成了学习成长共同体。

第四，在激励和引导中，促进学生成长。每个人都有被尊重、被认同、被接纳的需求，特别是在日常的师生交往中，孩子非常希望得到教师的肯定，希望教师对某一件事、某一个问题给予正确的评价。倘若学生在亲近教师的时候，教师敷衍应对，学生的心扉将逐渐关闭；又倘若教师对学生的行为及时关注、反馈，给予正确引导，特别是在学生学习过程、发展变化、个性发展上，及时发现、捕捉学生发展点、闪光点，及时给予肯定、鼓励，这样师生关系就会更加亲密，师生学习共同体也就自然而然地建立起来。

案例 9-6

一名语文教师的学业述评

天真可爱的潇凡同学，进入三年级的第一天，老师就牢牢记住了你的

① 李政涛：《教育常识》，华东师范大学出版社 2012 年版，第 6 页。

名字。老师能感受到你对语文学习的浓厚兴趣，上课端正的坐姿是你认真学习的态度，专注的眼神满是对知识的期待，你在课下总跟在老师后面问问题，而且书写能够做到正确、美观。你还是一名细心的学生，出现的错题能够及时订正，并把错题用心地整理在错题本上，这个方法真不错。而且你还积极主动预习新课，对于学习中的困难能够自己想办法解决或者去向他人请教。你能够做到边读边想象画面，你的朗读让我们感受到了语言的魅力以及文章作者的情感。你热爱读书，能复述故事，对于必读书目总是静心阅读。学校举行的“我想读给您听”读书活动，你积极踊跃参加，经过反复练习，最终被学校选中，并推出展播视频。同时，读书活动也给你带来了更多自信。通过努力，本学期你在“笔墨飘香”“声情并茂”“妙语连珠”“诗意盎然”四个项目的测评中表现优异，均被评定为优秀等级，祝贺你。在语文习作方面，老师再给你一点小小的建议：学习之外也要做个生活中的有心人。用心观察生活，把你看到的、听到的、想到的、感受到的随时记录下来，读书时把好词好句摘抄下来，做到“不动笔墨不读书”，做好素材的积累。相信经过不断努力，你的习作水平会更上一层楼。潇凡，下学期学校会举办“诗词小达人”评选活动，感兴趣的话可以在假期里进行每日诵读，做好参赛准备，争取做“腹有诗书气自华”的红荷学子。老师看好你，加油！①

第五，建立共同愿景。教师要善于运用有效沟通这一工具，结合学生实际，挖掘其潜力，与学生一道，制定学生短、中、长期发展目标，并结合阶段性目标进行科学合理规划。在实现目标过程中，及时帮助学生解决遇到的各种问题和困难，给予鼓励，给予学习方法指导及诊断，及时帮助学生改进学习方法、调整学习思路。在实现共同奋斗目标过程中，严格督促与管理，制定奖惩措施，促进学生成长与进步。

第三节　形成家校协同育人共同体

教师应当融入家长群体当中，这是因为家校的育人目标是共同的、一

① 节选自田雁领：《建立教师教学述评制度 促进学生发展》，《中国教育报》2023年5月19日第11版。

致的，教师与家长有效沟通，最后作用于孩子身上便会起到更佳的效果。在学校，师生关系才是最主要的关系，解决家校关系的目的，仍然是解决师生关系。作为教师，要及时与家长沟通学习情况，给予家长家庭教育指导；作为家长，应当切实履行家庭教育主体责任，简单来说，即家长要跟孩子老师处理好关系。事实证明，这条路的效果是最好的。

怎样形成家校协同育人共同体？

一、共建家校育人沟通平台

孩子的成长，离不开父母的影响及教师的指导，当教师与家长相互配合默契，共同努力，孩子就会少走弯路、很快成长起来。教师和家长就如船上两只桨，双方朝着同一个方向用力，孩子就朝着我们期望的方向前进，最后达到成功的彼岸。

师校共融，重要的方式是搭建家校育人沟通平台。落实学校家长开放日、家长接待日制度，开好定期的家长会；还可以利用家校联系册、电话、微信、网络等方式，建立教师与家庭沟通的桥梁。一方面，通过这些平台有计划地向家长宣传党的教育方针政策、学校的办学宗旨，告知本学期、本学年学校、班级的工作计划，各学科的教学安排，告知家长应当知晓、支持的事项，以及向家长及时沟通学校学生在校期间的思想情绪、学业状况、行为表现和身心发展等情况，帮助家长及时了解学生在校的日常表现。另一方面，让家长参与到学校、班级重大决策中来，充分发挥家长的资源优势；将家长邀请到课堂中，比如介绍育人经验、普及科技知识、讲同学们喜欢的故事、做孩子感兴趣的实验等，还可以请家长对班级管理、教育教学、学科教师课堂教学等方面提出意见、建议，二者彼此坦诚相见，深入交流沟通，既利于改善师生、师校关系，又能解决问题，利于身心健康。

二、组建学习型家委会

相比教师，家长更需要学习，例如学习教育常识、阅读教育著作等，从而不断提升家庭教育水平，主动协调学校开展的各项教育活动。组建学习型家长委员会，可以发挥学校与家长之间的桥梁纽带作用，更重要的是可为有效开展家庭教育进行相互交流，促进家长掌握更科学的教育方法，不至于做更多违反教育规律、教育常识的事，促进家长更多的陪伴、关爱、帮助、尊重、理解孩子；还可引导孩子主动协调学校教育，如在家庭完成每日学业，进行有益课外阅读，开展体育锻炼、劳动等；充分利用社会大课堂，利用节假日、休息日，积极参加文明实践、文化艺术、科普体育、手工技能等社会实践活动，亲近自然，开阔眼界，增长见识。作为教师或班主任，可积极参与及指导，效果会更好。

三、坚持家访

家访是密切家校关系，发现、解决学生学习生活困难，建立协同育人共同体的重要方式。

家访，通过到学生家里面对面交流，全方位了解、关注学生的成长环境和家庭教育结构，除了介绍学生在学校表现、成绩外，需要重点访学生学习上的困惑、家庭上的困难及学生交往的难题。只有面对面，家长或孩子才会实事求是地向你敞开心扉，甚至解开心结。

家访中，可以与学生交流他们感兴趣的话题，让他们感受到你对他们是真正的关心；可与学生一起设定学习目标，更深入地了解他们对学习的想法；还可请学生对自己的任教学科提出意见、建议，这样师生之间既可建立起感情交流的良好关系，又可把学生的意见、建议作为自己专业发展的一面镜子，改进自己的教学方法、管理办法，提升自己。大量的事实表明，很多学生通过家访后成绩直线上升。

本章小结

教师教育关系主要有师生关系、师师关系、与学校及家长的关系。本章重点阐述教师与教师、学生及家长间的关系。从新时代教师发展角度来看，教师应当积极主动融入学校、同事大家庭之中，融入学生当中，与家长协同育人，彼此应当建立学习成长共同体或是育人共同体，这既利于工作，促进学生全面发展及个人专业提升，又利于保持心情愉悦，收获职业幸福感。

第十章　促进教师专业发展的学校力量

一名教师从合格走向优秀，继而走向卓越，很大程度上是依靠个人长期坚持努力所达到。从个人努力因素来看，离不开教师本人坚定的理想信念的支撑，对教育知识持久的学习，对教学技能的长期磨砺。但也应看到，在追求专业发展的道路上，除个人保持积极向上的内生动力外，还有一股来自学校的力量，如校长的引领、名师指引、师傅指导、同伴互助、团队帮助等，这些都能促进个人专业发展。

第一节　影响教师专业发展的学校因素

教育步入新时代，步入高质量发展阶段，离不开高质量的教师队伍。实践表明，学校重视教师队伍建设与教育质量成正相关关系，学校越重视教师专业发展，教师专业技能及综合素养就会提升得越快，作用在学生身上的教育教学效果越是明显。反之亦然。

教师是一个高度依赖从业者积极性的行业。提升教师工作积极性，防止职业倦怠，甚至“躺平”，促进其专业发展进而推进学校可持续发展是学校最基本的工作目标。学校对教师专业发展的影响因素主要有：

一、校长专业引领力缺失

校长是教师专业发展的第一责任人，需要将学校作为教师实现专业发展的主阵地，尊重教师专业发展规律，激发教师发展的内在动力；需要用先进的教育理念和现代教育管理方式，领导课程教学、优化内部管理、营造成长环境，通过建立健全规章制度，多形式、多途径引领教师专业发展。校长眼里要有教师，把教师发展放在学校总体发展的核心位置，完善激励、考核、评价制度，形成重视教师专业发展的浓厚氛围，并成为学校文化建设的重要支流。与之相反，校长个人不爱学习、不肯钻研业务、不重视教师专业发展，在思想上、行动上就不会建立有助于教师发展的工作环境，教师只得随波逐流。

二、学校教研浅表化

校本教研是学校“逼”着教师成长的有利方式，是被实践证明促进教师专业发展最为有效的途径之一。一些基层学校，特别是乡村学校，教研工作基本流于形式，表现在：学校缺乏领军人物，没有针对性地开展集体备课、教学比武及有效培训研修等，教研活动内容是浅层的，研讨是低效的，引领是无力的。

三、其他支撑力不够

这主要表现在：学校师资力量整体水平不高，教师学习在校内找不到“榜样”，个人成长道路上缺乏“志同道合”的引领者、指导者、陪伴者；学校激励教师发展的制度，如外出培训、课题研究、论文撰写、评先评优、晋级晋升以及与之相关的教学质量评价等，不健全或不配套；学校教育信息化设备设施老化，如教学资源查找、录播课堂、课件制作等缺乏硬件支撑；学校给予教师“自由时间”过少，教学负担过重，让教师经常处于疲于应付状态；等等。

第二节　促进教师专业发展的学校力量

只有教师得到发展，才能推动学生发展、学校办学水平的高质量发展。促进教师专业发展，学校力量至关重要，不可或缺。

学校应当将教师发展作为学校的“一号工程”，需要着力抓好以下六个方面的工作。

一、发挥校长引领力作用

校长是学校发展的“风向标”。校长要在自身充分了解教师专业发展的基本理论基础上，充分发挥自身行政管理、组织指导、重视保障及个人专业引领作用，制订学校教师专业发展规划，保证教师专业发展有目标性、针对性、实效性。一方面，要从思想到行动都给予重视，给教师专业发展搭台子、压担子，建立培训、科研、评价等制度，激励教师；另一方面，要以身作则、带头示范，如主持名师工作室、带头研讨、观摩课堂，勤于读书、带头荐书，扎扎实实带头备好每一堂课、上好每一堂课，参与教研活动、开展课题研究、撰写论文，并且坚持不懈，久久为功，为教师专业发展定向、领航、领跑、鼓劲，带领教师发展、学生发展、学校发展。

案例 10-1

在校长教学领导力作用下构建英语青年教师专业发展培养机制

一、领导力的直接体现——落实普适性“三基”

课堂是校长教学领导力的主要实践场地和直观的体现点，校长对教学领导力的直接体现便是对集体备课等教学常规机制的构建。

一基：“三个抓手”落实基础常规

(1) 以“集体备课”为抓手，落实备课常规。

学校以“六定”的形式开展集体备课活动。“六定”指的是定时、定点、定主题、定人、定方式和定内容，开展的形式包括集中集体备课和分散集体备课。

(2) 以“先听后上”为抓手，落实课堂常规。

“先听后上”的关键是立足备课组活动，备课组统一进度，有骨干引领，有老教师协助，青年教师积极听课、积极提问。

(3) 以“作业设计”为抓手，落实作业“五要五不要”。

学校每学期初进行“作业设计竞赛”，在学期末进行“作业设计培训”，以落实作业的“五要五不要”：要适度适量，不要题海战；要自主梳理，不要“零碎片”；要解决问题，不要“高大上”；要拓展预习，不要“炒冷饭”；要激发兴趣，不要“故纸堆”。

二基：“研训六艺”开展基本研训

基于英语学科的特点，学校为教师的成长提供“研训六艺”，即听、说、读、写、炼、培六个研训途径。六大途径围绕“理论学习、实践操作、提炼反思”三个维度展开，一个学期一轮回，每个环节都有一个相对固定的模式。

三基：“四个维度”开展基本功演练

第一关：开学考，难度值与高考难度值一样。

第二关：班会课设计比赛，菁兰教师的培养兼顾教学与教育。

第三关：双语演讲比赛。双语演讲现场录像，在学校微信群中发布视频，由全校教师打分评定。

第四关：才艺大赛。

以上四关，从教师的教学能力、管理能力、特长、自身修养四个维度进行基础落实。

二、领导力的外在显现——凸显个性化“三转”

(1) 外在管控转变为内动力激发——教学竞技。

具体教学竞技流程分为三类。

第一类：创新说课。传统的说课模式已经不能激发教师的创造力，因此，在培养菁兰教师时，学校设计了创新说课模式，让说课这项活动焕发生机。

第二类：同课异构。学校经过跟踪采集数据，并对数据进行分析，在数据指导下查找问题、分析问题，有针对性地提出解决方法，为改进教学方法、提高教学质量提供支持。

第三类：摇号晒课。设置摇号软件，产生上课教师和点评教师，利用周五下午集中学习时间开设公开课并进行点评。

(2) 教学转变为注重学习——命题能力。

教师的发展除了能上好课，还应该具备试题的命制能力。学校通过命题比赛、设计命题、评题、考后析题等环节，提升青年教师的教学知识统整能力、原理分析能力、命题技术等。

(3) 知识传授转变为情智交流——科研活力。

通过论文、案例的评比，鼓励教师根据自己的兴趣和研究方向加强研究意识，提升理论水平；通过“四个一”进行科研水平的培养：一篇教学论文、一个案例、一个微课、一个教具制作（PPT）。①

二、将校本教研作为重要抓手

校本教研是基于学校、指向问题、着眼师生发展的研修实践活动，其问题来自教育教学，研究的主体是学校教师，研究场所就是学校，研究成果又在学校教育教学中转化和应用，让学校教师群体能够及时、灵活地组织在一起，互动交流、碰撞思想、共同合作、竞争提升，是一个轻松和谐的学习型组织。校本教研可以“三课”形式进行。例如磨课，每个备课组推选一名教师作为主磨者说课、上课，其他同年级教师一起备课、听课、评课，并在一次次的教学设计调整中上好一堂课，使磨课成为伙伴们互助学习、引领发展的平台；公开课，每节公开课由备课组、教研组集体研讨、集体备课，教师试上及集体评议，让每一位教师都得到锻炼；随堂听课，由校领导、骨干教师等组成，共同听、评、议、反馈。在形式上，校本教研还可视不同主题、不同学科组开展，可基于教师备课、听课、评课视角，项目化学习视角，教科研视角开展主题式校本研修。事实证明，校本教研可有效解决学校实际问题，工学矛盾小，费用低，是促进教师发展的有效途径。

案例 10-2

分层培养，打造教师成长共同体

研修方式“私人订制”，学校结合教师不同教龄段特点设置不同的培养方式。

旭日学院：微课、微案例学习，上岗即胜任。入职前 3 年是一个教师的专业行为定型期，也是塑造专业素养的黄金期。学校探索以旭

---

① 节选自赵骎、吴轶玲、吕婷：《校长教学领导力引领教师专业发展——杭州市丁兰实验中学校长领衔“英语名师工作室”纪略》，《中国教育报》2021 年 7 月 16 日第8版，有改动。

日微课为载体的入职专业化培训，将教师专业行为标准提炼成一个个微课。比如，由优秀青年教师制作如何组织晨会、如何与家长沟通、如何开好主题班会等数十个微课，作为新教师学习的镜面。每位学员都配有学科导师、班主任导师和一名优秀旭日学员小导师，引领微案例学习。

晨晖学院：微主题学习，推动教师成为“草根专家”。教龄在4—5年的教师已经逐渐走向成熟，他们在晨晖学院主要通过对教学案例的微主题研修努力成为“草根专家”。旭日学员的成长经验、区骨干教师的心路历程都能成为课程资源，有效加强了学员自身的反思力。例如晨晖学院初中教师曾对“课前两分钟作业”微主题进行研讨，30多位学员讨论归纳出了五种做法，促进了教学行为的改进。目前已形成40多个主题的系列微课教程，有效促进了青年教师专业行为的快速转型。

青锐学院：建立精题、错题库，助力教师个性化成长。教龄在6—7年教师的新挑战是如何成为一名优秀教师，为将来成为名师打好基础。学校根据每个人的不同发展需求，设置了青年骨干教师、青年优秀教师、胜任型教师三个层面的专业发展方向。通过每月精题、错题整理，有重点地指导教师开展主题研究，持续、深度的反思贯穿始终，帮助青年教师诊断、提炼，逐步形成教学和管理经验。①

三、拓宽教师全方位培养培训渠道

针对学校教师分层分类开展培训，为不同教师量身定做成长规划，创造学习机会，搭建展示平台，促进教师形成诸如骨干教师—名师—特级教师的成长梯队。应把集中培训、自主研修有机结合起来，把个人反思与校内名师引领“结对”起来，通过系列专家讲座、课例研究、课题带动、专题研讨、师徒结对、读书沙龙、网络研修等方式，使教师培训接地气，及时把学习到的知识、技能和方式转化运用到自己的教育教学实践中，实现真正的“自我成长”。

---

① 节选自邱曙光：《精准打造教师成长“蓄水池”——杭州天杭教育集团镜面式校本研修的探索》，《中国教育报》2022年4月20日第6版，有改动。

案例 10-3

搭建教师发展平台

学校要搭建教师理论学习平台，如通过组织教育教学理论研讨、定期邀请专家学者开设专题讲座等，迅速提高教师的理论水平；搭建课题研究平台，如开展校本教研，扎实推进课堂教学研究，提高教师课题研究能力；搭建教学交流平台，如按月举办评课活动、按学年举办赛课活动，让教师展示自己的成功教学案例或教学特色，表达自己的教学主张和教育观点。我校通过“三部曲实践课”为教师搭建专业发展平台。“三部曲”的操作步骤具体如下：

第一，全员实践。每位教师每学期在备课组内上一节教学实践课，意在个人钻研、同伴相助、展示自我，重点在发掘授课教师原有的经验。

第二，组内研讨。在全员实践基础上，每个备课组每学期推荐一位教师代表（或毛遂自荐）在备课组内上一节实践课，意在互助合作、凝聚智慧、共同成长，重点在凝聚备课组群体的实践智慧。

第三，学科示范。在实践和研讨基础上，每学期由教导处推荐（或教研组毛遂自荐）在学科教研组内上八节课（语、数、英、综合学科各两节），并邀请区教研员或区学科带头人一起备课、听课、评课，意在专业引领、学习领悟、理念提升，重点是使教师在新课改理念指导下获得专业发展引领。

“三部曲实践课”中的“实践课”是研讨课、汇报课、示范课、亮相课，不是考核课、选拔课。实践课不打分，不排名次，目的在于让全体教师获得实践锻炼机会。这样的定位旨在避免通过一节课给教师做定性评判。我们允许教师的课有失误，允许教师的课上得不好再上一次，让教师放开手脚，敢于尝试，张扬个性，展示自我，提升自我。“三部曲”模式每学期实施一次，一学年一个循环。①

---

① 朱保良：《让教师积累更多积极的心理体验》节选，《人民教育》2021 年第20 期，第 24 页。

四、重视名师引领及同伴互助

年轻教师有经验积累、有发展潜力、有工作激情，需要进行个性化培养，需要在成长的关键阶段给予指导帮助，使其成长得更快、更好。作为学校，要重视建立名师引领及帮扶机制，营造关心青年教师成长的良好氛围，让学校管理者、教育前辈在背后给予他们现实需要的帮助及指引，让他们能够及时化解工作困惑，明确方向，树立信心。同时，在成长的道路上，还应当积极创造条件，通过名师、教育前辈、骨干教师等以讲座、学术沙龙、研讨、网络研修、名师工作室的形式，把同学科教师组织起来，成为相互成长的“学伴”“伙伴”；其间，相互切磋技艺、相互坦诚交流、相互鼓励，对个人专业发展具有极大的推动作用。常见的师徒结对、“青蓝工程”都是很好的方式。

案例 10-4

做好常态化教育教学研究

我们提出以“一课三磨”为主线，同时通过“一书三读”“一题三讲”“一文三改”来推动教师共同发展进步。

第一是“一课三磨”。上课是牵一发而动全身的关键节点，关系着教师的学识修养、专业能力、学生观、师德修养、国家课程落地等很多问题。因此，我们要求每名教师都上出一节优秀教师水平的课。我们由包含特级教师或专家在内的七八个人组成教研组，围绕教师要上的课，对教材解读、活动设计、课堂教学三个关键环节进行反复打磨。这个过程虽然很痛苦但很重要，每一次磨课都是在解决专业性的问题，之后教师的教材解读能力、课堂的应对能力、学生观、教学观都能够形成。

第二是“一书三读”。现在很多教师工作很忙很累，我们不要求教师读很多专业书籍，一年读一本就够了，关键是要至少读三遍，把它读透。

第三是“一题三讲”。对教学中的问题一定要反复讨论、思辨，每名教师都贡献自己的智慧，对于任何问题的讨论一定要有结果、有解决方法，且不止一个。

第四是“一文三改”。教师要通过写作去回顾磨课上出来的课的过程，反复修改提炼出具有原理性的内容，这样写出来的东西就成了自己的。

这样的教研方式，不只在一所学校，还跨校区。集团教师们跨校区组成很多研究团队，抱团成长。有的教师可能参加多个磨课组，这种跨学科的磨课对教师成长也很重要。

对青年教师，我们主要是开展“一课三磨”校本研修。每学期我们都会排好磨课课表，基本上人人都要参与。①

五、建立激励及保障机制

从制度层面上来看，学校要建立促进教师专业发展的激励机制、考核机制及良好的政策导向。围绕激发教师成长内动力、自我发展热情、满足发展需求等方面，完善教师培养培训、教研、课题研究、绩效考核、职称评审晋升等制度，这些制度能够让教师成长有导向、有保障，让优劳优得、多劳多得，让能者上、庸者下，形成良好的政策导向，使教师有追求事业的成就感、方向感。从条件保障层面来看，学校要为教师成长建立阅读场所，提供阅读书籍，提供必要的办公电脑、打印机，建立教育资源平台及一定数量的录播教室，供教师使用；帮助教师建立自己的工作室，满足教学研究需要，通过硬件建设、文化环境熏陶及办公条件改善等方式促进教师专业发展。

六、注重培养教师反思精神

教学反思是教师个体专业发展的重要环节。这种特殊的反思思维具有较强的问题导向、研究特征及辩证性，与长期的教学思维方式有冲突性。教师养成反思习惯、掌握正确的方法，于课前、课后充分反思教学全过程，便自然地在反思过程中得到发展。学校需要加强教师反思能力培养，指导撰写反思日记，形成反思精神，促进教师在反思中不断地改进教育教学。

教师专业发展贵在坚持。坚持围绕提升教育教学质量这一核心，磨砺个人品德、能力、水平、素养，通过持之以恒地学习、阅读、反思、实

---

① 杜京虹、冀晓萍：《苏州市吴江区盛泽实验小学教育集团：答好教师发展的“四道必答题”》节选，《中国教育报》2022 年 7 月 21 日第 4 版。

践、研究等方式，促进个人成长。仅靠一时、一天、一月的努力，收效是甚微的。只有通过一年、两年、三年及更长时间的坚持努力，才能有所长进。成长是个人的事，不要急躁，只要坚持下去，自然便成长了。

本章小结

教师专业发展之路是艰辛的，伴其一生，除了个人保持内生动力外，还需要得到学校力量的支持。在校长的引领下，在学校团队的帮助下，在名师及教育前辈的指导下，提升理论水平，锤炼教学技能，坚持虚心求教、静心学习、自我反思，并保持旺盛的追求崇高理想的内生动力，个人成长自然“水到渠成”。

附录

《什么比猎豹的速度更快》教学设计

湖北省黄梅县第五小学　方逸群

教材分析

《什么比猎豹的速度更快》是五年级上册第二单元的第三篇课文。这个单元是阅读策略单元，单元主题是“阅读要有一定的速度”，单元语文要素是“学习提高阅读速度的方法”和“结合具体事例写出人物的特点”。编排的四篇课文分别承载着引导学生运用四种不同的方法来提高阅读速度的学习目标。

继《搭石》“集中注意力，遇到不懂的词语不回读”、《将相和》“连词成句地读”之后，本课承载着学习“借助关键词句”来提高阅读速度的任务，同时又为《冀中的地道战》“带着问题去读”做了铺垫。

从内容上看，本文是一篇介绍事物运动速度的科普说明文。课文先从人奔跑的速度说起，依次介绍了鸵鸟、猎豹、游隼、飞机、火箭、流星体、光等事物的运动速度。课文在写法上有两大特点：一是课题设问，激发读者的阅读兴趣；二是段落的表达方式相似，每个自然段基本上讲的都是一种事物比另一种事物的速度快。整篇文章脉络清晰，语言简练。

本单元的四篇课文先后落实的提高阅读速度的不同方法，是有层次、有梯度的。在教学中，应该关注单元整体性，前后勾连，不断地引导学生去使用这些提高阅读速度的策略，在读中体察，在用中提高。具体来说，需要注意以下几个问题：一、不能将四种提高阅读速度的方法与四篇课文一一对应，简单割裂，而要引导学生在每次阅读中综合运用多种方法。二、把握好“提高阅读速度”与“阅读理解”之间的关系，只有阅读速度提高的同时思维质量也得到提高才有价值。三、要引导学生体察、反思自己的阅读行为，分享阅读经验，互相借鉴，取长补短。四、要鼓励学生在课外阅读中不断地运用课堂所学的方法，在大量的阅读实践中去感悟、提高，才能为终身学习和发展奠定基础。

教学目标

1. 认识“鸵、赢、隼”3个生字，读准多音字“冠”，会写“冠、俯”等10个字，会写“猎豹、冠军”等12个词语。

2. 能借助关键词句提高阅读速度，了解主要内容。

3. 能针对课文提出自己感兴趣或不懂的问题，并和同学讨论问题。

教学准备

PPT课件、贴纸勋章、学习单

课时安排

两课时

第一课时

教学目标

能借助关键词句提高阅读速度，把握课文主要内容。

教学过程

学习任务一：初读课文，学习策略

一、单元回顾，进入情境

1. 呈现单元任务，梳理前两课学习的提高阅读速度的方法。

导入：在第二单元中，我们乘坐“追风”号阅读列车，重点学习了如何提高阅读速度。在随身携带的提高阅读速度的方法收纳箱中，我们收纳

了来自“搭石”站的“集中注意力、遇到不懂的词语不回读”和“将相和”站的“连词成句地读”等方法。接下来，让我们进入新一站的阅读。（教师板书课题）

2. 聚焦课题中的关键词语。

学生齐读课题。引导：读课题时，你关注到哪一个词语？

3. 小列车长介绍学习情境——阅读速度达人赛。（语音播报）

二、默读课文，感知内容

1. 关注文前阅读提示，明确方法。（板书：借助关键词句）

2. 进入学习活动1：阅读速度达人赛第一轮。

用较快的速度默读课文，边读边圈画出自己认为比较关键的词句。PPT 呈现计时器。

3. 读完课文后，完成“学习任务单”中“活动1”中的学习要求。

三、读后交流，自我评价

1. 全班集中交流默读课文所用的时间，以及课文中比猎豹的速度更快的事物有哪些。

2. 一组同桌合作，在黑板上按运动速度由快到慢的顺序贴事物名称板贴。

3. 借助课文插图，学生验证事物速度由快到慢的排序是否正确。

4. 对照“阅读速度达人赛”（第一轮）评价表，对活动1进行自评。

四、交流经验，梳理方法

1. 教师采访，引导学生分享阅读方法：你是怎么在这么短的时间里就了解了课文的主要内容的？有什么方法分享一下吗？

2. 学生交流，教师肯定学生阅读经验：你发现了课文每一段都在写“谁比谁快”的特点，所以你越读速度就越快了。还有谁也发现了这一点？

（板书：……比……快）

3. 小组交流：你是从哪一段开始发现这个特点的？发现自然段的这个特点后，你怎么读这个自然段？请在四人小组内分享你读某一个自然段的方法。

4. 全班分享。

预设第3段：我读到第三自然段的第一句话“比鸵鸟跑得更快的动物就要数猎豹了”，就想，这一段应该讲的是猎豹比鸵鸟快。

…… ……

5. 梳理提升：了解了文章的表达特点，我们发现每段中新出现的事物和写“谁比谁快”这样的词句非常关键。我们的学习小伙伴也总结出了提高阅读速度的方法，一起来听一听。(呈现课后练习 1 中小伙伴的对话)

6. 小结：像这样，发现了文章的表达特点，借助关键词句，我们就快速地了解了课文的主要内容。

(板书：了解主要内容　提高阅读速度)

学习任务二：再读课文，运用策略

一、再次读文，完成学习要求

1. 进入学习活动 2：阅读速度达人赛第二轮。

再次用较快的速度默读课文，边读边圈画出每一段中写事物的速度、写谁比谁快的关键词句，深入理解课文。

2. 读完后，在活动 2 学习单上记录时间，完成要求。

二、深入交流，发现写法

1. 交流第二次默读课文所用的时间，与第一次进行比较。

2. (播放两位学习小伙伴交流的音频) 交流对学习小伙伴两种说法的意见。

3. 出示对第二自然段进行改编后的文字，师生合作朗读。

师：人的速度跟鸵鸟比起来差远了！不信，你看——

生：人在奋力奔跑的时候，最大速度能够达到 44 千米每小时。

而鸵鸟奔跑的最大速度约 72 千米每小时。

4. 根据示范，改编第三、四自然段。

教师引导：你看，借助这些关键词句，我们不仅知道了“谁比谁快”，还准确地知道了它的速度快到什么程度。

5. 结合课文第五自然段，交流在学习单中对第二位学习小伙伴的话的看法。

6. 小结：我们读书的时候，要抓住关键词句边读边想一句话、一段话的意思，这样不仅可以提高阅读的速度，还可以准确地理解课文内容，深入理解课文。

7. 对照“阅读速度达人赛”(第二轮) 评价表，对活动 2 进行自评。

学习任务三：拓展阅读，内化策略

一、拓展阅读，运用方法

1. 进入学习活动 3：阅读速度达人赛第三轮。(语音播报)

2. 学生借助关键词句，用较快的速度默读资料袋中介绍游隼的短文，提取关键信息。教师同步倒计时。

3. 同桌互相借助关键词句简洁地介绍游隼。

4. 一名学生向全班同学介绍游隼，师生一起梳理信息，教师圈画出短文中的关键词句。

5. 小结：在平时的阅读中，要留心关注那些能帮助我们迅速了解主要内容、提取重要信息的词句，这样能提高我们的阅读速度。

6. 对照“阅读速度达人赛”（第三轮）评价表，对活动 3 进行互评。

7. 结合三轮比赛得星情况，颁发“阅读速度达人勋章”。

二、回扣整体，梳理方法

小结：今天，我们跟着“追风号”列车的小列车长进行了一场特别的阅读速度达人赛，我们提高阅读速度的方法收纳箱里又多了一件宝藏，那就是——“借助关键词句”。

下节课，我们来交流阅读中发现的问题，带着问题再读课文。

板书设计

什么比猎豹的速度更快

了解主要内容

借助关键词句

（……比……快）

提高阅读速度

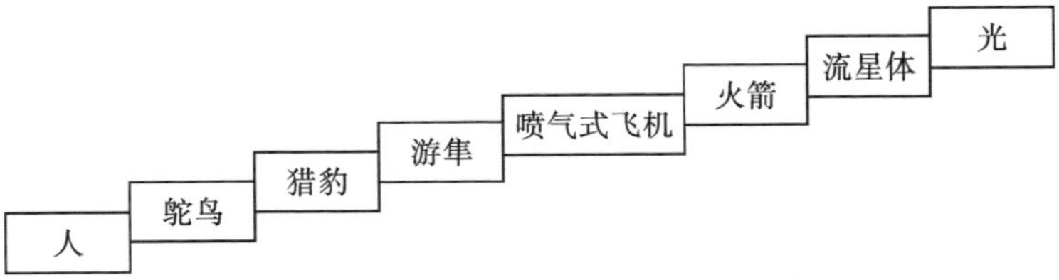

第二课时

教学目标

1. 认识“鸵、赢、隼”3 个生字，读准多音字“冠”，会写“冠、俯”等 10 个字，会写“猎豹、冠军”等 12 个词语。

2. 能针对课文提出自己感兴趣或不懂的问题，并和同学讨论问题。

教学过程

学习活动一：带着问题，读文讨论

一、合作学习，梳理问题

1. 借助课文中的三幅插图，简单地说说课文的主要内容。

2. 以四人小组为单位，交流自己感兴趣或不懂的问题，并联系提问策略单元的学习经验，对问题进行汇总、整合、分类，形成问题清单。

3. 小组代表按照问题清单交流本组整合后的问题，其他小组补充。

二、默读课文，交流讨论

1. 带着问题，再次默读课文，边读边思考。

2. 小组合作学习，讨论清单中列出的问题。

3. 全班交流，教师引导学生对思考、解决问题的方法进行梳理。

预设 1：流星体是什么？我读到这些不理解的词语时，没有停下来，因为这些词语不影响我对课文的理解。再读的时候，我联系“呼啸而过”“跟它的速度一比，火箭就好像是静止的一样”等词句，猜测流星体是太空中一种运动速度特别快的小天体。

预设 2：我补充一点，对于“游隼”“流星体”这些词语，我们还可以在课后查工具书或资料来了解。

预设 3：还有没有比光速更快的事物？课文里没有答案，我想在课后去查找相关资料来阅读。

预设 4：课文从人奔跑的速度写起，但题目却是《什么比猎豹的速度更快》，我认为是为了吸引读者的阅读兴趣。因为大家都知道猎豹的速度很快，那到底什么会比猎豹的速度更快呢？心里就有一种想了解的欲望。但是如果课文从猎豹的速度讲起，不与人的奔跑速度比较，我们就很难感受到猎豹的速度快到什么程度了。

4. 小结：带着问题读课文，边读边想，也可以加快阅读的速度。

学习活动二：学习生字，再用策略

一、词语闪现，学习生字

1. 课件出示词卡，闪现后消失，尝试一眼能看到多少内容。

词卡一：亡　口　月　贝　凡　赢

词卡二：骆驼　陀螺　鸵鸟

词卡三：浩瀚　浩瀚星空　浩瀚如海

词卡四：冠军　皇冠　艳冠群芳　新冠病毒　勇冠三军

2. 默读学习单中多音字“冠”的资料袋，带着“‘冠’字在什么情况下读什么”这个问题，借助关键词句，快速提取信息。

3. 再次出示词卡四，借助资料袋中的关键词句，明确读音，再读词语。

二、指导写字，听写词语

1. 指导写字，评价交流。

(1) 组织学生自主写字，投影展示，学生共同评价，交流把字写好的方法。

(2) 重点指导易错字的书写。

2. 听写词语，对照订正。

统编版教材五年级上册第 7 课
《什么比猎豹的速度更快》

学习任务单

班级：________________ 姓名：________________

活动 1：阅读速度达人赛第一轮

1. 记录：我读完这篇文章，用了____分____秒。

2. 圈画：哪些事物比猎豹的速度更快？在课文中圈画出它们的名字。

3. 排序：根据课文内容，按运动速度的快慢给下面的事物排序，照样子填序号。

光	游隼	火箭	猎豹	人	流星体	鸵鸟	喷气式飞机
1							

活动 2：阅读速度达人赛第二轮

1. 再读这篇文章，我用了____分____秒，比第一次读更（快/慢）了。

2. 下面是两位小伙伴学习了课文之后的交流，你同意他们的说法吗？和同桌交流自己的想法。

我发现，课文从第二段开始，每一个自然段既写了谁比谁的速度快，又具体写了每一种事物的速度。（　　）	读第 5 自然段，我知道了喷气式飞机的速度大约是 1050 千米每小时。（　　）

活动 3：阅读速度达人赛第三轮

借助关键词句，结合学过的方法，快速默读短文。读完后向同桌简洁地介绍游隼。

游隼是体型比较大的隼类，体长为 38～50 厘米，翼展 95～115 厘米，体重 647～825 克，中型猛禽。

游隼的飞行速度极快，这与它空中捕食的习性有关。它平时的飞行速度只有 50～100 千米左右，但当它发现适合捕食的鸟类后，会不声不响地加快速度，快速上升到猎物上方，突然俯冲下去，用力抽打，使猎物失去知觉后抓获。游隼向下俯冲的一刹那，时速可达 360 千米，成为鸟类中短距离飞行的健将。

游隼的繁殖期在 4～6 月，它们通常自己不做窝，由于其捕食能力非常强大，因此一些大型食肉猛禽通常会主动为游隼造窝。游隼的窝非常大，是世界上最大的鸟窝。

游隼的主要栖息地包括地球上的大部分草原、海岸、山脉、河谷等空旷地带，现在也多在城市出现。除了南北两极和大多数热带雨林外，几乎在地球的任何一个地方都有它们的踪迹。

《什么比猎豹的速度更快》学习评价工具

“阅读速度达人赛”评价表			
比赛场次	评价项目	评价内容	评价星级
第一轮	速度	读完整篇文章不超过 2 分 30 秒。	☆
	理解	能准确圈出文中比猎豹的速度更快的事物。	☆
		能按照运动速度的快慢给 8 种事物准确排序。	☆
第二轮	速度	比第一次默读课文用的时间更短。	☆
	理解	能对第一位学习小伙伴的看法做出正确的判断。	☆
		能对第二位学习小伙伴的看法做出正确的判断。	☆
第三轮	速度	能在 80 秒内读完短文。	☆☆
	方法运用	能借助关键词句简要介绍游隼的特点。	☆☆

* 说明：本书中所引用的案例，取得了绝大部分作者的授权和热情支持，仍有个别作者未能取得联系，敬请上述作者与华中师范大学出版社联系（联系电话：027－67867353），我们将奉上样书。